고민도
경력이
되나요
?

열정 많은 주니어와
경험 많은 선배의
커리어 성장 대화

김수정, 양봄내음 지음

고민도
경력이
되나요
?

포르★세

오늘도
하루를 살아 낸
직장인들에게

책의 시작을 이렇게 구태의연한 말로 열고 싶진 않지만, 정말이지 시간이 언제 이렇게 흘렀는지 모르겠어요. 특별할 것 없이 하루를 살다 보니 선배들뿐이었던 제게 선배의 수만큼의 후배들이 생겼고, 또 언제부턴가는 후배들이 더욱 많아졌어요. 흘러가는 시간을 어쩌지 못하고 동동거리는 대신 오늘 해야 할 일을 하며 지냈던 것 같아요. 그렇게 주니어로, 팀장으로, 부서장으로 타이틀을 바꿔가며 바라지 않던 '어른'의 축에 들게 되었습니다. 젊게 살고 싶다는 욕심이 있는 것은 아니지만, 무슨 말이든 '꼰대어'가 되어 버리는 건 유쾌한 일은 아니더라고요.

그래서 다른 세대의 친구들에게 말문을 여는 일이 점점 더 힘들어지고 본의 아니게 눈치까지 보게 되네요. 그러다 문득 지치는 날엔 불끈 화가 납니다. 주니어 때의 저는 선배들이 무서워 찍소리도 못하고 옥상에서 펑펑 울며 혼자 서러움을 달래는 수밖엔 없었는데, 선배가 된 지금은 후배들 때문에 마음 끓이는 처지라니요. 우리 세대는 왜 이렇게 가엽고 고달픈가요. 결국 저의 선배들이 해 왔고 저의 후배들도 똑같이 하게 될, 이 세상에서 내가 제일 힘들다는 생각을 저 역시도 하고 있더라고요. 그러다 문득 이런 생각이 들었습니다.

'나도 20살 그쯤엔 누구 못지않게 요즘 애였는데! 나 이 좀 먹었다고 요즘 애들 말도 못 알아들을까 봐?! 나는 다 이해할 수 있다고.'

문제는 제 마음가짐과 상관없이 요즘 친구들이 저에게 뭐든 말할 생각이 없다는 거였지만요. MZ세대에 이어 알파세대까지, 후배세대들에 대한 이야기가 쏟아지고, MZ 팀원과 일하는 법 등 선배들이 새로운 세대를 위해 익혀야 할 것들이 많아졌는데요. 그들을 이해하기 위한, 그들에게 맞추기 위한 콘텐츠는 쏟아지는 와중에 아무도 선배들의 마음에 대해서는 이야기하지 않아 조금 불공평하다는 생각이 들던 차였습니다.

그래서 본격적으로 대화의 장을 마련해 보았습니다. 이제 막 커리어를 시작해 아직은 사회생활이 익숙하지 않은 후배들과 함께 일하고 있을 선배들이 서로에게 궁금했을 이야기를 대신 묻고 답해 보았습니다. 기꺼이 대화의 상대가 되어준 우리 수정 후배님이 그 또래 중에서도 특출나게 뛰어난 친구긴 합니다만, 그녀와 대화를 나누다 보니 요즘 친구들은 개그의 소재가 되는 'MZ'라는 말에 가두어 바라보기엔 놀라운 점들이 너무나도 많다는 걸 알게 되었습니다. 삶을 대하는 그들의 적극적인 자세와 행동으로 만드는 변화, 당당한 태도가 참으로 멋지다는 생각을 했습니다. 선배의 입장에서 애정을 가지고 그들에게 해 주고 싶던 이야기, 후배였던 예전의 경험들로부터 값지게 배운 것들을 최대한 솔직하게 담았습니다. 각 질문별로 간단한 팁도 곁들여 두었으니 서로 때문에 막막했던 마음들이 이 책을 통해 조금이나마 시원해지셨으면 합니다.

저희가 함께 나눈 대화가 각기 다른 세대에게 서로

를 조금은 더 이해할 기회가 되기를 바라며 이 책을 시작해 봅니다. 본래 모든 것은 아는 만큼 보이는 법이니까요. 서로 간에 더 많은 대화가, 함께 하는 더 깊은 이야기가 있을 수 있다면 참 좋겠습니다. 이 책이 그 길에 작은 징검다리라도 될 수 있다면 이 대화로 얻은 기쁨만큼이나 큰 보람이 될 것 같습니다.

봄 드림

혹시 지금 평화로운 사무실에 운석처럼 떨어진 작은 외계인과 함께하고 계신가요? 알 수 없는 표정에 왠지 범접하기 어려운 맑은 눈의 소유자. 네, 맞습니다. 제가 바로 그 유명한 Z세대 신입사원입니다! 정말 일하면서 이어폰을 꽂고 있느냐고요? 회식에 가서 수저 세팅을 보고만 있는지 궁금하시다고요? 저희의 손짓 발짓 하나에도 외계어를 통역하듯 온갖 해석이 붙여지고, 세간의 집중이 쏟아지는 게 황송하면서도 그저 어리둥절한 요즘입니다.

솔직히 고백하자면 저는 아닐 거라고 생각했습니다. 아무리 천방지축 얼렁뚱땅 사무실의 MZ세대라 하지만, "에이~ 나는 저 정도는 아니지!"라며 웃어넘겼거든요. 이 정도면 꽤 평범하고 잘 적응한 1년 차 신입사원이라는 생각에 심취해 있었을 때 즈음 깨달았습니다. 완벽한 자만이었다는 것을요. 고개를 들어 파티션 너머의 팀원들을 살펴보다 알게 되었어요. 아무것도 모른 채 들뜬 이방인이 회사에 잘 적응할 수 있도록 얼마나 많은 배려가 있었는지요. 이 작은 신입사원이 좋아하는 일은 무엇인지, 업무에 대한 피드백은 어떻게 줘야 할지, 후배의 강점을 어떻게 끌어내 줄지 함께 고민하고 기다려 준 선배들이 곁에 있었다는 것을 새삼 깨닫게 되었답니다.

괜스레 죄송스러워져 쭈뼛쭈뼛 선배님께 다가가 커피를 핑계로 대화를 신청했는데요. 뜻밖에도 선배님은 후배에게 말을 건네기가 조심스럽다는 고민을 털어놓으셨습니다. 세상에, 저만 말 걸기 어려운 게 아니었다니! 선배님은 시대와 세대에 몰려 어떤 말을 해도 '꼰대'처럼 보이지는 않을까 걱정하고 계셨습니다. 이럴 수가. 저는 무슨 행동을 해도 'MZ'처럼 느껴질까 걱정을 했는데요! 한 공간에서 같은 팀으로 만났지만 너무나도 멀기만 한 이 두 존재들을 어찌해야 할까요. 그래도 희망이 있다면 선배와 후배는 서로에게 지대한 관심이 있다는 것입니다. '도대체 이 사람은 무슨 생각을 하고 있는 걸까?' 같은 근본적이고 철학적인 관심이요.

 일터에서 일어나는 선배와 후배의 갈등을 요약하자면 이 두 문장의 대립일 것 같습니다. "이런 것까지 물어봐도 되는 건가?"와 "이런 것까지 알려줘야 하나?"의 싸움이랄까요. 그중 전자를 담당하고 있는 저는 용감히 선배님께 다가가 당돌한 물음표 살인마가 되기로 결심했습니다. 요즘 후배들이 일터에서 겪는 수많은 고민을 담아서요.

 다행히도 저에겐 귀찮은 질문 공세에도 애정 어린 마음으로 정성스럽게 답해 주시는 선배님이 계신데요. 아무것도 모르는 인턴 시절, 후배들에게 꼭 특별하고 좋은 음식을 사 주시는 멋진 부서장님을 만났습니다. 그저 맛있는 걸 많이 사 주셔서 좋아하는 건 아닌데요. 이상한 말이지만, 후배들에게 맛있는 음식을 사 주시는 '철학'이 마음 깊이 남았습니다. 어린 후배들이 접하기 어려운 특별한 음식을 경험하고, 앞으로 인생에서 좋은 경험, 좋은 음식이 일하는 즐거움 중 하나가 될 수 있다는 기억을 남겨 주고 싶다는 말씀을 하셨어요. 그만큼 후배의 성장을 진심으로 응원하고 지켜봐 주시는 선배를 만났음에 너무나 기뻤답니다.

그 후 몇 년이 지나 취업에 성공하고 어엿한 신입사원이 되었는데요. 일, 회사, 그리고 인생에 대해 고민이 생길 무렵, 1통의 메일과 함께 솔직한 고민을 담은 대화가 시작되었어요. 혼자만 간직하면 범죄라는 생각이 들 정도로 유익한 시간이었기에 저와 비슷한 고민을 하고 있을 이 세상 모든 주니어를 위하여 이 대화를 세상에 공개합니다.

갓 회사에 들어와 말투부터 행동까지 멋쩍은 신입사원이라면 이 대화집을 펼쳐 보기를 추천합니다. 어떤 마음가짐을 가지고 성장해야 하는지, 과연 내가 맞는 길을 가고 있는지에 대한 조언을 얻을 수 있을 거예요. 옆자리 선배에게 차마 여쭤보지 못했던 질문의 해답이 들어 있을지도요. 어쩌면 전혀 생각지도 못했던 나의 부족함을 발견해 부끄러워졌다가 또 다른 성장의 기회를 얻게 될 수도 있어요. '옛날과 시대가 달라졌으니까'라고 치부하며 제쳐 둔 고민들도 다시 한번 들여다볼 수 있답니다.

물론 회사 임원들보다 우리 팀 막내가 제일 대하기 어려우신 선배에게도 큰 도움이 될 겁니다. 질문을 하라고 해도 막상 입을 꾹 다물고 있는 게, 정말 괜찮아서 그런 건지 말을 못 하는 건지 당최 알 수가 없다면 이 책을 참고해 보세요. 후배와 선배 모두에게 도움이 될 만한 꿀팁과 체크리스트를 담았으니 실제 사무실 생활에 꼭 적용해 보면 좋겠습니다. 부디 사무실에 불쑥 찾아온 이상한 외계인과 원만한 합의를 이루시길 바라며, 이 책이 외로운 주니어 외계인들에게 다정한 선배이자 든든한 길잡이가 되어 주길 바라봅니다.

수정 드림

목차

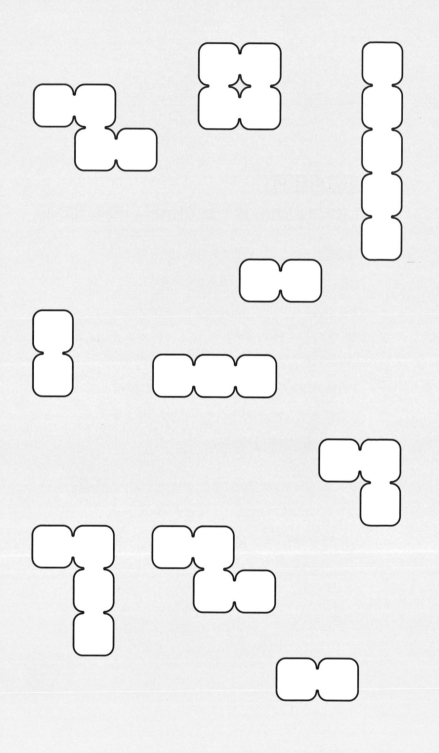

Lv
1

대화 초대

선배와 후배,
서로의 입장을
이해하는 시간

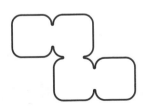

모두가
퇴사 꿈나무라는
요즘 친구들,
무슨 생각으로
일하나요?

선배들은 요즘 친구들이 대체 무슨 생각으로 일하는지 모르겠다는 말을 자주 합니다. 직장인 커뮤니티에는 신입사원들의 행동을 성토하는 글이 하루가 멀다 하고 올라오고, 신입사원으로 보이는 이들의 냉소적인 댓글에선 그 어떤 힌트도 찾기가 어렵습니다. 모든 행동에는 이유가 있다고, 후배들이 실제 겪는 어려움에 대해 듣게 되면 (선배들은 이해가 안 된다고 생각하는) 겉으로 드러나는 태도가 어디서 시작되었는지 알 수 있을 것 같아 질문해 봅니다. 커리어라는 주제, 더 좁게는 회사 생활을 하면서 겪고 있는 어려움은 무엇인가요?

수정
봄 선배님에게 ▼　　　　　　　↩　⋮

　그러고 보니 오늘은 제가 입사한 지 1주년 정도가 되는 날이네요! 내일은 왜 월요일이고, 주말은 이렇게 짧으며, 몇 시간 뒤면 또 출근해야 한다는 사실에 짧은 탄식을 내뱉는 것을 보니 어엿한 직장인이 된 것 같아요.♬ 입이 튀어나오도록 투덜대면서도 평일 아침이면 눈도 제대로 뜨지 못한 제 몸을 자연스럽게 지하철에 맡겨 회사로 흘려보내고 있어요. 누군가 말하는 '1년 만에 회사를 갈아 치우는 요즘 MZ'처럼 굴지는 않았으니, 꽤 회사가 마음에 들었다는 뜻일까요.

　출근의 시작인 월요일은 제가 아는 모든 부정적인 단어들을 덕지덕지 붙여 서러움을 토하는 날이긴 한데요. 나름 회사 생활에 낭만과 기대를 마음 한구석에 간직한 1년 차 신입사원이랍니다. 물론 사무실에 섞여 들어간다면 티가 잘 안 날 수도 있지만요. 우리 팀 막내는 벌써 동태 눈에 무슨 생각으로 회사에 앉아있는지 모르겠다고 생각하실 수도 있겠어요. 퇴근 시간만 되면 갑자기 눈에 생기가 돌고, 가만 보니 곧 핫플레이스에 놀러 갈 옷차림인 것 같은 이 알 수 없는 사무실 막내는 무슨 생각을 하며 회사에 다니고 있는 걸까요?

글쎄요. 누군가 제게 왜 회사에 다니는지 묻는다면 남들이 모두 다니기 때문이라고 답할 거예요. 그렇지만 왜 '이 회사'를 다니고 있냐고 묻는다면 꽤 많은 이유로 포장해 제 출근의 정당성을 변호할 수 있어요. 그중 가장 큰 이유가 회사의 이름을 댔을 때 남들이 모두 예상하는 그럴듯한 연봉과 그럴 만한 복지 같은 것은 아니라고 감히 말할 수 있겠습니다. 요즘 같은 세상에서 흔한 월급쟁이의 삶으로는 부귀영화는커녕 평범함을 유지하기에도 빠듯하다는 것쯤은 잘 알고 있으니까요.

그 어떤 좋은 회사든 내 평생을 책임져 줄 안식처가 되어 줄 생각이 없다는 것을 깨달은 후부터 오히려 과감해질 용기를 얻었어요. 나는 과연 이 회사에서 무엇을 얻을 수 있을까, 이 회사는 내 성장에 얼마만큼 기여할 수 있는가, 내 커리어의 시작으로 이 회사는 적당한가? 눈치채셨겠지만, 모든 것은 '나'로부터 시작합니다. 지극히 사적인 것들도 이유가 될 수 있어요.

예를 들면, 아끼는 형광 분홍색 생활 한복을 입고 출

근하고 싶어서 저는 이 회사를 선택했어요. 정말 개성과 취향의 존중을 추구하는 MZ스러운 답이죠.ⅰ) 좋아하는 옷을 입으려고 회사에 다니다니! 단편적으로 보면 생각 없어 보이지만, 꽤 많은 고민이 반영된 결과랍니다. 우선 저는 직급을 다 떼고 자유롭게 의견을 나눌 수 있는 분위기에서 더 창의적인 아이디어를 낼 수 있는 편이에요. 트렌드에 민감하고 비슷한 나이대의 사람들과 있을 때 더 시너지가 나는 스타일이죠. 낯간지러운 사회생활과 불필요한 회식은 질색이며, 불합리한 상명하복은 참을 수 없어요. 이러한 조건에 맞는 회사는 대체로 젊고 수평적이며, 자유로운 옷차림 등 개성을 존중하는 문화를 자랑합니다. 그런 문화를 가진 회사를 선택하면 결과적으로 제일 아끼는 요란한 옷을 입고 더 즐겁고 효율적으로 일을 할 수 있게 되는 거예요.

제 선택은 고급 자동차의 멋들어진 바퀴가 되는 것이 아니었어요. 아무것도 없는 철제 프레임 속 핸들을 잡고 어떤 바퀴를 끼울지, 어떤 자동차가 될지, 궁극적으로 어디로 향할지를 고민하는 무모한 자동차가 되는 것이 제가 선택한 것이었습니다. 그래서 제게 회사란 내 커리어 속의 바퀴 하나, 혹은 문짝 한쪽에 불과한 존재라고 할 수 있어요. 이게 무슨 자동차 바퀴 빠진 소리인가 싶죠.😅 보통 회사는 '들어간다'라고 하잖아요. 한자로 줄이면 '입사'라고 하는데, 그렇게 말하면 이 거대하고 위대한 회사가 작고 조그마한 존재인 나를 받아 준 느낌이 들어요. 실제로 어려운 관문을 뚫고 취업을 하기도 했으니까요.

그런데 생각해 보면 '들어간' 것보다 제 인생의 한 부분에 이 회사를 '들여온' 쪽이 더 의미 있는 것 같아요. '회사 생활'에 매일 8시간 이상의 시간을 투자하고, 이를 나의 '일상'으로 승급시킨 건 바로 나 자신이잖아요. 뭐, 회사야 또 다른 부속품을 찾으면 그만이지만요! 그래서 저는 부품을 고르듯 까다롭게 회사를 골랐던 것 같아요. 물론 이런 취업난 시대에 마음대로 원하는 회사를 깔아 놓고 고를 수는 없었지만, 언제든 내 인생을 침범하면 회사를 부품처럼 갈아 버릴 수도 있다는 마음가짐 정도는 가지고 있었던 것 같아요. 정리하자면 제 커리어의 시작은 나라는 존재가 제일 잘 굴러갈 수 있는 환경과 요소들을 마련하는 것부터 출발했습니다.

문제는 그렇게 열심히 고민하여 선택했어도 실제로 일을 하는 것은 생각과 많이 달랐다는 것이었어요. 6개월

차쯤 들어설 무렵이었나요. '감사합니다. 김수정 드림.'으로
끝나는 메일 전송 버튼을 30분이 아닌 3분 정도만 고민한
후 보낼 수 있는 경지에 오름에 뿌듯해하며 자신의 빠른
적응력에 감탄했던 시기였지요. 팀원분들과 커피챗을 하
며 수월했던 6개월 근무에 대한 소감을 말씀드렸어요. 그
때 한 팀원분께서 "신입에게 기대하는 것은 뛰어난 능력
이나 잔재주 같은 것들이 아니에요. 타격을 받고도 빠르게
회복하는 회복탄력성과 옆에서 무엇이든 배우려고 하는
의지가 제일 중요하다고 생각해요. 사무실에 출근해서 어
깨 너머로 배우는 것도 신입에게는 큰 도움이 될 거예요."
라는 말씀을 해 주셨어요.

　　이 말을 듣고 저는 머리를 한 대 맞은 것 같았어요.
여태까지 순조로운 회사 생활이라며 자만했던 제가 부끄
러웠지요. 6개월간 평안했던 아니, 그렇다고 착각했던 이
유는 회사에 대한 나만의 프레임에 갇혀 있었기 때문이었
습니다. '내가 선택한 이 회사는 수평적이고 자유로운 분
위기이며, 재택 근무를 선구적으로 도입한 IT 회사여야 한
다.'라는 콩깍지를 씌워서 보고 있었던 것이죠. 고개를 들
어 팀원들을 살펴보니 수직적인 업무 방식으로 효율적인
처리를 선호하시는 분도 계셨고, 직접 사무실에 출근하여

빠르게 적응하고 현장감을 느끼는 것을 중요하게 생각하시는 분도 계셨어요. 진리의 팀바팀, 사바사의 원칙을 까맣게 잊고 있었던 겁니다!

그저 집에서 등 따뜻하게 메시지를 주고받으며 업무 메신저 알람의 개수가 곧 업무 능력의 성장 척도라고 굳게 믿던 저는 회사가 아니라 제 환상에 적응해 가고 있었어요. 여기서 회사는 건물이나 브랜드가 아닌 함께 팀 문화를 만들어 가는 동료들, 문제를 해결해 나가는 방식, 업무를 발전해 나가는 방향과 같은 유동적인 것들을 말합니다. 가장 가까이에서 일하는 사람들과 컨센서스(Consensus)를 맞추는 게 중요한 것이죠.

6개월 만에 처음 사회생활의 기본을 깨달은 저는 꽤 방황했어요. 다른 선택지를 제치고 이곳에 와야만 했던 가장 큰 이유이자 근간이 흔들렸기 때문이죠. 이제 와서 재택 근무를 버리고 사무실에 출근해서 수직적인 업무 방식을 배우기 위해 노력할 생각을 하니 아찔했달까요. 이 회사에 취업한 것은 제 인생의 가장 중요한 시기에 할 수 있었던 수많은 삶의 형태 중 강력한 믿음으로 추진했던 스스로의 선택이었는데 말이죠.

후회가 되기도 했습니다. 잘못된 선택이었나 불안하기도 했고요. 제일 참을 수 없었던 것은 저 또한 미디어에 비친 천방지축 제 맘대로인 요즘 세대, MZ세대로 보였을지도 모른다는 것이었어요. 인지하지 못한 채 행했던 행동 하나하나가 괜한 당황스러움을 안겨 주진 않았을지 걱정이 됐어요. 물론 이 또한 배워 가는 과정이고, 다행히도 제 팀원들은 이 과정을 기다려 줄 친절함이 있으셨기에 저만의 환상 감옥에서 나와 천천히 주위를 둘러보기 시작했어요. 팀원들의 업무 성향을 파악하고, 나아가 이 팀의 업무 방식과 조직의 방향성은 무엇을 지향하는지 살펴보았죠.

그동안 '나'의 취업, '나'의 성장, '나'의 회사 생활에 몰두했던 집중력을 내가 속한 '팀', 내가 속한 '조직', 내가 속한 '회사'로 확장해 나갔어요. 그간 저의 행동이 선배의 상식, 팀의 기준에서 봤을 때 불편함을 안겨 주진 않았는지 고민이 들었답니다. 요약하자면 지금까지 회사 생활에서 제일 어려웠던 것은 회사에 관한 나만의 환상에서 벗어나기라고 할 수 있겠네요.

최근에는 사회생활에서 차려야 하는 예의범절의 범위에 대해 고민이 생겼어요. 요즈음 코미디쇼 〈SNL 코리아〉에서 MZ 회사 생활에 대해 재미있게 다루는데요. 에 어팟을 귀에 꽂고 일을 하거나, 회식 자리에서 수저를 먼저 놓을 생각을 안 하고, 고기 굽기를 솔선수범하지 않는 모습으로 웃음을 자아냅니다. 어떻게 보면 으레 막내나 신입이 해야 할 일들이지만, 문화나 개인에 따라 굳이 불필요한 문화라고 생각하기도 하죠. 그 애매한 경계를 가르려 들다 상대에 맞춘 예의범절을 차리기는 불가능하다는 늪에 빠졌습니다. 결국 '예의는 다다익선'이라는 마인드를 가지기로 결론 내렸다지요. 봄 선배님은 이런 것들에 대해 어떻게 생각하시는지 궁금하네요. 후배들과 일하실 때 거리감이 느껴지거나 어려우셨던 지점은 무엇이었나요?

봄
수정 후배님에게 ▼

    ↩ ⋮

후배님의 솔직한 답변이 흥미진진했어요! '나'를 중심에 둔 고민과 선택. 멋지고 부러운 모습이라고 생각했답니다. 부끄럽지만 그때의 저는 떠밀리듯 선택했던 것 같아요. 좋아하는 것과 잘할 수 있는 것에 대한 흐리멍덩한 덩어리만 손에 쥔, 자신 없는 겁쟁이였거든요. 저희 때도 취업은 쉽지 않아서 공무원 준비를 하는 20대가 역대급으로 많았는데요. 곰곰이 반추해 보면 그런 분위기 속에서 '좋아하는 것'을 찾아 직업을 선택하는 친구들은 연예인 등 예체능 계열의 정말 소수의 사람이었던 것 같고, 가까스로 '적성'에 맞추어 첫 회사를 찾는 것 정도가 최선이었어요.

기업 문화가 많이 얘기될 때도 아니어서 함께 일하는 사람들과 그 조직의 분위기 같은 것은 직업을 선택할 때 고민할 수 있는 것이 아니기도 했고요. 학생과 새내기 직장인 사이의 간극은 너무나도 커서 매일 눈치 보며 지냈던 것 같아요. '잘은 모르지만 원래 회사는 이런 거겠거니' 했었고, 그럼에도 불구하고 어김없이 세대 차이는 분명했어서 저 역시도 선배들에겐 한동안 멋모르고 해맑은 신입

사원이었겠지요.😌

    그때는 어려운 것투성이였어요. 회사 마스코트라며 따뜻하게 아껴 주셨던 선배님들이 계셨지만, 그럼에도 빨리 한 사람의 몫을 해내야 한다는 엄격한 기대가 있다는 걸 모를 수 없었어요. 이 말을 들으면 정말 깜짝 놀라겠지만 그때는 토요일까지 출근을 해야 했어서 토요일에 업무 대신 등산을 하는 경우가 많았죠.🙌 저 역시도 후배님만큼이나 싫은 게 많았던 신세대였지만 내색하는 것이 허용되지 않았던 시대에 살았던 게 유일한 차이겠네요. 새벽까지 야근하고 정시 출근해야만 했고, 너무 어린 사람은 외부 미팅에 참석하지도 못했어요. 저의 방식이라는 건 존재해야 할 이유가 없었던 시절이죠. 그럼에도 불구하고 작게나마 어여한 사회인으로 해야 할 역할을 하고 있다는 것이 기뻤어요. '이렇게 어른이 되어 가는 거겠지.', '나도 언젠가는 이곳의 누군가처럼 여유롭고 멋진 사람이 될 수 있겠지.' 생각했답니다.

    그리고 시간은 휙휙 흘러 어느덧 오늘이네요. 저보다 5살만 어린 친구들을 만나도 화들짝 놀라던 때가 있었는데요. 10년 차이가 나는 후배님이 등장한 이후로는 이제 굳이 나이 차를 확인하지 않게 된 것 같아요. 회사에 저보다 어린 친구들이 아주아주 많은 게 너무나도 당연한 연차가 되었습니다. 제가 철이 덜 들어서 그런지 직접 후배들과 일하는 상황에선 아주 심각한 세대 차이를 매번 실감하지는 못하는데, 오히려 또래 그룹과 각자가 겪는 후배들에 대한 이야기를 나눌 땐 그들과 우리는 너무 다르다는 걸 깨닫게 되는 것 같아요.

저의 가장 어려운 점은 하나같은 두 가지인데요. 서로 영향을 끼치는 행동이라 하나의 이슈라고 보아도 될 것 같고, 두 가지 상황이니 각각의 어려움이라고 봐도 될 것 같아요. 먼저는 앞뒤 좌우 살피지 않고 딱 이만큼이 나의 몫이라고 생각하는 것 같을 때 어려워요. 어떤 회사든 어떤 일이든 일에는 과정이 있고, 그 과정 속에서 각자의 몫이 더해져 비로소 완성되잖아요. 그런데 지금 내가 하는 일이 어떤 과정이 필요하고, 그 과정 중 어느 정도의 일인지 전혀 고려하지 않는 것 같은 태도가 아쉬워요. 요청 받은 업무 그 이상을 해내라는 뜻이 아니라, 나의 업무 전후에는 다른 사람의 업무가 진행되고, 이 업무를 총괄하는 사람은 나뿐만 아니라 다른 많은 사람들 틈에서 이 업무를 통제하고 있다는 걸 알았으면 한다는 뜻이지요.

그걸 안다면 누군가 하나부터 열까지 알려 주지 않

아도 업무에 대한 타임라인이나 업무의 세세한 부분 같은
걸 더 챙길 수 있을 것 같아요. 요청받은 일을 전달하는 것
외에 실제 전체의 일이 어떻게 흘러가는지 아예 관심을 두
지 않는 친구들도 정말 많더라고요. 누군가 말해 주지 않
으면 내가 먼저 궁금해할 이유가 없다는 식으로 행동하는
걸 볼 때면 팀워크의 의미를 아는 걸까, 의심스러워져요.

두 번째 어려움은 이렇게 행동하는 게 아직 몰라서
인지, 아니면 본인의 의지인지를 전혀 감을 잡을 수가 없
다는 거예요. 학교가 아니기 때문에 태도 하나, 마음가짐
하나까지 가르쳐 줄 수 없는 게 현실이고, 저 역시도 그런
것들은 선배들의 모습을 보며 자연스럽게 배워 갔던 것 같
은데 그때의 저와는 다른 태도를 보이는 후배들을 보면 그
이유 자체를 잘 모르겠더라고요. 책임지고 완수하는 것은
우리 선배들에게 주어진 역할이긴 하나 아직은 일이 익숙
지 않은 후배들의 (아직은 부족한) 역량을 메꾸면서, 배려 없
이 미뤄 둔 일들까지 처리하기엔 저희도 너무 힘듭니다.
나의 업무 이외에도 나의 팀이 하고 있는 일들에 대해 조
금 더 관심을 가지면 좋겠어요. '난 진짜 관심 없고 알고 싶
지 않아!'라는 마음이 아니라면 적극적으로 피드백을 요청
하며 소통해 주면 정말 고마울 거예요.

후배의 팁

(ᑎ˘ ³˘) '나'에 대한 고민으로부터 시작한 회사 생활, '나'의 범위를 동료, 팀, 회사로 확장할 때 더 많은 것들이 보이기 시작해요.

(ᑎ˘ ³˘) 익숙해진 순간 다시 한번 주위를 둘러보고 인지하지 못한 실수는 없는지 되돌아보세요.

(ᑎ˘ ³˘) 회사가 인생의 전부는 아니어도 일상의 대부분을 차지하는 소중한 가치 중 하나인 점은 모두 같아요.

(ᑎ˘ ³˘) 나만의 환상과 나의 가치관은 꼭 구분하여 중심을 차지하는 가치들을 정립해 보세요.

(ᑎ˘ ³˘) 서로의 코어 가치관을 침범하지 않도록 노력한다면 건강한 회사 생활을 오래 유지할 수 있을 거예요.

선배의 팁

(*´⌣`*)/ 무조건 벽을 쌓거나 세대/성별/출신 등의 조건으로 편견을 가지 말기로 해요.

(*´⌣`*)/ 선배와 후배 모두 '신입사원의 한계'에 대해 이해해야 해요. 선배는 조금 더 아량을 베풀고 인내하고, 후배는 좀 더 겸손하고 유연한 태도를 가져 봅시다.

(*´⌣`*)/ '꼰대'나 'MZ'가 아닌 각기 다른 개인이에요. 성급한 일반화 대신 사람 대 사람으로 서로를 바라보아요.

(*´⌣`*)/ 완벽하게 좋은 사이가 되기 위한 노력은 불필요할 수 있지만, 서로에 대한 어느 정도의 이해는 반드시 필요해요. 서로에게 가장 좋은 소통의 방식을 찾아봅시다.

후배와 선배,
각자의 고민을
마음껏 하소연해
볼까요?

요즘 많은 분이 〈유 퀴즈 온 더 블럭〉을 좋아한다고 하더라고요. 다양한 사람들의 생생한 이야기를 들을 수 있어서 참 매력적인 프로그램인데요. 공통으로 자주 묻는 몇 가지 질문이 있더라고요. 다음 주제는 그중 하나로 골라 봤어요. 요즘 하고 있는 가장 큰 고민. 이런 질문의 배경은 아마 가장 깊이 신경 쓰고 있으나 해결하지 못하는 것에서 이 사람의 내일을 엿보려는 것이지 않을까요? 서로에게 마음껏 하소연해 보자고요. 각자의 고민에 대한 해답을 서로가 가지고 있을지도 모르니까요.

수정
봄 선배님에게 ▼

↩ ⋮

봄 선배님, 파란 하늘이 푸르게 맞이해 주는 일요일입니다. ☾ 이번 주말은 꽤 많은 일정으로 바쁘게 보내느라 오후가 되어서야 노트북 앞에 앉아 봅니다. 어제는 직장 동료분의 결혼식에 다녀왔는데요. 성인이 된 후 온전히 나의 지인이 결혼하는 것은 처음인지라 설레는 마음이 가득했어요. 물론 예식장에 들어가기 전, 가장 큰 고민을 마주해야 했지만요. 바로 '축의금 봉투에 얼마를 넣을 것인가!'라는 퀘스트였습니다.

인터넷으로 배웠을 때는 안 친하면 3만 원, 기본 5만 원, 친한 사이면 10만 원, 그 이상은 정도껏 성의를 표하는 것이라 했는데요. 막상 실전에 적용하려니 관계를 정의하기가 참 어렵더라고요. 그동안 쌓아 온 유대감, 친밀감, 고민 상담 시간, 연락 횟수 등이 영수증으로 청구되는 것 같았어요. 교환, 환불은 안 되니 신중하게 지불해 주시길 바란다는 안내와 함께요. 마음 같아서는 한 사람의 인생에서 중요한 자리를 차지하는 축복 가득한 날인만큼 계산 없이 현금 뭉치를 가득 담고 싶다가도, 앞으로 계속될 축하의

날들을 생각하니 지갑이 마음을 따라가지 못했어요. 고뇌에 젖어 울어버린 가죽 지갑은 결국 빳빳한 노란색 지폐를 '정도껏' 뱉어냈답니다.

고민은 날마다 정말 다양한데요. 기억에 남는 고민들은 주로 처음 마주하는 벽을 어떻게 넘을지, 처음 가 보는 갈림길에서 어떤 방향을 선택할지 등인 것 같아요. '인생의 처음'인 만큼 막막하기도 하고 잘 해내고 싶어지니까요. 그러고 보면 인생에서는 끊임없이 처음과 마주한다는 것이 참 신기한 것 같아요. 100년 동안 지속되어도 각각의 나이와 시간에 걸맞은 고난을 마주치고 처음 겪는 상황 앞에서 끊임없이 고민이 탄생하죠. 저 또한 짧고도 긴 26년의 시간을 겪어 왔지만, 아직도 처음 겪어야 할 일들이 많이 남았다는 게 믿기지 않네요.

그 속에서 요즘 큰 자리를 차지하는 고민을 생각해 보자면, 역시 인생에서 처음 겪는 일과 관련이 있는데요. 무사히 '신입'이라는 타이틀을 졸업하고 멋지게 안녕을 고하는 방법에 대해 생각하고 있습니다. 시간이 지나면 더더욱 다시 할 수 없는 고민이기에 함부로 흘려보내고 싶지 않은 욕심이 생기는 것 같아요.

이번에 처음 직장인으로서 연말과 연초를 맞이한 저

는 '동료 평가'와 '인센티브 산정'이라는 큰 산을 처음 겪었는데요. 약 1년이 안 되는 시간 동안 제 많은 시간을 쏟았던 일하는 자아에 대한 객관적인 평가를 듣는 것이기에 걱정 반 설렘 반이었어요. 다행히 신입으로 해 주어야 할 역할은 잘 해내고 있다는 말을 듣고 한시름 놓았지만, 그것도 잠시. 그다음 해, 또 다음 해가 지나면 '신입'이라는 타이틀은 사라지고 기준은 더욱 높아질 거라는 생각이 들더라고요. 과연 시간이 쌓였을 때 이 조직에서 기대치를 만족시킬 수 있는 성장을 이루어 낼 수 있을지 걱정이 되었어요.

'수정 님은 신입 같지 않네요!', '나이에 비해 좋은 능력치를 가지고 계신 것 같아요.' 제게 주어지는 주된 평가들은 이렇습니다. 경력에 비해 그리고 나이에 비해 많은 퍼포먼스를 보여 주고 있다는 것은 저의 장점이 될 수 있겠네요. 하지만 경력은 점차 쌓여 갈 것이고, 나이는 더 이상 머물러 있을 수 없으니 그 단계에 맞춰 제 능력 또한 성장해 나가야 한다는 압박이 있는 것 같아요. 1~2년이 지난 후에도 같은 퍼포먼스를 보여 줬다간 신입의 영광에서 벗어나지 못한 어중간한 선배가 되어 버릴 테니까요. 그런 의미에서 '신입'이라는 이름을 가장 멋지게 떠나보낼 수 있는 방법을 고민 중입니다.

　그 방법 중 하나는 '평평한 다이아몬드 만들기'인데요. 능력치를 육각형으로 표현한 표를 생각하시면 쉬울 것 같습니다. 제 능력치의 육각형을 생각해 보면 삐뚤빼뚤 삐져나온 것들이 많아요. 창의성, 표현력 등과 관련된 것들은 날카롭게 튀어나와 있는데, 분석력, 수치화, 네트워크 등과 관련된 것들은 소심하게 들어가 나올 생각을 하지 않아요. 결과적으로 겨우 점이 있기에 육각형이라고 알아볼 수 있지만 이러다간 사각형, 삼각형으로 변해버릴지도 모르겠네요. 이런 원석과도 같은 육각형 돌멩이를 평평하게 깎아 잘 다듬어진 다이아몬드로 만드는 것이 목표입니다!

　물론 제멋대로 생긴 못생긴 육각형이지만 신입이 회사에 들어오기에는 좋은 생김새였다는 생각도 들어요. 이 친구가 어떤 장점이 있고 이 회사에 어떤 기여를 할 수 있는지 뻔히 잘 보이니까요. 회사에 들어와 적응할 시기에도 제가 가진 장점이 무뎌지지 않게 날을 세워 갈고, 제가 기여할 수 있는 점에 집중하여 할 수 있는 일들을 찾아 나갔던 것 같아요. 그러던 중 제가 부족한 영역의 일이 맡겨질 때면 '아직 신입이니까'라는 말로 무마될 수 있을 정도로만 완성해 두었죠.

하지만 선배가 될 준비를 하려면 '신입이니까 괜찮다'는 말로 넘기지 않을 자신감과 실력을 만들어 두어야한다는 생각이 들었답니다. 장점을 날카롭게 유지하는 것도 물론 중요하지만, 재미없다는 이유로 혹은 필요 없다는 이유로 미뤄 두었던 분야의 일에도 조금씩 관심을 가지기시작했어요. 예를 들면 데이터를 해석하고 숫자로 증명할수 있는 분석력을 키우는 것이나, 외부 업체들과 활발히미팅을 할 수 있는 커뮤니케이션 능력 같은 것들이요.

이전에는 글쓰기, 아이디어 제안과 같이 제가 좋아하고 잘하는 일들을 많이 맡겨 주셔서 그저 저의 장점이자역할이라고 생각을 했는데요. 조금 시선을 넓혀 팀 전체의구조와 일을 살펴보니 저한테 부족했던 능력들이 팀에서는 중요하게 작용한다는 것을 깨달았어요. 기본적으로 신사업을 기획하여 돈을 버는 조직에 있는지라 분석력과 커뮤니케이션 능력은 너무나 중요한 일이었죠. 지금으로선프로젝트에 필요한 크리에이티브 일을 잘 해내는 것이 중요한 역할이지만, 나중에 더 경력이 쌓여 팀의 일을 전체적으로 조망하고 이끌어 갈 수 있으려면 부족한 점을 천천히 채워 나가야겠다는 생각을 했답니다.

다만 아직 강점을 더 키워나가며 날카롭게 만들어야

하는지, 약점을 채워 완벽한 육각형을 완성해야 하는지 사이에서는 고민이 많은 것 같아요. 시간이 쌓여 경력자로서 저를 소개할 때, '~을 잘하는 사람'으로 소개할 수 있는 무기가 필요하면서도 '~만 잘하는 사람'으로 기억되고 싶지는 않으니까요. 너무 욕심쟁이인가요.😄 사실 앞으로 어떤 커리어를 완성하고 싶은가에 따라 달라지기는 하겠지만 아직 어떤 길로 가야 할지 모르는 저는 이마저도 갈팡질팡하고 있네요.

　현재 저의 일은 #콘텐츠 #사업 #스토리 #기획 #마케팅 #PM과 같은 키워드들로 이루어져 있는데요. 이 중에서 어떤 것을 취하고 어떤 것이 제 커리어를 정의하게 될지는 아직 고민이 많아요. 특히나 여러 방면의 일들을 조금씩 모두 하고 있는 중이라 중심을 찾기가 힘드네요. 외부에 명함을 내밀며 제가 하는 일을 설명해야 할 때가 제일 곤란하답니다. 너무 하고 있는 일이 다양해서 한 마디로 설명하기 어렵거든요. 과연 신입의 시기가 지난다고 해서 이 문제를 해결할 수 있을지도 미지수이긴 합니다.

　그래서 봄 선배님의 커리어가 항상 대단하고 부러운 마음이 드는 것 같아요. 브랜딩 업계에서 오랜 시간 커리어를 이어 오셨기에 명확하고 단단할 것만 같거든요! 물론 커리어 고민은 팀장이 되어서도 끝나지 않는다고 말씀해 주신 것을 기억하며, 그리 쉽지만은 않으셨을 거란 짐작이 드네요.☺ 정리해 보자면, 결국 커리어를 가장 큰 고민으로 꼽을 수 있겠습니다. 신입을 떠나보내고 선배가 될 준비를 하는 1년 차 직장인으로서 늪지를 벗어날 나름의 방법을 찾고 있는 중이랍니다.☺

봄
수정 후배님에게 ▼

수정 후배님

이번 주말엔 날씨가 정말 좋더라고요. 코끝에 닿는 바람은 아직 조금 매서웠지만 쨍한 햇살과 섞이니 그마저도 청명하게 느껴진달까. 역시 봄이 오고 있는 게 분명해요! 저희 집 근처에는 대학교가 2개나 있는데, 요 며칠 엄청난 인파로 북적였답니다. 새 학기가 시작되는 시기더라고요. OT 세션이 있었는지 모두들 같은 모양의 파일을 손에 들고 학교를 빠져나가는 친구들의 얼굴에 설렘이 가득이라 지켜보는 저마저도 설렘이 가득!

새해는 진즉에 시작되긴 했지만, 3월이 되면 뭔가 본격적이라는 기분이 들어요. 경력이 긴 직장인으로서는 첫 분기의 마지막 달이다 보니 마음이 분주해지기도 하고요. 날씨 핑계로 미뤄두었던 약속들이 가득한 계절이기도 하니 조금 바쁘다면 우리의 대화는 하루 이틀 늦어도 괜찮아요. ☺ 의무감이나 책임감에 짓눌리는 시간이 아니었으면 좋겠어서요. 숙제처럼 만나지 말고 즐거운 수다를 위해 만나면 좋겠어요.

오늘의 이야기를 들으면서 우리 수정 후배님과 같이 일하던 때가 떠올랐어요. 수줍은 표정과 말투는 아직도 아가 같은데 일 처리는 야무져서 그 속에 숨어 있는 잘하고 싶은 욕심을 모를 수가 없었지요. 신입이라는 타이틀에 멋지게 안녕을 고하는 방법이라. 3년 차까지는 여전히 신입이 아니었던가요!☻ 매해 성장하고 싶은 열정이야 이해하지만, 신입이라는 타이틀을 너무 서둘러 벗어버리려고 하지 말고 조금 더 누렸으면 좋겠어요. 업무는 결과가 전부가 아니니까요.

1년이라는 시간 동안 쌓아 온 노하우가 일의 과정을 조금 더 나은 방식으로 이끌어 줄 거라고 생각해요. 더 나은 과정을, 새로운 시도를 꾸준히 이어가다 보면 그 결과도 달라질 수 있고요. 커리어는 마라톤과 같아서 특정 구간의 스퍼트보단 내 호흡을 잃지 않는 게 중요하죠. 그러기 위해선 스스로를 너무 채근하지 말아야 해요. 저 역시도 엄청난 욕심쟁이 스타일이라 주변에서 비슷한 조언을 자주 듣긴 하는데요. 좋은 평가를 받으면 더 잘하고 싶다는 생각이 가장 먼저 드니까요.

그렇다 보니 자신을 지치게 만들기가 쉬운 것 같더라고요. 너무 많은 것을 증명하려고 하지 말고 하나씩 천천히, 무엇보다 언제나 수정 님답게, 그렇게 해 나가면 돼요. 모든 순간 선택을 통해 인생의 다음 챕터로 넘어가고 좋은 선택을 하기 위해선 언제나 내가 가장 잘 준비되어 있어야 한다고 믿었어요. 잘하는 것들이 있어도, 못하는 것들을 먼저 보며 완벽해지려고 늘 애쓰곤 했죠.

맞아요. 인생은 늘 우리에게 선택하라고 하고, 그렇기에 우리는 늘 고민이 많은데요. 그런 순간이 올 때마다 제가 되새기는 생각이 있어요. 수정 님도 부루마블 해 봤겠죠? 주사위를 굴려 말을 이동하는 게임. 이번 순서에 내 말이 몇 칸 움직이지 못했다고 해서 반드시 게임에서 지는 건 아니잖아요.ツ 모든 선택이 주사위를 굴리는 것과 같지 않을까요? 이번 선택이 충분치 않아도 괜찮다는 걸 아니까 선택의 결과에 너무 큰 의미를 부여하지 않으려고 해요. 나답게 한 선택이면 충분하죠, 뭐.

요즈음 저의 고민은 일하지 않는 시간을 최대한 즐겁게 보내고 싶은데 즐거운 게 많이 없다는 거예요. 원래도 집순이이긴 해서 막 여기저기 다니면서 새로운 즐거움을 찾는 건 요원한 일이고요. 원인을 곰곰이 생각해 봤는데 본격적으로 뭔가를 하기엔 시간이 많지 않은 것도 중요한 이유인 것 같고, 최근 체력이 떨어진 것 때문이기도 한 것 같아요. 주변 친구들도 입버릇처럼 요새 낙이 없다고 하는데. 하나든 둘이든 특별하게 무언가 하지 않아도 꽁냥꽁냥 잘 놀던 제가 재밌는 게 없으니 정말 큰 고민이지 뭐예요. 즐겁기 위한 고민이라니. 고민의 정도는 결코 얕지 않지만 그래도 나쁘지 않은데요? ♫ 조만간 답을 찾아낸다면 더할 나위 없겠고요.

　다음 주는 날씨가 많이 따뜻해진다죠. 거기에 오는 수요일은 휴일이니 월요병이 조금은 옅어지는 것 같아요. 즐거운 한 주 보내고 다음 주에 다시 만나요!

"모든 선택이 주사위를
  굴리는 것과 같지 않을까요?
  이번 선택이 충분치 않아도
  괜찮다는 걸 아니까 선택의
  결과에 너무 큰 의미를
  부여하지 않으려고 해요."

후배의 팁

(ᑎ˘ ³˘) 무언가 부족하다는 것은 그만큼 성장 가능성이 높다는 뜻이니 조급해하지 마세요.

(ᑎ˘ ³˘) 끝나지 않는 커리어 고민, 나의 능력을 잘 알고 정의하는 것부터 시작해 보세요.

(ᑎ˘ ³˘) 조직에서 기대하는 역할을 팀원, 조직장과 함께 논의할 수 있다면 방향성을 잡는 데 큰 도움이 될 거예요.

(ᑎ˘ ³˘) 기대를 받는 것은 부담이 따르지만 나 또한 회사 생활에 기대하는 점을 찾는다면 부담을 설렘으로 바꿀 수 있을 거예요.

선배의 팁

(*´ᵕ`*)/ 감정과 행동에는 이유가 있기 마련, 내 상태가 어떤지 늘 주의 깊게 살펴보세요.

(*´ᵕ`*)/ 고민은 변화를 촉발하는 씨앗이에요. 꼭 부정적으로 받아들일 필요는 없어요.

(*´ᵕ`*)/ 믿을 수 있는 사람에게 고민을 털어놓아 보세요. 막상 꺼내 놓고 보면 별거 아니라는 걸 알게 될 수도 있을 거예요.

(*´ᵕ`*)/ 커리어는 순간이 아닌 여정이라는 점을 기억해 주세요. 누구에 게나 결정적인 순간은 있겠지만, 그 순간이 내 인생 전체를 결정 지을 수는 없어요.

서로가 서로의
눈치만 본다는데,
어떤 동료가
필요한가요?

우리는 하루의 대부분, 일주일의 과반수를 차지하는 시간을 회사에 쏟고 있죠. 그만큼 가족, 친구보다도 회사에서 함께 일하는 사람들이 인생의 큰 부분을 차지하는 것 같아요. 어떤 동료와 일을 하는지가 회사 생활의 만족도를 결정하기도 하고요. 같이 일할 사람을 찾을 때 이런 사람과 함께하고 싶다, 혹은 이런 사람만은 피하고 싶다는 기준이 있을까요? 일터에서 많은 경험을 하다 보면 각자 진짜 최악의 사람을 만났던 사연과 최고였던 동료에 관한 사연도 있을 것 같아요. 반대로 스스로는 어떤 동료가 되려고 하시는지도 궁금합니다.

봄
수정 후배님에게 ▼

　사람이 살아가는 데 사람만큼 큰 영향을 미치는 주체가 없는 것 같아요. 일주일에 5번, 꼬박 8시간 가량을 함께해야 하는 동료들이 좋은 사람들이라면, 여러모로 든든하겠지요. 저는 재수도 하지 않았고, 휴학도 하지 않았는데 운이 좋게도 졸업 직후에 인턴십을 시작하고, 첫 인턴십을 했던 회사에서 바로 정규직 전환이 되었어요. 학교 선배들과 회사의 선배들은 정말이지, 그 느낌마저 달랐던 것 같아요. 윗사람이란 늘 어렵기 마련이고, 직장인으로서의 하루를 무사히 보내는 것에 급급하다 보니 주니어 때는 함께 일하는 사람에 대해 판단을 할 겨를이 없었어요.

　차츰 회사 일이 익숙해지면서 사람들에 대한 감도가 높아지더라고요. 주변을 둘러볼 짬이 그때서야 생겼나봐요.😊 시행착오를 많이 겪었는데 지금의 감상은 누구에게나 다 좋고, 누구에게나 다 나쁜 사람은 없다는 거예요. 소위 '케미'라는 게 있잖아요. 사람의 인성이 좋고 나쁨을 떠나서 나에게 더 잘 맞는 사람이 있고, 그렇지 않은 사람이 있더라고요. 그리고 어떤 때엔 사람 그 자체보다 상황 때문에 나에게 나쁜 사람일 수밖에 없는 경우도 있고요. 저는 좋고 싫은 것이 분명한, 사회생활 하기 참 피곤한 성격이어서 내가 좋아하는 사람, 그렇지 않은 사람 딱 선 갈라 구분하지만 그럼에도 불구하고 누군가가 온전히 나쁜 사람인 경우는 정말 많지 않다는 걸 믿으려고 노력하는 편이기도 해요.

글로 써 놓으니 너무나 평범한 진리 같은데 이걸 깨닫기까지도 여러 가지 우여곡절이 많았던 것 같아요. 특히 처음에는 모두에게 그저 좋은 평가를 받는 사람이어야 한다는 압박에 시달렸어요. 누군가가 나에게 차갑게 굴 때 내가 '무슨 잘못'을 했는지 밤새 고민하며 힘들어했지요. 그러나 내가 잘못이 없어도 누군가에게 미움받을 수 있는 게 사회라는 걸 이제는 알게 됐어요.

제가 엄청나게 좋아하던 후배가 있었어요. 일도 딱 부러지고, 저와는 달리 매사에 쿨하고 직선적이고요. 그래서 회사를 옮기게 되었을 때 그 친구가 새로운 회사에서 함께 일할 수 있기를 바랐고, 제가 옮긴 회사에 예전부터 관심 있었던 그 후배는 결국 우리 회사로 오게 됐죠. 그때까지는 그 후배와 저의 사이가 좋다고 생각했어요. 그런데 우연한 기회에 그 친구가 제 흉을 엄청나게 보고 다닌다는 사실을 알았어요. 그뿐만이 아니라 중요한 자리에서 웃는 낯으로 교묘하게 저를 깎아내린다는 걸 반복적으로 확인했고요.

심지어는 주니어 친구들이나 다른 부서 사람들을 이간질하기도 했는데요. 좋아했던 친구였기 때문에 다른 친구들보다 훨씬 더 신경 써서 챙겼다고 생각했는데 이유를 알 수 없었어요. 여러 번 대화를 시도했지만, 답을 들을 수도 없었지요. 저와 가까웠던 누군가도 그 친구와 몇 번 대화한 후 저에 대한 태도가 달라지기도 해서 엄청나게 상처받았던 시기였어요. 그러나 저는 그 친구가 남들에게 말하고 다니던 그런 사람이 아니었고, 그 친구가 퇴사한 이후로는 이유 없이 받았던 오해나 따가운 시선도 사라졌어요.

이 상황을 지켜보던 누군가는 그 친구가 저를 질투해서 그랬다고 했고, 또 다른 누군가는 그 친구가 승진하는 과정에서 저 역시도 승진함으로써 저는 다른 역할을 부여 받게 되어서 본인의 업무 환경이 전처럼 편하지 않아서 그랬다고도 하더라고요. 제가 승진하고 말으려던 타이틀을 왜 그렇게 욕심내냐고 질타했던 적도 있었어서 주변의 이런저런 해석들이 맞을 수도 있겠다고 생각했어요.

그러나 진실은 알 수 없죠. 저의 노력이 그 친구에게 닿지 않았을 수도 있고, 정말 그냥 서로 안 맞는 사이였을 수도 있고요. 제가 충분히 좋은 사람이 아니었을 가능성도 있다고 생각해요. 만일 그랬다고 하더라도 제가 겪은 이 모든 시간은 부당하죠. 더 좋은 방식의 해결책이 얼마든지 있었을 테니까요. 이 일을 겪으면서 저는 조직에서 사람 간에 일어나는 불편한 상황들이 나의 노력으로 해결할 수 없을 수도 있겠다는 걸 배웠지요. 사실 좋은 데 이유 없고, 싫은데 이유 없잖아요. 어쩌면 애초에 내 탓이 아닌 일을 붙들고 상처받으면서 이 모든 것이 다 나의 부족함 때문이 아닐까, 스스로를 의심하는 일은 건강하지 않다고 결론 내렸어요.

나이가 들어갈수록 누가 봐도 좋은 사람에 끌려요. 예의도, 경위도 바르고 배려하는 사람이요. 거기에 자기가 하는 일에 열정이 있다면 더할 나위 없을 거고요. 사람 보는 눈이 있다고 자부하는 편이지만 제가 만나는 많은 사람이 이젠 대부분 사회생활 고수들이다 보니 필요에 따라 작정하고 좋은 사람인 척하면 저도 답이 없더라고요. 사업을 시작하며 그런 상황에 크게 덴 적도 있고요.

그래서 단숨에 판단하는 걸 경계하는 편이에요. 가장 피하고 싶은 유형은 이기적인 타입인데, 내 한 몸 편하자고 남들에게 일 떠넘기는 걸 너무 쉽게 생각하고, 내 공만 더 키우고 싶어서 모두의 노력을 쉽게 가로채기도 하는 사람이죠. 그 무엇보다 자신의 안위만 생각하다 보니 오히려 주변 사람이 부끄럽도록 뻔뻔하고, 그런 뻔뻔함을 드러내는 데 거침이 없어요. 노력보다는 요행을, 책임지기보다는 변명을, 스스로를 되돌아보기보다는 남 탓하기를 택하는 사람들.

이런 사람들은 생각보다 너무 많아서 정말이지 따뜻한 말 한마디 건네기도 쉽지 않더라고요. 조금 연결되는 이야기인데 이렇게 오로지 자기 자신만 생각하는 사람들은 소통도 참 쉽지 않아요. 어떤 주제, 어떤 상황이든 불평불만이 너무 많고 모든 게 다 남들이 만든 문제라고 굳게 믿으니까요. 요즘 꼰대들이 자주 한다는 라테 타령도, 내내 같은 맥락 아닐까요. "나아는 안 그랬는데에 너어는 대체 왜 그러니!"

적다 보니 누가 봐도 좋은 사람은 피하고 싶은 사람의 정반대 지점에 있는 것 같네요. 이타적인 마인드로 일하는 사람. 함께 일하는 사람들에 맞추면서도 내 한몫은 반드시 책임지고 해내는 바로 그런 사람이 일터에서 이타적인 사람이 아닐까요? 일의 우선 순위를 정할 때도 혼자 해결할 수 있는 일보다 팀의 진척도에 영향을 미치거나, 타 부서 요청에 따라 내가 처리해 주어야 그 부서의 일이 이윽고 진행되는 것들을 먼저 해서 넘기는 것. 전 이런 것도 이타적인 사람의 노력이라고 생각한답니다.

저 역시도 제가 좋아하는 사람들처럼 되려고 해요. 그들에게 든든한 동료가 되고 싶어요. 일적인 부분도 늘 믿고 맡길 수 있고, 함께 생활할 때 힘든 날 먼저 알아보고 위로해 주고, 좋은 일은 꼭 잊지 않고 티 나게 축하해 주는 그런 동료요.

매일 일에 치이다 보니 그런 다짐들을 자꾸 잊게 되네요. 다시 한번 마음을 다잡아야겠어요. 그치만 사실 저는 모두에게 좋은 동료이고 싶다는 바람은 없어요. 모두를 만족시킬 수 없다는 것도 너무 잘 알고 있고요. 좋은 사람이 되려는 노력과 정성은 눈에 보이지 않지만, 각자가 가지고 있는 양은 정해져 있다고 생각해요. 헤프게 쓰다가 지레 지쳐 나가떨어질 수도 있고, 막상 정말 좋은 동료가 되어 주고픈 사람에게 나눠 줄 마음이 동나버리기도 해요.

의미 없는 노력을 하고 싶지 않아서 모두에게 좋은 동료가 되려는 욕심은 버렸어요. 그래서 지금은 저에게 정말 의미 있는 사람들에게 노력을 쏟아요. 이거야말로 20년 차의 비법이랄까. 그리고 그 결정은 머리로 하지 않아요. 승진에 있어 중요한 사람보다는 업무 접점이 적더라도 좋은 영향을 나누어 준 감사한 사람을 더 중요하게 생각하려고 해요. 모나지 않은 사회생활 선에서 사내 평판을 관리하되, 내 사람에게는 애정을 아끼지 않고 있답니다.

1년여의 사회생활에서 후배님은 어떤 사람들은 만났나요? 좋은 영향을 받았던 사람이 있나요? 반대의 경우 어떤 문제가 있었던 걸까요?

선배님의 "모든 사람에게 좋은 사람일 필요는 없다" 는 말에 깊이 공감이 됩니다. 아등바등 맞추려 애써도 사람 사이의 관계는 혼자의 힘으로 이어갈 수 있는 게 아닌 것 같아요. 다행히 아직까지는 회사 생활에서 사람 때문에 크게 힘들었던 적은 없는데요. 덕분에 부가적인 것에 에너지를 소모하지 않고 일 자체에 집중할 수 있었어요. 제가 이 말을 하면, '언제나 현장에 빌런은 꼭 있고 그것을 깨닫지 못하는 자가 범인이다.'라는 의심의 눈초리를 받기도 하네요. 과연 제가 좋은 동료였는지에 대한 판단은 저와 함께 일해 보신 봄 선배님께 맡기겠습니다.☺

제가 만났던 좋은 동료들이 참 많은데요. 그중 나는 어떤 동료로 기억되고 싶은지를 생각해 보면 '장점을 잘 파악하고 이끌어 내주는 동료'가 되고 싶어요. 이건 현재 제가 가장 좋은 영향력을 받고 있는 동료들의 공통점이기도 합니다. 어떻게 보면 스스로 밥그릇 챙기기에 바쁜 삭막한 네모 책상들 사이에서 회사 동료의 장점을 보는 것은 보통 대단한 일이 아닐 수 없어요. 바빠 죽겠는데 얘는 왜 이거 하나 못 해 오나 싶은 순간들이 쌓여 우리의 시선을 미움으로 덕지덕지 가려버리기 쉬우니까요. 대학교를 고인 물로 졸업하고 회사에 들어와 다시 막내가 되었을 때, 잘하는 일이 하나도 없는 것 같은 기분에 자기 비난과 성찰만이 가득했어요. 겨우 대학교에서 말하는 감자 시절을 탈출했는데, 회사에 오니 말도 못 하는 감자가 되다니요!

동료는커녕 나 자신의 장점조차 도저히 보이지 않는 깜깜한 시절에 "수정 님은 스토리를 좋아하고 콘텐츠를 잘 만드시네요!"라는 한마디가 한 줄기의 길을 열어 주었어요. 제 동료이자 선배님들이 해 주신 말씀인데요. 그 말 한마디로 하는 일에 대한 나의 기여가 명확해지고 그다음 일에 대한 기대와 계획이 생겼어요. 담당 업무가 아니더라도 스토리를 더해 발전시킬 수 있는 일은 없는지, 이런 방향에서 추가 콘텐츠가 필요하지는 않은지 살폈답니다. 내가 가장 잘하는 일이니 그 분야만큼은 가장 큰 책임을 가지고 꼼꼼히 살피는 전문가가 되자는 마음으로요.

그 자신감의 바탕에는 내 장점을 파악하고 말해 준 동료들이 있었어요. 내 강점을 믿는 마음가짐으로 시작해 실제로 일에 대한 전문성을 키워 주기도 했지요. 비슷한

업무가 있다면 으레 제게 주어지면서 팀 내에서 저의 역할
이 명확해지는 데에 도움이 되었어요. 어쩌면 팀원들의 장
점을 파악해 업무를 적절히 배정해 주는 것이 리더의 역할
이라고만 생각할 수 있지만, 모든 동료가 함께 일하는 사
람들을 이해하고 강점을 잘 파악해 준다면 팀이 팀으로서
움직이는 데에 정말 큰 도움이 된다는 것을 깨달았답니다.

　특히나 저는 이것저것 할 줄 아는 게 많지만 한 가
지 분야를 깊이 팔 용기가 없는 제너럴리스트의 특성이 있
는데요. "그래서 제일 잘하는 게 뭔가요? 무엇이 강점인가
요?"라는 질문이 가장 두려워요. 그 누구보다도 해리포터
모자의 기숙사 배정이나 각종 심리테스트의 MBTI 분류가
절실한 인간이죠. 누군가 네 가지 유형의 기숙사나 열여섯
가지 성격 유형 중 하나로 나는 이런 사람이라고 확실하게
정의해 주는 게 너무 고마울 따름이에요. 그런 저에게 무
언가를 잘한다고 콕 짚어 말해 주는 것이 심리테스트 결과
를 받는 깃만큼이나 두근두근 설레고 기뻤답니다.
　조금만 더 자세히, 견고한 파티션 너머의 동료를 들
여다보면 각자의 고유한 강점들이 보이기 시작해요. 전혀
다른 우주를 가진 인간들이 내 옆에 앉아 있지만 "요즘 어

떤 일을 하고 있나요? 재미는 있어요?"라고 관심을 가져 주면 그 사이의 벽은 와르르 무너지고 훨씬 더 나은 회사 생활을 만들어 줄 것이라고 확신합니다. 제게 이 중요한 이치를 가르쳐 준 동료들에게 감사하고, 저 또한 꼭 비슷한 동료가 되기 위해 노력하고 있어요.

더해서 저는 기분에 따라 기준이 달라지는 일관성 없는 동료가 되지 않기 위해 경계하고 있습니다. 주위 친구들의 말을 듣거나 저의 경험을 비추어봤을 때, 결정을 내리는 상사가 '기분파'일 때만큼 곤란한 것이 또 없는 것 같아요. 모든 집중이 상사의 기분을 파악하는 데에 쏟아지고, 이 아이디어를 어떻게 발전시키면 좋을지가 아니라 어떻게 하면 상사에게 통과될지에 대해 고민하게 돼요. 일의 기준 자체가 한 사람의 기분에 달려 있기 때문에 회사 생활을 할수록 내 상사의 취향과 기분을 맞추는 능력만 늘어나게 되죠. 업무 능력의 성장보다 독심술로 상사의 마음을 읽어내는 법을 터득한달까요.

에너지는 한정되어 있기에 눈치를 살피느라 이미 기가 빠져 업무를 발전시킬 의지도 없어집니다. 기분에 따라 전달하는 방식이나 말투가 달라진다면 참 다행이지만, 최종 결과물에 대한 일관성 자체가 흔들린다면 조직 전체가 올바른 방향으로 일할 수 없다는 것이 가장 큰 문제입니다. 특히나 어떤 것이 좋은 결과물인지에 대해 판단하는 법을 배워 가는 신입의 입장에서 내 일의 완성도에 관한 판단을 그날 상사의 기분에 따라 평가받은 결과 데이터에 의존해야 한다는 것이 정말 고역이에요. ⚌

물론 그 사람의 취향이나 직감 자체가 실력인 경우도 분명 있을 거예요. 감각의 영역일수록 분명한 논리와 설명이 비효율적이라 느껴질 수도 있을 거고요. 다만 이것이 정답이라고 확신할 수 있는 직감을 가지기까지는 분명 수많은 경험과 데이터가 쌓였기 때문이라고 생각해요. 신입의 입장에서는 선배의 숱한 경험과 판단이 내려지기까지의 근거들을 헤아리기 어렵죠. 단순히 "내가 해 봤는데 그건 무조건 안 돼."와 같은 근거들은 받아들이기 쉽지도 않고, 어떤 방향으로 수정하고 발전시켜 나가야 할지 감을 잡기 어려워요.

그 당시 진행되었던 프로젝트의 상황이나 목적 같은 팩트가 더해지거나, 프로젝트에서 이 판단이 중요한 이유에 대해 한두 마디의 의견만 더해져도 더 깊은 이해도를 가지고 프로젝트를 발전시키는 데에 큰 도움이 될 것 같아요. 그 이후에는 후배들도 분명 선배의 판단을 조금 더 믿

고, 같은 방향성과 태도를 맞춰갈 수 있을 거예요. 앞으로
저 또한 누군가의 선배가 되어 갈 텐데요. 합리적인 이유
와 생산적인 피드백을 줄 수 있는 사람이 되고 싶어요.

"모든 동료가 함께 일하는
사람들을 이해하고 강점을
잘 파악해 준다면 팀이
팀으로서 움직이는 데에
정말 큰 도움이 된다는 것을
깨달았답니다."

후배의 팁

(⋒ ˘ ³˘) 사생활을 캐묻기보다, 좋아하는 일의 영역에 관심을 가져 주세요.

(⋒ ˘ ³˘) 개인을 위한 부하가 아닌, 팀을 위한 동료로 대해 주세요.

(⋒ ˘ ³˘) 나이와 세대는 편견의 변명일 뿐! 개인의 고유한 성격을 들여다보세요.

(⋒ ˘ ³˘) 관심사는 달라도 좋은 동료가 되고 싶은 마음은 같아요.

선배의 팁

(*´ᵕ`*)/ 회사에서 좋은 사람이고 싶다면 우선 맡은 일을 잘해 내세요.

(*´ᵕ`*)/ 사내 인간 관계에 대한 너무 많은 기대는 금물! 담백한 관계를 만드세요.

(*´ᵕ`*)/ 지속 가능한 태도가 필요해요! 너무 애쓰지 않을 수 있는, 나만의 적당한 선을 찾아보세요.

(*´ᵕ`*)/ 남 욕하면서 친해지는 거라지만, 그다음 대상은 나일 수 있다는 것도 잊지 마세요.

(*´ᵕ`*)/ 돌려받는 것을 바라게 된다면 상대에 대한 나의 모든 호의와 친절은 무가치해요.

일터에서의 인연을 밖에서도 이어 갈 수 있을까요?

이번에는 '일터에서의 인연'에 대해 이야기해 보고 싶어요. 다른 말로 하면 '네트워크'가 될 것 같은데요. 돌아보면 인생에 소중함을 남겼던 고마운 은인들이 참 많아요. 그분들에게 고마움을 표시하고 싶은 마음은 굴뚝 같은데, 한정된 시간과 쌓여가는 은인 목록은 양극을 향해 달려가 마음처럼 표현하지 못하게 되는 것 같아요. 관계를 유지하기 위해서는 그만큼의 노력과 힘이 필요하고요. 과연 관계의 유지력은 어디에서 오는 걸까요?

개인적인 마음 표현이야 점점 꼭 필요한 사람들에게 고르고 골라 하게 된다지만 일에서는 좀 다른 것 같아요. 점심시간에 혼자 밥을 먹기보다 일부러라도 새로운 사람들을 만난다든지 여러 지침서의 조언을 참고하면 일적으로 네트워크를 쌓는 게 연차가 쌓일수록 중요한 것 같아요. 하지만 밥이라도 혼자 편하게 먹고 싶은 순간이 참 많고, 인맥이라 불리는 네트워크의 중요성은 알지만 실천하기가 참 쉽지 않은데요.

자신만의 네트워크를 쌓아 가는 비법이 있을지 궁금합니다. 네트워크를 쌓아 가기 위해 개인적으로 노력해 왔던 것들이 있을까요? 거창한 인맥, 네트워크가 아닐지라도 오랜 기간 일을 하다 보면 사람 사이의 인연으로 시작되는 새로운 일들도 많을 것 같아요. 지금 이렇게 메일을 주고받는 순간처럼 의외의 인연으로 시작된 새로운 일들도 있을지 궁금하네요.

수정
봄 선배님에게 ▼

    저뿐만 아니라 제 주위의 친구들도 점점 나이가 들수록 인간관계가 좁아지고 곁에 있는 사람들을 챙기는 것만으로도 버거워지는 때가 오는 것 같아요. 직장이 인생의 과업으로 자리 잡고 대부분의 시간을 할애하다 보면 주위를 둘러볼 에너지가 점점 남아 있지 않게 되죠. 갈수록 물리적 시간적 거리는 멀어지고 관심사 또한 길을 달리하는 것도 한몫하고요.

    그와 동시에 친한 친구보다 가깝게 지내야 하는 사람들이 늘어나는데요. 관심사도 비슷하고 물리적 거리도 가깝죠. 점심은 잘 드셨는지, 주말은 즐겁게 보내셨는지, 부모님께도 잘 묻지 않는 안부를 친절히 확인하는 그런 사이. 바로 일터에서 만난 인연들인데요. 좁게는 같은 팀의 동료들이 될 수도 있고, 넓게는 회사 바깥에서 일로 만나는 사람들이 될 수 있겠네요. 학교라는 공간에서는 대부분 '친구'로 불리는 사이였다면 회사에서는 '지인'으로 분류되는 사이가 많이 생겨나는 것 같아요.

    '그냥 아는 사람'에서 '한때 알았지만 지금은 거의 모르는 사람'으로 분류되지 않고 언젠가의 인연으로 만들기 위해서는 어느 정도의 노력이 필요한데요. 어차피 어느 순간이 되면 인맥 관리는 소용없다는 말로 무작정 덮어 둘 수만은 없는 문제인 듯해요. 나만의 네트워크가 생긴다면 분명 나의 커리어에 마이너스가 되지는 않을 것이라는 것은 느낌적으로 알고 있는데요. 주위 선배들을 둘러보아도 여러 회사에 친분이 있는 사람이 1명쯤 꼭 있는 분들이 계시는데, 확실히 커리어에서 새로운 길을 만드는 데에 큰 도움이 되는 것 같아요.

이런 네트워크를 쌓는 것에 대한 고민이 생긴 건 꽤 최근의 일이에요. 갓 회사 생활을 시작했을 때는 네트워크란 그저 적응과 생존을 위한 최소한의 사회생활 정도로만 생각하고 있었어요. 게다가 다양한 사람들을 만나 에너지를 쓰는 것보다는 혼자 조용히 생각하고 시간을 들여 기획하는 일을 선호했던 탓에 주위 사람들에 별다른 관심을 두지 않았죠. 그럴 시간에 혼자 책을 읽고 트렌드를 확인하며 공부하는 게 더 낫다는 생각이 있었어요.

하지만 IP 사업이라는 직무를 선택하면서 나의 바깥, 회사의 바깥에서 얻는 정보와 인사이트들이 매우 중요하다는 것을 깨달았어요. 고객사들의 니즈를 파악하거나 현재 시장의 흐름을 읽는 데에는 혼자 뉴스를 보는 것만으로는 부족하다는 것을 알게 되었지요. 또한 일하면서 만나는 인연들은 끊어질 듯 다시 이어지고 때로는 완전히 새로운 관계로 변화하기도 하고요. 물론 직무의 특성을 떠나서도 언젠간 내 이름으로 온전히 홀로 서기 위해서는 나만의 네트워크를 쌓는 게 중요하겠다는 생각이 들었어요. 회사에서 주어지는 업무에만 끌려다니지 않고 스스로 새로운 프로젝트를 기획하고 싶을 때, 회사의 그림자를 지우고 홀로 자립하고 싶을 때, 대부분 어디에서부터 시작해야 할지 막막하기만 한데요. 그럴 때마다 쌓아 둔 인연들이 첫 시작의 단추가 되어 줄 수 있을 것 같다는 생각이 들었답니다.

다만 머리로는 느껴도 행동으로 실천하기는 참 어려운 것 같아요. 운동과 사랑은 남는 시간에 하는 것이 아니라 시간을 내서 하는 것이라고 하잖아요. 그 목록에 네트워크 쌓기도 추가해야 할 듯하네요.🖐 지금 저의 일 에너지 중에서 네트워크 쌓기가 차지하는 비중은 5% 미만 정도일 것 같은데요. 그저 외부 회사와 주고받는 메일에 한 글자라도 더 따뜻한 문장을 적어 보내거나, 친절히 문의에 대답해 드리는 정도가 있겠네요.

그 외에는 저에게 많은 도움을 주셨던 선배님들과

멘토님들께 안부를 여쭙는 것들이 있어요. 저에게는 스승과 같은 분들이어서 주로 스승의 날에 감사 인사를 드리는 것 같아요. 곁에서 많은 조언을 해 주셨던 선배님들 덕분에 제 커리어를 선택하는 과정에서 용감히 발을 내디딜 수 있었는데요. 너무 속상하게도 취업을 하고 난 이후에는 오히려 자주 연락을 드릴 수 없어서 마음의 짐으로 남아 있답니다. 학생일 때는 점심시간에 밥 한 끼를 청하며 회사에 놀러 갈 수 있었는데, 직장인이 된 지금은 쉽게 자리를 비울 수 없게 되었으니까요.

그래도 봄 선배님과는 이렇게라도 이야기를 나눌 수 있음에 정말 감사하다는 생각을 하고 있답니다.☺ 그저 스쳐 지나가는 인연으로만 남고 싶지 않은 마음이 굴뚝 같은데 현생의 무게가 마음처럼 따라주지 않을 때가 많네요. 후배의 입장에서는 혹여나 오랜만에 드린 연락이 뜬금없는 오해가 되지는 않을까 조심스럽기도 한데요. 아직 선배가 되어 본 적은 없는지라, 많은 후배를 곁에 두신 봄 선배님의 입장이 궁금하네요! 어떤 후배들과 어떤 방식으로 연락을 주고받고 계시는지, 좋았던 방법들이 있을까요?

지금은 인간관계 관리가 소소하게 5% 정도를 차지하고 있지만, 이상적인 비율은 무엇일지 앞으로 찾아가고 싶어요. 직책이 높아지고 연차가 쌓일수록 그 중요성이 더 높아질 것 같은데요. 회사의 팀장님, 부서장님, 대표님 등 점점 높은 자리의 분들일수록 외부 미팅이 많아지고 그만큼 팀을 대표하는 사람이 되기에 네트워크 관리의 중요성 또한 높아지는 것 같아요. 혼자 짧은 드라마를 감상하며 편안히 즐기던 점심시간의 여유도 언젠가 새로운 사람과의 미팅 시간으로 자리 잡는 날이 올지도 모르겠네요!

　　네트워크, 인맥, 인간관계 등등 여러 이름으로 혼용하여서 꽤 혼란스러운 글이 된 것 같기도 한데요. 그만큼 참 부르기도 애매한 관계들이 많아지는 것을 느끼는 요즘이네요. 이번 주제는 저 또한 고민과 궁금증으로 가득한지라 떠오르는 생각들을 가볍게 적어 보았어요. 생각난 김에 따뜻한 날씨가 찾아올 때 즈음 저희도 맛있는 밥 한 끼 같이 할 수 있으면 좋겠네요. ☺

봄
수정 후배님에게 ▼

← ⋮

관계의 유지력이라. 지나 보니 인간관계에는 몇 번의 변곡점이 있는 것 같더라고요. 학교를 떠나게 되면 또래 친구들과 그 나이에 맞는, 비슷한 일상을 따라 자라던 때를 벗어나게 되잖아요. 친구들과도 스타팅 포인트가 달라지고, 중간의 쉬어 가는 지점도 제각기 다르고요. 그렇게 각자가 다른 생활에 접어들게 되면서 첫 번째 변곡점을 만나게 되고요. 그리고는 결혼이라는 변곡점이 있죠. 결혼을 준비하면서 인간관계를 한 차례 정리하게 되더라는 말에도 백번 공감하고요.

역시나 미혼과 기혼의 라이프 스타일이란 너무나도 달라서 마음이 달라지지 않았음에도 불구하고 함께 시간을 보내기가 쉽지 않아져요. 특히 시간이 좀 더 지나 엄마가 된 친구들과는 정말 시간을 보내기가 너무나도 어려워지는데, 아이들이 어릴 때는 통화를 한번 하는 것도 참 여의치 않더라고요. 이렇게 각자의 삶을 꾸려 가면서 벌어진 시간이 조금 더 여유가 생긴 다음에는 메꿔지는 건지, 아니면 그냥 이대로 서로의 안녕을 빌며 지내게 되는 건지는 아직 잘 모르겠어요.

가까웠던 친구들과 마음의 거리가 아닌, 물리적 거리가 생기게 된다고 해서 일상을 함께하는 타인의 절대 수가 줄어드는 것은 아닌데요. 여전히 다양한 접점을 통해 새로운 사람들과 만나고 영향을 주고받으며 살아가게 돼요. 보통은 제가 이렇게 말하면 믿질 않는데, 사실 저는 좀 낯을 가리는 타입이거든요. 분명 E 성향이 맞긴 한데, 그렇다고 많은 사람 속에서 에너지를 받는 타입은 아닌 것 같아요.

소수의 사람들과 깊은 관계를 가지는 걸 선호하고, 사람에 대한 호불호도 분명해서 소위 '네트워킹'이라고 불리는 것에 적합한 재질은 아니에요.😊 게다가 프로젝트 베이스로 일하는 저는, 아무래도 늘 새로운 사람들과 일하는 환경을 피할 수 없다 보니 그 이상의 새로운 사람들을 만날 에너지가 대체로 없는 편이에요. 그래서 자발적으로 새로운 모임에 참여하거나 하는 일은 거의 없어요. 쉬는 날엔 혼자만의 시간을 가지는 걸 선호하고요.

오늘의 주제가 네트워크를 넓히는 법이 아닌 관계의 유지력이라서 다행이에요. 하마터면 해 줄 말이 하나도 없을 뻔했어요.😊 😆

제가 팀장쯤 되었을 때, 새로운 회사에 이직하게 되었는데 회사 문화가 너무너무 강한 데다 은근한 텃세도 있어서 적응이 조금 쉽지 않았어요. 그런 상황 속에서 제가 참 많이 의지하던 선배님이 계셨는데, 언제나 따뜻하게 안부를 물어봐 주시고 어쩌면 그 회사에서는 수용하기 어려웠을 새로운 생각도 잘 들어주셨던 분이에요. 그렇게 바쁜 와중에도 꾸준히 블로그에 글을 쓰시고, 장난기 있으시지만 정중하시고, 따뜻해 보이지만 적당히 비판적인, 멋지고 좋은 분이었죠.

그런데 한 가지. 그분은 말버릇처럼 "난 사람을 믿지 않는다"고 하시는 거예요. 아니, 이렇게 많은 사람에게 둘러싸여 지내시는 분이 대체 그게 무슨 말이람. 정말 이해하기가 어렵더라고요. 원래는 엄청 냉소적인 사람인데 내가 너무 좋게만 보고 있는 건 아닌가 생각했을 정도로요. 그로부터 시간이 한참 지난 지금은 완벽하게는 아니지만, 어느 정도 그 말씀이 이해가 가요.

그 말씀을 이해하는 지금의 저의 표현은 '난 사람에게 큰 기대를 하지 않는다'인 것 같네요. 아무리 좋은 마음을 가지고 있다고 하더라도, 아무리 많은 시간을 함께 보낸 사이라도 사람이 다른 누군가를 온전히 이해하는 건 불가능하고, 그렇기에 타인은 언제나 내 맘 같을 수 없다고 생각해요. 제가 선배님의 그 표현에 다소 반감을 가지고 있었던 이유는, 그런 생각으로 사는 세상은 너무 차가울 것 같았고, 더해서 어차피 사람 속에 살아가야 하는데 지나친 비약이라고 느꼈기 때문인 것 같은데요.

나이를 더 먹어보니 그때의 제 감상이야말로 지나친 의미 부여였더라고요. 그건 누군가의 우려가 필요하지 않은, 그저 경험에서 우러나온 그 사람만의 삶의 태도니까요. 세상에는 정말 다양한 사람이 있고, 그중 나와 맞는 사람은 정말 일부잖아요. 게다가 사회에서 만난 사람들은 상황에 따라서 그 순간에 나에게 좋지 않은 사람도 있으니까요. 같은 맥락에서 장성규 아나운서가 했다던 말이 많이 공감되었어요.

"아무리 좋은 사람들이라도 같은 목적 앞에서는 적이 될 수 있다는 것을 느꼈습니다. 하지만 저는 그런 상황은 지극히 자연스러운 상황임을 이해하고 받아들였어요."

제가 저의 상황에 집중하는 것처럼 다른 누군가도 그럴 수 있으니 언제나 마음으로 행동해 주길 바라는 건 너무 큰 기대인 것 같아요. 예전에는 사람에 좀 더 집중했다면, 지금은 가급적 그 사람이 속한 상황들을 헤아려 보려고 노력하는 편이에요. 살면서 부딪혔던 많은 아쉬움이 저를 이렇게 변화시켰네요. 저의 첫 번째 관계 유지력의 비결은 사람에게 기대하지 않는 것이에요. 달콤한 솜사탕 같은 기대를 접고 상대를 바라보면 비교적 그 사람을 이해할 수 있는 여지가 더욱 많아져요. 기대하지 않는다는 말은 엄청난 거리를 두는 것처럼 느껴지기도 하지만 서로의 마음의 무게가 가벼워지는 해법이랍니다.

그러다가 문득 저도 마음이 엄청 쏠리는 사람을 만나기도 해요. 세상엔 너무 멋진 분들이 많으니까요! 보통은 그 사람의 호흡에 맞추려고 노력하기는 하는데, 그럼에도 불구하고 저의 직진 본능이 잘 멈춰지지 않아요. 마음은 표현해야 비로소 빛날 수 있다고 굳게 믿고 있거든요! 그래서 티를 팡팡 낸답니다.

제가 티 내는 방법은 잘 살펴보는 것, 그리고 기회를 놓치지 않는 건데요. 그래서 보통은 0.1초 만에 상대가 어떤지 알게 되는 편이에요. 컨디션이 안 좋은지, 고민이 있는지, 좋은 일이 있는지, 오늘 뭔가 들뜨는지 정말 아주 짧은 찰나에 알아차려요. 그러고는 그 상태에 곧바로 동화되지요! 생일이나 승진 같이 축하받아야 마땅할 날을 절대 놓치지 않고, 이사나 아직 같은 변화가 있을 때도 아주 작은 선물이라도 준비하는 편이에요. 정말 정말 소수의 상대에게 애정을 몰아서 쏟고 연약한 화분을 키우듯 엄청난 정성을 들여요.☺

게다가 누군가를 좋아할 때 기준을 두지 않는 것 같고요. 저보다 나이가 아주 많거나 아주 적어도 일하다 만난 사이여도, 때로는 충분히 오랜 시간 알지 못했더라도 마음이 반하는 상대라면 먼저 연락해도 괜찮고, 가끔 실망해도 또 괜찮아요. 다만 스스로 사람을 잘 본다고 자부하는 편이지만 뒤통수를 맞는 상황은 늘 발생하기 때문에 한 가지 모습만으로 그 사람을 다 안다고 생각하거나, 마침 우연처럼 맞아떨어진 상황을 운명처럼 믿어버리는 일은 경계하고 있어요. 지나고 보니 생각보다 좋은 사람이 아니었다는 걸 깨닫는 순간은 언제고 너무나도 혹독하니까요.

서로에게 주어진 시간을 별생각 없이 지내다 보면 스미듯이 그렇게, 좋은 사람은 드러나기 마련이에요.☺ 이 사람이 나의 커리어에 도움이 될 것 같으니 좋은 모습 보여서 잘 지내야겠다는 생각으로 움직이는 게 아니다 보니, 뭔가 늘 자연스럽더라고요. 노력한다거나 애쓴다는 느낌도 없고요. 마찬가지로 저와 어떤 상황에서 만나게 되었건 편견 없이 마음을 열고 다가와 주는 좋은 분들도 가끔 만나게 되는데요. 필요에 의한 것만 아니라면 저도 같은 마음으로 화답하게 되더라고요.

누군가 좋은 마음으로 다가온다는 건 깨끗한 빗방울이 내려 새로운 싹을 틔우는 것 같은 느낌이랄까. 토토토톡 두드리지만 사납지 않고, 차차 젖으면서 에너지가 생겨나죠. 그리곤 우리만의 이야기와 시간이 싹트게 되는 거예요. 놀랍고도 감사한 화학작용이 일어나요. 수정 님이 물었던 후배들과의 관계도 다르지 않아요. 언젠가 함께 일했던 시간을 공유하는 것만으로도 충분히 의미 있는 인연이고, 그런 후배들이 저에게 연락할 일이 있다는 건, 그 자체로 늘 반갑고 고마운 일이지요. 선배란 늘 편치 않은 존재라는 걸 잘 알기에 기꺼이 연락해 준 그 마음이 저에겐 참 많이 소중해요.

적다 보니 제가 관계를 만들어 가고, 지켜가는 방식의 핵심은 힘을 빼는 건가 봐요. 너무 큰 기대를 하지 않음으로써 더욱 담백할 수 있고, 필요보다는 정말 움직이는 마음에 이끌림으로써 더욱 자연스러울 수 있었던 것 같네요. 우리 수정 후배님이 질문처럼 던진 주제였다고 했는데, 충분한 답이 되었는지 모르겠어요. 제가 아는 후배님이라면 분명 제 답과 상관없이 후배님만의 관계 유지력을 잘 길러갈 테지만요. ☺

"기대하지 않는다는 말은 엄청난
거리를 두는 것처럼 느껴지기도
하지만 서로의 마음의 무게가
가벼워지는 해법이랍니다."

후배의 팁

(˶ˆ ³ˆ) 기대하지 않는 인연은 기대하지 못했던 행운을 불러오기도 해요.

(˶ˆ ³ˆ) 끊어질 것 같았던 관계도 어느 순간 다시 이어갈 여유와 용기가 생길 수 있어요.

(˶ˆ ³ˆ) 먼 훗날 내 선택의 폭을 넓히고 싶다면 스쳐 가는 관계에 호감을 남기는 것부터 시작해 보세요.

(˶ˆ ³ˆ) 관계 유지가 버거운 순간이 온다면 깊은 단절보다 가벼운 인연으로 전환해 보세요.

(˶ˆ ³ˆ) 뜬금없이 도착한 후배의 안부 연락, 큰 용기와 오랜 고민 끝에 감사의 마음을 전하고 싶었을지도요.

선배의 팁

(*´ᵕ*)/ 필요에 의한 관계에 너무 집착하지 마세요. 필요와 처한 상황은 늘 바뀌기 마련이에요.

(*´ᵕ*)/ 관계란 상호 간의 밸런스가 중요해요. 마음의 온도를 비슷하게 맞추려고 노력해 보세요.

(*´ᵕ*)/ 편견 없는 자세야말로 새로운 관계를 발견하고 발전시키는 지름 길이에요.

(*´ᵕ*)/ 관계를 긍정적으로 지속하기 위해선 관심과 정성, 그리고 약간 의 성실함이 필요해요.

(*´ᵕ*)/ 가까운 관계일수록 조심스럽게 말을 고르고, 사소한 감사도 잊 지 말아요.

커리어의 여정에서
성취감을
느끼는 것이
중요할까요?

얼마 전 흥미로운 조사 결과를 봤어요. 〈대학내일〉 20대 연구소에서 '업무를 통한 성장 및 성취감이 가장 중요하다고 생각하는지'에 대한 질문에 Z세대가 다른 세대보다 높은 비율로 그렇다고 답했다고 해요. 일에서 오는 성취도와 만족감이 중요한 세대라는 해석이 있네요. 일터에서의 성취도는 어디에서 오나요? 정말 조사 결과처럼 커리어 여정에서 성취감을 느끼는 게 굉장히 중요한 욕구 중 하나인가요?

수정
봄 선배님에게 ▼

    이번 주는 화장실 갈 시간도 없이 바쁜 나날들이 이어졌네요! 준비하던 프로젝트가 오픈 예정이어서 모든 팀원의 땀방울을 모아 무사히 끝낼 수 있었답니다. 일은 바빴지만, 정신없이 일들을 헤쳐 나가는 저의 모습을 보면서 묘하게 가슴이 벅차오르고 만족스러웠어요. 이게 바로 봄 선배님이 말씀하셨던 일의 '성취감'인가 싶었답니다.

    많은 Z세대가 설문 조사에서 답했듯, 저 또한 일에서 성취감이 큰 부분을 차지하는 것 같아요. 묘하게 성취감이라는 단어 자체가 주는 자기 계발적인 느낌도 한몫하는 것 같습니다. 사전에서는 "목적했던 바를 이루었다는 느낌"이라는 뜻으로 나오는데요. 일할 때 성취감이 중요하다는 말은 그러니까, 회사의 분위기, 상사의 성격 혹은 연봉의 크기가 너무너무 마음에 안 들지라도 '내가 목적했던 바'를 달성했다면 그걸로 이 회사에 남아 일을 이어 가기에 충분한 이유가 되어 준다는 뜻으로 들립니다.

    물론 사람마다 그 목적했던 바가 다를 순 있겠는데

요. 앞서 예로 들었던 회사의 분위기, 상사의 성격, 연봉의 크기 등이 누군가에겐 목적했던 바가 될 수도 있겠어요. 다만 저를 포함한 제 주위 친구들의 이야기를 들어봤을 때 회사의 조건보다는 내 성장의 발판이 될 수 있는 곳을 과감히 선택하는 여행자들이 많아진 것 같아요. 지금도 변함없이 돈을 많이 주고 이름을 대면 누구나 아는 대기업에 가는 것이 많은 이들의 꿈이지만, 모든 이들의 꿈이라고는 단정 지을 수 없겠죠.

그 회사에서 내 역할은 무엇인지, 내가 기여하는 일로 어떤 성장을 이룰 수 있는지도 중요해졌어요. 특히 그 기여도와 성장을 두 눈으로 확인하기 위해 워너비 대기업에 합격했어도 빠르게 성장하고 있는 스타트업이나 테크 기업에 가는 경우도 많아진 것 같아요. 저 또한 안정적인 것보다는 업계의 미래 전망, 빠른 성장 등을 고려하여 회사를 선택했는데요. 먼저 직장 생활을 하고 계신 주위의 멘토님, 선배님들에게 이런 결정을 알렸을 때 걱정과 의아함을 표해 주시는 경우가 많았어요.

반면 제 친구들은 예상했던 결정이라며 가서 하고 싶은 일을 해내는 것이 중요하다고 말해 주었네요. 이제는 단순히 회사에 다니고 월급을 받는 삶에 만족하기보다는 그 안에서 내가 어떤 일을 하고, 소중한 시간을 투자했을 때 얻을 수 있는 성장의 결과물을 그리는 삶의 궤도 자체가 더 중요해진 것 같다는 생각이 듭니다. 오히려 남들과 다른 길을 걷고, '성취감'과 '성장'이라는 단어를 무기로 내 선택을 정답으로 만들겠다는 요상한 반항심이 삶의 동력이 되는 것 같기도 해요. 아시다시피 남들과 똑같음을 거부하는 Z세대인지라 직장인계의 이단아가 되어 나만의 길을 설계하고 끝끝내 빛나는 것을 보여 주고 싶어요. ☺

일을 할 때는 이 성취감을 어디서 얻을 수 있느냐를 곰곰이 생각해 봤는데요. 아무래도 '좋아하는 일'을 할 때인 것 같아요. 물론 지금도 좋아하는 일을 찾아 이 일과 직무를 선택했는데요. 당연히 일을 하는 매일매일의 순간이 행복하고 뿌듯하…지만은 않습니다!☺ 그저 이곳에서 좋아하는 일을 할 확률이 조금 더 높은 것뿐이죠.

제 커리어 목표의 키워드를 꼽자면 단연 '스토리'라고 할 수 있어요. 뜬금없게도 지금 제가 있는 곳은 스토리 기획 같은 일과는 거리가 먼 사업팀입니다. 개발사, 마케팅팀, 디자인팀 등 모든 유관 부서 사람들의 일정을 재촉하고 관리하면서 이성적인 판단과 합리적인 커뮤니케이션을 완수하는 PM(Project Manager)의 역할이 중요한 곳이에요. 제가 원하는 오랜 시간을 들여 감성 가득한 스토리를 담아 낸 결과물을 기획하는 것과는 꽤 거리가 있는 일이랍니다.

그렇지만 정신없이 흘러가는 9할의 주된 업무 속에서도 제가 관심 있어 하는 1할의 업무들이 있는데요. 처음 제게 맡겨졌던 버추얼 캐릭터의 컨셉과 스토리를 써 내려가는 일 같은 것들입니다. 무척 하고 싶었던 일이어서 엄청 몰입해서 작업했던 기억이 나요. 성격이 유별나서 이름은 '유별'이고 평소에 양말은 어떻게 신고 다닐지, 비 오는 날에 창문을 보며 무슨 생각을 할지까지 고민해서 아주 긴 기획서를 써냈어요.

작지만 제 커리어 궤도와 일치하는 일을 만났을 때는 무언가 열정이 샘솟고 더 잘 해내고 싶다는 생각이 듭니다. 일을 완수해 냈을 때 진정으로 하나 해냈다는 기분이 들고요! 하루 종일 쏟아지는 메일에 답장하고, 걸려 오는 전화를 받을 때는 점점 직장인으로서 관성적으로 일을 하게 된다는 느낌이 들 때가 있는데요. 스토리와 컨셉을 기획할 때는 내가 목표했던 것을 하나씩 채워 가고 있다는 생각이 들어요.

그 이후로 저는 1할의 업무들을 점차 늘려 가고 있습

니다. 팀원들에게 제가 어떤 사람이고 무엇을 좋아하는지를 어필했어요. 간간이 생기는 1할의 업무들을 최선을 다해내고, 나머지 업무 중에서도 내 강점을 발휘해 더하거나 다듬을 수 있는 일은 없는지 살폈지요. 결과물들이 쌓이자 자연스럽게 스토리를 쓰고 컨셉을 기획하며 콘텐츠를 만드는 일은 저에게 맡겨졌고, 1할은 점차 5할 이상으로 비중을 늘려갔습니다.

　원래 팀에 있던 업무는 아니었지만 제가 이 팀에 있기에 만들어진 일들이 많아졌어요. 부족했던 게임 스토리를 직접 도맡아 쓰거나, 아쉬웠던 홍보 영상의 노래 가사를 다듬거나 하는 것들이죠. 보통의 팀과 다르게 업무의 범위가 유연하고 광범위한 팀이었기에 가능할 수 있었고, 그 점이 제가 이 팀을 선택한 이유이기도 했지요.

　수많은 일들 사이에서 내가 좋아하는 일의 영역을 키워 가는 것이 저에게는 큰 성취감인 것 같아요. 물론 아직 신입인지라 그 좋아하는 일에 대한 경계가 모호하기도 하고 작은 충격에 흔들리기도 하는데요. 일을 하면서 '내가 이런 것을 좋아했구나. 생각보다 재미있네?' 라고 깨닫는 것들도 있어서 그 영역을 새롭게 발굴해 나가는 것도 꽤 큰 성취감을 주는 것 같아요.

　　이번 주에 제가 바빴던 이유는 스토리와 관련 없이 많은 유관 부서와 커뮤니케이션하고 그 사이에서 일정을 타이트하게 관리하는 PM의 업무 때문이었는데요. 그럼에도 "내가 해냄!"이라 외치며 큰 성취감을 느껴서 왜 그랬을까 생각해 보니 바로 이런 이유가 아닐까 싶네요. 처음에는 관심도 없고 잘하지도 못하는 영역이라고 생각했는데, 점차 일에 대한 요령이 생기고 능률이 올라가면서 '어쩌면… 나 재능있을지도?!'라고 생각했답니다. ͏ ͏

　　원래 부족했던 부분이 채워졌다는 생각에 삐죽빼죽했던 제 육각형 능력치가 점차 균형을 맞춰 가는 것 같았어요. 강점인 부분을 키우고 약점인 부분을 보완해 가는 과정 자체가 꽤 재미있는 것 같아요. 그 속에서 내가 좋아하고 잘한다고 말할 수 있는 영역이 점차 넓어진다면 성취감도 늘어나게 되겠죠?

　　신기했던 것은 저와 10년 정도 차이가 있는 선배 팀원분과 제 성취감의 기준이 꽤 다르다는 것이었어요. 극단적으로 말하자면 저는 사실 짧게나마 내가 하고자 하는 분야의 일을 많이 해 볼 수 있다면 내일 회사가 망하더라도 크게 상관은 없을 것 같다는 생각을 해요. 내가 얻을 수 있는 것은 얻었고, 그걸로 또 다른 좋은 회사에서 일을 발전시켜 나가면 되는 것이니까요!

제 커리어 궤도의 퍼즐을 하나씩 맞춰 가는 상상을 하고 있을 때, 선배 팀원분과 일에 대한 생각을 나누었는데요. 제가 한번도 생각해 보지 못했던 영역을 말씀하셔서 놀라웠어요. 그분은 이렇게 열심히 했는데 이게 과연 프로젝트의 성공에 기여하는 것인지에 대한 걱정과 전체적으로 회사의 발전을 위해서는 무엇이 더 필요한지에 대한 생각들을 말씀해 주시더라고요.

이 회사의 미래와 지속성까지 생각하시다니, 꽤 회사가 마음에 들어서 오래 계시고 싶으신가 싶어 여쭈어보았더니 꼭 그런 것은 아니라고 하셨습니다. 그동안 꽤 많은 회사를 거쳐 오며 그때마다 정말 다양한 일들을 하셨는데요. 결과적으로 회사가 발전할 가능성이 없어 보이거나, 내 업무의 퀄리티를 더 높여도 다른 모든 것이 프로젝트를 성공으로 이끌기에 너무 부족하다고 느껴지면 그것이 과감히 다른 회사를 선택하는 이유가 되었다고 하셨어요.

회사, 시스템, 구조 자체가 성취감의 한 부분이 될 수도 있음에 놀랐고, 저라는 성취감에 빠져 회사에 대한 고려가 부족하지는 않았는지 스스로 돌아보게 되더라고요. 어쩌면 맡겨지는 일을 해내기에만 급급했던 신입사원의 마인드라는 생각이 들기도 하고요! 조금 더 시야를 넓혀서 프로젝트와 회사를 성공으로 이끌기 위해 더 필요한 일들이 뭐가 있는지 살펴보고 나와 회사가 함께 발전하는 것에 성취감을 느낄 수 있는 사람이 되어 가고 싶어요. ☺

봄
수정 후배님에게 ▼

     ↶ ⋮

요새 많은 연구 결과, 리포트 등으로 Z세대에 관한 이야기를 접하고 있는데요. 결과를 볼 때마다 고개를 갸웃하게 되는 것들이 종종 있어요. 클라이언트와 만나 이야기를 나눌 때도 Z세대가 가진 특성이 하나의 주제에서도 너무 극과 극이라 대체 어떤 속성이 그들을 좀 더 잘 대변하는 것인지 알기 어렵다는 하소연을 자주 듣기도 하고요. '조용한 사직(Quiet Quitting)'을 선택하고 워라벨을 목숨처럼 생각하는 이들이 일터에서의 성취감을 가장 중요하게 생각한다니.

내 한 몸 편하게, 딱 받은 만큼만 노력한다는 게 중론인 이들이 말하는 성취감이란 대체 무엇인가. 그 단어마저도 다른 세대와 다른 의미로 사용하고 있지는 않나 생각했어요. 그런데 후배님의 메일을 보니 그 뜻은 제가 아는 것과 다르지 않은 것 같고, 그 중요도 역시 '정말(!)' 높다는 것을 알게 되었답니다.

제가 좋아하는 콘텐츠 중에 tvN의 〈알쓸○잡〉이라는 프로그램이 있는데요. 그중 〈알쓸인잡〉 시리즈에서 대화가 삶의 의미로 귀결되어 가는 와중에 그중 유일하게 다른 세대인 RM 님께서, "그들의 세대는 삶의 의미가 정말 꼭 필요한지에 대한 의문이 있다"는 말을 꺼냈는데요. 이에 대해 김영하 작가님이 하신 말씀이 정말 인상 깊었습니다. "삶의 의미, 꿈, 되고 싶은 것이 없는 것이 아니라 겉으로 말하지 않는 선택을 한 것"이라고요.

'일단 공부 먼저 하고 네가 원하는 건 그다음에 해도 돼' 라든지 '그걸로 돈 벌어 먹고살 수 있겠니' 같은, 기성세대에 의해 너무 쉽게 평가된 꿈에 대한 냉소 또는 체념의 결과일 수 있다는 뜻이었는데요. 먼저 살아 보았다고 모든 길을 가 본 것은 아닌데 너무 쉽게 아이들이 꿈꾸는 것에 대해 가능성이 없거나 낮은, 지금 필요하지 않은 것이라고 치부하는 어른들. Z세대에겐 성취가 중요한 것인데, 그들이 성취 대신 다른 것을 말하고 있다면 그건 아마도 그 조직이 성취를 꿈꾸기엔 요원한 곳이기 때문은 아닐까 하는 생각이 들었어요.

세대 간의 다름은 생각의 출발점이 전혀 다른 양극에 있기 때문에 발생하는 것 같아요. 후배님들의 생각의 출발은 언제나 '나 자신'에 있고, 저희는 나보다는 나를 둘러싼 '사회'에 집중하여야 한다고 배우며 자랐거든요. 수업 시간 후 궁금한 것이 있어도 나의 궁금증보다는 모두의 쉬는 시간이 중요하니까, 아무것도 묻지 못한 채 그냥 넘어가 버리고, 너무 튀지 않아야 한다는 암묵적인 규칙 속에 우리와 다른 누군가에게 뾰족한 눈초리를 보내고. 그래서 아마도 저의 성취감은 스스로가 아닌 타인에 의해 주어지는 것이었던 것 같아요.

물론 제가 저희 세대 모두를 대표할 수는 없겠지만 제 주변의 친구들과 저에게 성취란 대체로 선배님들의 칭찬이나 연봉 인상, 특진 등으로 대변되는 회사의 인정 같은 것들이거든요. 다소 비약일 수 있겠으나, 남들과 비슷한 라이프 사이클을 부지런히 따라가는 것도 그중 하나일 수 있고요. 남들 다 할 때 나도 취업하고, 결혼하고, 아이를 낳아 남들과 다르지 않은 가족을 꾸리는 일에서 성취감을 느끼고, 그 사이클에서 벗어나는 경우 주변의 시선 때문에 스스로의 선택을 의심하거나 후회하는 경우가 종종 있는 것 같아요.

수정 님의 회사 선배님께서 생각하는 내가 속한 조직의 성장이나 발전에서 오는 성취 역시도 스스로가 좌지우지하기 어려운, 다소 사회지향적이라는 생각이 드네요.

그러나 타인의 결정에 맡겨 둔 성취란 모래성 같기도, 신기루 같기도 하여서 종종 늘 손에 잡히지 않는 허전함을 갖게 하는 것 같아요. 그래서 점점 개인의 목표에 더 집중하게 되는 것 같고요. 나와의 약속을 늘려 가는 거죠. 하루에 만 보 걷기, 1달에 책 3권 읽기, 올해는 새로운 악기를 배워 보기.

쓰다 보니 성취감이라는 감정은 내일을 향해 가는 감정인 것 같아요. 그동안은 누구나 인정하는 '성공'이라고 부를 만한 것에서 성취감을 얻었다면 앞으로는 내가 인정하는 '성장'에서 성취감을 얻고 싶네요. 그리고 그건 우리 세대가 Z세대 친구들의 매일을 살아가는 방법에서 배울 만한 점이고요. 그들이 말하는 성취감을 냉소적인 시각으로 재단할 것이 아니라 진지하게 받아들이고 성취감을 느낄 수 있는 환경을 만들기 위해 노력하는 것도 선배들의 몫이라고 생각해요.

후배의 팁

(∩ ˘ ³˘) 성취감을 얻었던 경험의 공통점을 모아 나의 흥미와 적성의 영역을 정의해 보세요.

(∩ ˘ ³˘) 성취하고 싶은 일이 있다면 관련 영역에서 아이디어를 적극적으로 내며 조직에 어필해 보세요.

(∩ ˘ ³˘) 나의 업무와 관련이 없어 보이는 일에서도 내가 기여할 수 있는 바를 찾아 성취감 영역을 넓혀 보세요.

(∩ ˘ ³˘) 때로는 뜬금없는 업무에서 성취감을 발견하는 순간도 있을 테니 지나친 업무 편식은 주의해 보세요.

선배의 팁

(*´ᵕ\`*)╯ 나에게 성취감을 느끼게 하는 것들이 무엇인지 분명하게 알고
있다면 커리어 패스를 만들어 가는 데 큰 도움이 될 거예요.

(*´ᵕ\`*)╯ 타인과 끊임없이 비교하기보다는 나에게 집중된 것들로부터 성
취감을 느껴 보세요.

(*´ᵕ\`*)╯ 성취는 결과가 아닌 과정을 통해서도 느낄 수 있다는 점을 기억
해 주세요.

(*´ᵕ\`*)╯ 커리어와 성취가 관련이 없다고 생각한다면, 그것도 괜찮아요.
내 삶엔 나만의 이유와 나만의 목적이 있는 거니까요.

< 일하는 우리의 안녕한 하루를 위한 체크리스트 >

① 오늘 하루 나의 기분, 어땠나요? 3개의 형용사로 적어 볼까요?

② 나의 기분을 만든 특별한 이벤트나 상황, 특정한 사람이 있었나요?

③ 만약 2의 상황을 다시 겪는다면, 어떻게 대처하면 좋을까요?

④ 만약 나의 기분이 부정적이라면, 이 기분을 바꾸기 위한 치트키가 무엇인가요?

⑤ 4의 답변 중 지금 당장 해볼 수 있는 것은 무엇인가요? 만약 없다면 지금 당장 실행 가능한 치트키를 조금 더 생각해 봅시다.

⑥ 지금 나를 불편하게 하는 게 있다면 무엇인가요?

⑦ 이 불편을 줄이거나 없애기 위해 할 수 있는 일이 있을까요? 있다면 무엇일까요? 없다면 차선책이 있을까요? 만약 아무것도 생각나지 않는다면 5의 질문으로 돌아가 치트키를 실행해 보세요.

⑧ 내일 아침을 기분 좋게 시작할 수 있는 〈하루 첫 곡〉을 지금 지정해 보세요. 어떤 곡인가요?

⑨ 나의 공간은 얼마나 정리되어 있나요? 타이머로 15분을 맞춰 놓고 그 시간 동안 정리할 수 있는 곳을 정리해 봅시다.

⑩ 지금의 나, 그리고 오늘 하루 동안의 나를 천천히 생각해 보면서 통증이 있거나 불편했던 신체 부위가 있는지 떠올려 봅시다. 어디에 어떤

증상이 있었나요?

⑪ 9의 증상을 최근 2주 이내에 겪은 적이 있나요? 빈도는 얼마나 자주였나요?

⑫ 9의 증상의 원인을 알고 있나요? 10의 답까지 고려할 때 9의 증상은 치료가 필요할까요?

⑬ 오늘 먹었던 음식 중 건강에 좋은 음식과 나쁜 음식을 나누어 적어 봅시다.

⑭ 오늘 감사했던 일은 무엇인가요? 사소한 것이라도 좋으니 최소 한 가지 이상을 적어 봅시다.

⑮ 오늘의 나를 칭찬해 보세요. 칭찬의 이유를 가능한 자세하게 적어 보세요.

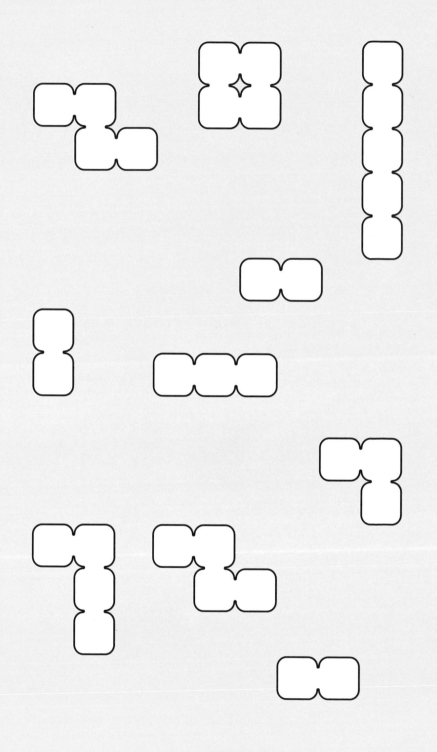

업무력 레벨 업 퀘스트

패기와 열정,
경험과 노련함

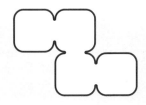

서로 다른 취향,
어떤 콘텐츠를
좋아하나요?

각자 취향을 듬뿍 담아 사랑한다고 말할 수 있는 콘텐츠가 있을까요? 온라인 동영상 서비스(OTT)가 활성화되고 감정을 표출할 수 있는 플랫폼이 다양해지면서 어떤 콘텐츠를 봤는지가 일상의 안부 인사가 되기도 하는 요즘인데요. 트렌드와 시장에 예민한 업계에 있다면 더더욱 콘텐츠 감상은 빠질 수 없는 일상이 될 것 같습니다. 옛날부터 쌓아 왔던 콘텐츠 경험을 토대로 '좋은 콘텐츠'에 대한 기준이 생기기도 했을 것 같아요. 요즘 들어서 관심이 갔던 콘텐츠는 무엇이 있을지 궁금하기도 하네요. 콘텐츠는 게임, 웹툰, 책, 영상, 이미지, 글귀 등 장르 불문하고 살펴보면 좋을 것 같아요!

봄
수정 후배님에게 ▼

↩ ⋮

수정 후배님. 이렇게 수정 후배님에게 메일을 쓰고 있자면 일주일의 시간이 정말 빨리 흐른다는 걸 더욱 절감하게 돼요. 시간과 나, 내가 있음으로 나에게 주어진 시간이 있는 것일 텐데 그 선후 관계가, 어쩌면 주종 관계가 늘 바뀌어 있는 것 같아요. 말 그대로 시간에 쫓겨 종종걸음 치며 지난 한 주를 보냈네요. 미하엘 엔데의 《모모》가 생각나는 한 주였어요. 지난번에도 말했지만 요즘 들어서는 뭘 봐도 심드렁해서 지난 3개월간 읽은 책이 거의 없고, 새롭게 정주행한 영상 콘텐츠도 거의 없었어요. 그러던 차에 내가 사랑하는 콘텐츠에 대한 질문을 받고 나니 그 고민이 더욱 깊어지는 거죠. 그럼에도 불구하고 '사랑하는' 것에 대한 이야기는 언제나 즐거운 법이니까요. 가벼운 마음으로 오늘의 수다를 시작해 볼까 해요.

대체로 많은 것에 호불호가 강한 성격인데, 콘텐츠는 장르나 포맷 상관없이 두루두루 즐기는 편이에요. 그래서 어떤 것에 취향이 있다고 말하기가 쉽지 않네요. 굳이 말하자면, 영화보다는 시리즈를 좋아하는 편이고, 시보다는 음악을 좋아하는 편이에요. 엄청나게 몰입해서 보기 때문에 너무 슬픈 이야기나 잔혹한 이야기는 피하는 편이긴 하고요. 무서운 이야기도 좋아는 하는데 의연하게 보는 타입은 못 돼요.

제가 즐기는 콘텐츠는 국내외 뉴스(뉴스도 저에겐 곧 세상 이야기), 웹툰, 웹소설, 1인 크리에이터의 영상 콘텐츠(유튜브), OTT 및 방송사별 오리지널 영상 콘텐츠, 음악, 도서, 전시, 게임, 아주 때로는 누군가의 SNS까지인데 형태는 다양하지만, 굳이 장르나 소재, 매체는 가리지 않아요. 즐기기 위해 보기도 하지만 일의 일부이기 때문에 보기도 해서 당연히 넓게 보아야 한다고 생각했던 것 같고 그러다 보니 두루두루 좋은 점들을 찾게 되었지요.

저에게 좋은 콘텐츠는 깊은 고민을 통한 새로운 통찰이 있는 콘텐츠거나 사람이 사람에게 이로운 영향을 주는, 꼭 그게 물리적인 도움은 아니더라도 일상의 어느 지점에 따뜻함이 되었다거나 사소하지만 극복할 수 없던 것들에서 벗어나도록 도와주는 그런 콘텐츠인 것 같아요. 누군가의 생각과 감성과 노력이 들어갔기 때문에 저에게 맞지 않는다고 해서 나쁜 콘텐츠라고 낙인찍지 않으려고 노력하는 편이에요.

그럼에도 불구하고 도저히 용납하기 어려운 콘텐츠는 가짜뉴스나 누군가를 선동, 호도하기 위한 목적을 분명하게 가진 콘텐츠인 것 같네요. 정보가 많아질수록 사람들이 멍청해진다는 이야기, 수정 님도 한번쯤 들어 봤겠죠? 알고리즘 선생님에게 기대어 비판의식 없이 콘텐츠를 수용하다 보면 정보의 옳고 그름을 가려낼 지성이 사라진다는 의미의 우려인데요. 최근에는 그래서 콘텐츠 제작자에 대해서도 관심을 가지고 있어요. 어떤 생각을 주로 말하는 사람이었는지, 어떤 철학이 있는 사람인지가 점점 중요해지더라고요.

제가 하고 있는 일의 성격 때문인지 뭔가 분명한 취향을 가지고 있을 거라는 기대를 감추지 않으며 '인생 영화'나 '인생 책'을 물어보시는 분들이 종종 있어요. 그렇지만 아쉽게도 늘 그 기대를 채우는 답을 드릴 수가 없네요. 언젠가 읽었던 개브리얼 제빈의 《섬에 있는 서점》에 이런 글귀가 있어요.

"그러나 또한 생각건대, 근자의 내 반응은, 인생의 시기마다 그에 딱 맞는 이야기를 접해야 할 필요성에 대해 말해 주는구나. 명심해라, 마야. 우리가 스무 살 때 감동했던 것들이 마흔 살이 되어도 똑같이 감동적인 건 아니고, 그 반대도 마찬가지야. 책에서나 인생에서나 이건 진리다."

생각과 감정은 시간과 함께 흐르는 거니까 어떤 하나의 이야기가 늘 변함없이 가장 의미 있다고 말하기가 어려워요. 오늘의 나에게 다가오는 이야기가 있을 뿐이죠.

몇 해 전 가장 친한 친구가 암에 걸렸다는 것을 알게 되었어요. 그때도 똑같이 프로젝트를 챙기며 프레젠테이션도 하고, 클라이언트 분들과 함께 웃기도 했지만 혼자 있는 순간이 오면 여지없이 눈물이 났어요. 또 다른 어떤 날엔 도통 진도가 나가지 않는 프로젝트 때문에 머리도 가슴도 꽉 막혀 잠을 자려고 누워도 꿈 속에서마저 프로젝트에 대한 생각에 사로잡혀 괴로워하던 때도 있었지요. 인생의 예기치 못한 변곡점에서 남들은 어떻게 살아갔는지를 알려 줄 책을 찾기도 하고, 끊어지지 않는 생각에 굴레에서 벗어나기 위해 판타지 세상으로 떠나기도 했어요.
저에게는 열 몇 권으로 된 역사 소설만큼 잡념을 효과적으로 물리쳐 주는 게 없더라고요. ♬ ♪ 아마도 저에게 콘텐츠란 그 순간의 저인 것 같아요. 현실에서의 결핍을 채워 주기도 하고, 어른이랍시고 꽉 막아둔 눈물샘을 시원하게 열어주기도 하고요. 콘텐츠의 숨겨진 가치, 어째서 명작인지를 통찰력 있게 해설해 둔 글들이나 유명인의 추천에 고개가 끄덕여지기도 하지만 저에게 콘텐츠는 지극히 사적인 영역에 있는 것 같아요.

　이렇게 말하니 일과는 전혀 상관없는 사적 유영의 용도에만 집중하는 것 같긴 한데, 물론 그편이 훨씬 큰 부분을 차지하긴 하지만요. 아무래도 대중에게 보이는 것을 만들어 내는 일을 하다 보니 언제나 해맑은 수용자가 되기는 어렵지요. 모든 창작자는 존경받아 마땅하다는 전제는 절대 흔들리지 않지만, 그럼에도 불구하고 요즘 약간의 비판적인 시선을 들이대는 부분이 있다면 어떤 이슈에 대한 감수성이에요.

　우리나라 드라마 역사에 큰 역할을 한, 엄청나게 사랑받았던 작품을 쓴 어느 드라마 작가가 그리는 성 역할에 대한 감수성 같은 것에 아쉬움을 느끼고 있어요. 그녀가 그리는 여자주인공은 언제나 대체로 결핍이 있는 인물인데, 항상 남자주인공과 계급의 차이가 있어요. 시간이 지나면서 보다 주체적인 여성상으로 바뀌고 있지만, 사건의 큰 줄기에서는 결국 남자주인공의 결정적인 도움을 필요로 하지요. 등장인물들의 인종 비중은 다를 수밖에 없지만 어떤 인종에 대한 해석이 여전히 전통적인 편견에서 벗어나지 못하고 있는 것은 아닌지, 어린이나 노인 같은 약자에 대한 한계를 너무 당연하게 그리고 있는 것은 아닌지, 언제나 경계하는 시선으로 바라봐야 한다고 생각해요. 그래야 점점 더 나은 콘텐츠들이 등장하고, 그것들이 결국 사람과 세상을 바꿔 갈 수 있을 테니까요.

저의 요즘 고민은 도통 즐거울 일이 없는 거라고 했잖아요? 뭘 봐도 심드렁한 이유, 요새 도통 재밌는 게 없는 이유는, 스스로가 어떤 상태인지 잘 몰라서는 아닐까 하는 생각이 들었네요. 지금의 나에게 필요한 이야기가 무엇일지를 다시 한번 되돌아봐야겠어요.

수정

↰ ⋮

봄 선배님에게 ▼

봄 선배님, 괜스레 마음이 붕붕 뛰는 맑은 날씨의 일요일입니다. 3월처럼 날씨가 좋은 계절이 오면 집순이인 저도 괜히 놀러 나가고 싶어지는데요! 다가올 봄을 기다리며 꽃이 가득한 원피스도 사고, 파란 하늘을 닮은 청바지도 꺼내 봅니다.

칼같이 스치던 바람이 여린 볼을 간지럽히는 산들바람으로 바뀌니 저 멀리 떠나는 지하철에 몸을 싣고 두둥실 떠나고만 싶네요. 그렇지만 마음과 달리 제 주말은 작은 자취방에서 사부작대는 것으로 시작해 방문 밖을 나가지 못하고 끝나는 경우가 많은 것 같아요. 제겐 침대 위가 휴양지고 이불 속이 안식처이니까요! 주말에 저를 찾고자 하신다면, 침대 특별시 장판구 이불동 인터넷 1번지로 찾아오시면 되겠습니다.😎 다시 말해 아늑한 침대 위에서 온전히 행복한 인생이 펼쳐진다고 말할 수 있겠는데요. 저의 콘텐츠 사랑은 여기서부터 시작됩니다.

콘텐츠 회사에 다니고 있는 저는 콘텐츠를 업으로

삼을 만큼 사랑하고 있는데요. 일의 on-off에 상관없이 콘텐츠 감상이 일상으로 자리 잡고 있어요. 처음엔 그저 재미있어서 많이 봤을 뿐이었지만, 그게 저의 일이 된 지금은 다양한 태도로 콘텐츠를 대하고 있어요. 때로는 아무생각 없이 즐기기도 하고, 때로는 콘텐츠 기획자나 사업가의 입장에서 분석하기도 하죠. 곰곰이 생각해 보니 제가 콘텐츠를 보는 목적에는 세 가지 정도가 있을 것 같아요.

　그중 첫 번째는 아무런 걱정 없이 유희의 목적으로 콘텐츠를 소비하는 것이에요. 제게 오로지 즐거움으로 가득 찬 콘텐츠는 '게임'입니다. 대학생 때부터 계속해 오던 게임이 있는데요. 〈League of Legend〉라는 유서 깊고 인기 있는 게임을 가장 오랫동안 즐겨오고 있어요. 제 하루의 시작은 단톡방에서 '오밤칼?'을 묻는 것으로 시작되는데요. '오늘 밤에 칼바람?'이라는 뜻으로 친구들과 만든 은어랍니다. 게임 속 '칼바람의 나락'에 가자고 제안하는 것이죠! 최대 5명이 함께 플레이하는 게임 특성상, 같이 게임을 할 친구들을 모아 최대한 재미있는 하루를 만드는 것이 매일의 미션이에요. 그렇게 요원들이 모이면 아무리 피곤해도 눈이 번쩍 뜨이고, 뜨거운 피가 흘러요. 퇴근 후 게임할 시간을 확보하기 위해 초월적인 힘을 발휘하여 일의 능률을 높이죠.

드디어 퇴근 후, 업무용 노트북을 게임용 노트북으로, 버티컬 마우스를 게이밍 마우스로 바꾸면 준비 완료입니다. 게임 속에서 전장을 이끄는 격투가가 되기도 하고, 적을 무참히 죽여 버리는 무자비한 킬러가 되기도 해요. 하루 종일 "넵!"을 외쳤던 얌전한 신입사원의 새로운 자아가 깨어나는 순간이랄까요. 마침내 '전장의 지배자'라는 타이틀을 얻고 '미쳐 날뛰고 있습니다'라는 평가를 얻으면 그날의 하루는 행복한 미소를 지으며 잠들 수 있답니다. 무언가를 꾸준히 한다는 것은 세상에서 제일 어려운 일 같은데요. 유일하게 애쓰지 않고 꾸준히 오랫동안 사랑한 콘텐츠에요. '사랑하는 콘텐츠'라는 단어와 제일 어울리는 시간이라고 할 수 있겠네요.

콘텐츠 회사, 특히 게임과 관련된 일을 하고 있는 저는 어느 순간부터 게임을 일로 대하는 일들이 많아지고 있는데요. 좋아하는 일을 하고 있다는 자부심을 지키기 위해서라도 이 순간만큼은 혼잡한 생각의 교란이 끼어들 틈 없이 온전히 유희로만 가득 채우려고 하고 있어요. 일하며 수고한 나에게 주는 선물이기도 하고, 삶을 이어가는 중요한 버팀목이 되기도 한답니다.

두 번째로는 트렌드를 파악하기 위한 콘텐츠 소비도 큰 지분을 차지해요. 지금은 콘텐츠의 트렌드가 훨씬 더 빠르게 변화하지만, 콘텐츠는 옛날부터 꾸준히 트렌드를 형성해 왔다는 것이 공통점인 것 같아요. '안방극장'이란 말도 옛말이 되었지만, 제가 어렸을 때 안방에 온 가족이 모여 시청률 50%를 뛰어넘는 드라마를 함께 보던 것이 생각나네요. 어린 나이에 〈아내의 유혹〉 드라마 OST를 따라 부르며 코 옆에 점을 찍고 민소희를 따라 하는 것이 즐거웠는데요. 물론 〈아내의 유혹〉이 제 또래 친구들의 주요 관심사는 아니었지만 온 세상 대부분의 사람들이 관심을 가지고 있다는 것은 느껴졌어요.

아마 그때 SNS가 있었다면 '〈아내의 유혹〉 예고편 전격 분석', '민소희 전격 복수 시작?' 등등의 콘텐츠로 넘쳐나며 빅 트렌드가 되었을 것 같네요. ☺ 전 국민이 같은 드라마, 예능을 보던 시대는 지났지만, 지금까지도 각 시기를 대표하는 드라마와 영화들이 생겨나는 것 같아요. OTT 플랫폼의 대중화로 TV를 대체하고, SNS의 확산력이 입소문을 대신하게 되었죠. 시원한 복수극을 담은 드라마나 절절한 사랑을 담은 연애 프로그램이 꾸준히 유행하는 것을 보면 그때나 지금이나 인간의 본성을 보여 주는 콘텐츠들이 인기가 많은 것 같네요.

　매주 일요일, 카페에 앉아 노트북을 두드리다 보면 사람들의 이야기가 들려오는데요. 〈더 글로리〉 봤냐, 송혜교 연기 완전 대박이더라, 너 아직도 안 봤어? 등등의 문장이 빠지지 않고 등장해요. 앞에 있는 단어가 〈더 글로리〉에서 〈재벌집 막내아들〉, 〈환승연애〉, 〈웬즈데이〉 등으로만 바뀔 뿐, 드라마와 예능이 어느새 사람 사이의 안부를 묻는 주제로 자리 잡게 된 것을 느껴요.

　콘텐츠를 업으로 삼기 이전에는 이런 트렌드와 상관없이 보고 싶은 콘텐츠를 보기에 바빴는데요. 오히려 유행에 휩쓸리기 싫은 청개구리의 마음으로 유명한 드라마, 예능들은 일부러 보지 않기도 했어요. 그러다가 시간이 흘러 궁금해서 보면, '오 진짜 재밌긴 하네!' 하며 정주행을 즐기곤 했죠. 하지만 콘텐츠 업계에 온 이상, 더 이상 입맛과 취향을 이유로 트렌드를 이끄는 콘텐츠를 미뤄 둘 수 없게 되었어요. 인기 있는 콘텐츠는 새로운 유행어를 형성하고 많은 사람들의 공감대를 이끌어 낼 수 있는 중요한 무기가 되니까요.

　늦지 않게 유행하는 드라마를 보고, 인기 있는 예능의 짧은 영상들이라도 찾아보면서 최신 트렌드를 파악하고자 한답니다. 다행스럽게도 잘 나가는 콘텐츠의 80% 이상은 또 재미있기도 해서, 즐거운 마음으로 시청하고 있어요. 이런 것들이 쌓여 나중에 배너 카피 1줄이라도 눈에 띄게 쓸 수 있는 소재가 되어 준답니다. 이불 속에 숨어서 킥킥대며 드라마를 보고 있지만, 오해하지 마세요! 저는 '트렌드 파악' 중이랍니다. 에헴!

세 번째는 크리에이터로서 영감을 얻기 위해 콘텐츠를 보기도 해요. '크리에이터'는 저에겐 인생에서 언젠간 이루고 싶은 최종 보스와 같은 목표인데요. 회사에서 아이디어를 내거나 스토리를 쓰는 일들로 '크리에이티브'의 목마름을 채우기도 하지만, 더 나아가 회사의 그림자를 벗어나 홀로 서게 되었을 때도 '크리에이터'로 불리고 싶다는 생각이 있어요. 그래서 콘텐츠를 볼 때, 창작자적 관점과 감상자적 관점 두 가지로 본답니다.

창작자적 관점으로 콘텐츠를 볼 때는 조건이 하나 있는데요. 이 콘텐츠의 기획, 과정, 결과물, 마케팅, 후속 콘텐츠의 연결성 등을 파악해 보고 '이 정도면 나도 따라 할 수 있겠는데?'라는 생각이 들어야 한다는 것이에요. 😄 예를 들어, 유튜브 콘텐츠를 봤을 때 이 콘텐츠를 탄생시키는 데 어떤 것들이 필요한지를 생각해 보고, 내가 가진 능력으로 비슷한 콘텐츠를 기획할 수 있을 것 같다는 생각이 들 때가 있어요. 그때부터 미래의 크리에이터가 된 나를 상상하며 나만의 콘텐츠에 대한 망상이 시작되죠.

시리즈의 네이밍부터 정형화된 형식, 알고리즘을 탈 수 있는 방법, 예상되는 댓글과 반응, 어떤 브랜드의 협찬과 광고를 받아 어떤 콘텐츠를 만들어 성장할 수 있을지! 직접 창작자가 된 것 같이 머릿속에서 콘텐츠 탄생을 이루어 내는 것이죠. 물론 콘텐츠를 감상하며 딴생각을 하는 찰나의 시간 동안 이뤄지는 짧은 생각의 흐름이라, 어딘가에 적어 두지도 않고 직접 실행하지도 않는 망상과도 같은 것이긴 하지만요. 그래도 언젠간 이런 습관이 쌓여 나만의 콘텐츠를 만들 수 있는 크리에이터가 되는 데에 1할 정도 도움이 되지 않을까 생각을 해 봅니다.☺

하지만 이런 창작자적 관점이 통하지 않는 콘텐츠도 있는데요. '와, 이건 도대체 어떻게 했지? 도저히 못하겠다.'라는 생각이 들게 하는 콘텐츠들이 있다면 그저 감상자적 관점으로 얌전히 즐기곤 합니다. 취미도 다양하고 관심사도 넓은 덕에 대부분의 것들은 '조금 더 배우면 할 수 있다'는 근거 없는 자신감이 들 때가 많은데요.😄 특히 요즘

유튜브 영상들은 쉽게 따라 할 수 있도록 과정을 하나씩 알려 주어서 보기만 하면 다 배운 것 같은 느낌을 주는 것도 한몫하는 것 같네요.

그럼에도 가끔 재능의 영역에 속하며 도저히 뛰어넘을 수 없을 것만 같은 콘텐츠들을 볼 때면 넋을 놓고 멍하니 바라보기만 해요. 황홀한 광경을 볼 수 있음에 그저 감사하다는 마음과 함께요. 많은 콘텐츠를 봐 왔지만 이런 몰입감을 주는 것들을 좋은 콘텐츠라고 구분 짓게 되는 것 같아요. 갈수록 좋은 콘텐츠에 대한 기준이 높아지고 있다는 것을 느끼는 요즘입니다.

정리하자면 저에게 콘텐츠는 완전한 휴식이기도 일의 연장선이기도 하네요. 개인의 취향을 형성하는 것이 무엇보다 중요한 게 콘텐츠이기도 하지만, 일의 영역에 있어서는 대중의 취향에 따르는 것도 필요한 것 같아요. 요즘엔 최대한 편식하지 않고 다양한 장르의 콘텐츠를 즐기려 노력하고 있는데 쉽지만은 않을 것 같아요. 시간은 한정되어 있으니 그만큼 제 즐거움을 차지했던 시간을 줄이고 노력을 들여 원치 않는 콘텐츠들을 봐야 하니까요.

그러면서 점점 콘텐츠가 부담이 되기도 하고, 동시에

콘텐츠 회사에서의 업무가 꼴 보기 싫어지는 순간도 마주 하는데요. 이번 글을 적으면서 제가 어떤 콘텐츠를 사랑 하는지 다시 생각해 보고 그것을 즐기는 시간을 소중하게 여기겠다는 다짐을 하게 되네요. 그럼… 저는 〈진격의 거인 더 파이널 시즌〉이 나왔다는 소식에 기쁜 마음을 붙잡고, 이불 속으로 다시 들어가 보겠습니다!

"저에게 좋은 콘텐츠는 깊은
고민을 통한 새로운 통찰이 있는
콘텐츠거나 사람이 사람에게
이로운 영향을 주는, 꼭 그게
물리적인 도움은 아니더라도
일상의 어느 지점에 따뜻함이
되었다거나 사소하지만 극복할
수 없던 것들에서 벗어나도록
도와주는 그런 콘텐츠인 것
같아요."

후배의 팁

(ᐢ˘ ³˘) 온전한 즐거움을 주는 콘텐츠는 휴식과 회복을 위한 나만의 치트키가 돼요.

(ᐢ˘ ³˘) 외계어 같은 후배의 말투와 유행어의 출처가 궁금하다면? 가장 유행하는 콘텐츠 요약 영상을 살펴보세요.

(ᐢ˘ ³˘) 때로는 유행보다 내 취향에 콘텐츠 큐레이션을 맡겨 보세요.

(ᐢ˘ ³˘) 좋은 콘텐츠에 정답은 없지만 나름의 이유와 생각을 기준 삼아 깊은 취향을 발굴해 나간다면 더욱 풍미 있는 콘텐츠 감상에 도움이 될 거예요.

(ᐢ˘ ³˘) 쏟아지는 콘텐츠에 피곤함이 앞선다면 과감히 눈과 귀를 닫고 '손가락'을 멈추어 자극을 끊어 보세요.

선배의 팁

(*´ᵕ\`)/ 다양한 콘텐츠를 가벼운 마음으로 즐기는 것은 좋지만, 내가 보고 듣는 것들이 곧 나를 만든다는 것을 잊지 않았으면 해요.

(*´ᵕ\`)/ 정보의 형태를 취하고 있는 콘텐츠가 정말 신뢰할 수 있는지를 판단할 수 있는 최소한의 비판적 사고력은 잃지 말자고요.

(*´ᵕ\`)/ 아무것도 하기 싫은 날이라면 온종일 재밌는 것만 보며 회복해 보아요. 재미뿐 아니라 예기치 못한 의미를 발견할 수도 있어요.

(*´ᵕ\`)/ 가끔은 취향이 아니던 것도 시도해 보세요. 내 세상이 조금씩 넓어져요!

N차 산업혁명, 우리는 변화에서 살아남을 수 있을까요?

이번에 나눌 얘기는 'N차 산업혁명에서 살아남기'에 대한 질문입니다. 어렸을 때 도서관이나 서점에 가면 가장 인기 있는 만화책 중 〈살아남기〉 시리즈가 있었는데요. 〈정글에서 살아남기〉, 〈빙하에서 살아남기〉, 〈심해에서 살아남기〉 등 별의별 극한의 상황에서 살아남는 방법에 대해 그린 이야기여서 흥미진진하게 봤던 기억이 납니다. 그때는 거대한 자연재해가 일어나거나, 눈 떠보니 극한의 사막이나 시베리아에 떨어지는 정도는 되어야 스릴을 느끼고 미지를 탐험한다는 느낌이 들었는데요. 막상 성인이 되니 당장 내일 닥쳐오는 하루가 짜릿하고 미지의 세계를 마주하게 되네요.

매일 세상에는 새로운 기술이 탄생하고, 우리가 조금씩 체감할 정도로 빠르게 변화가 일어나고 있어요. 물론 기술이 탄생하기까지는 오랜 시간이 걸리지만, 막상 세상에 나왔을 때 우리가 받아들이는 속도, 적응해 가는 방식이 점점 빨라지고 발전해 나가고 있죠. 생성과 적응이 빨라지는 만큼 소멸하는 것들도 많아지고 있고요. 몇 년 후면 로봇이나 AI에게 대체될 직업 Best 10 같은 목록들이 이제는 진짜 무시할 수 없는 시기가 되었다는 것을 느껴요. 과연 우리는 어떤 태도로 세상에 임해야 하는 걸까요?

수정
봄 선배님에게 ▼

한창 고등학교 때 '제4차 산업혁명'의 물결이 오고 있다는 이야기가 나왔는데요. 이제는 그 바다의 한가운데에서 유유히 떠다니며 〈살아남기〉 시리즈 브이로그를 찍고 있는 것 같아요. 과연 거대하게 몰아치는 이 바다에서 빠져 죽지 않기 위해서는 어디로 가야 할까요? 단순히 트렌드를 파악하는 것과는 다른 문제입니다. 산업의 흐름, 나아가 미래의 패러다임을 읽고 예측해야 하는 한층 더 고차원적인 능력이 필요해진 것 같아요. 저 또한 취업할 때 '유망한 직종과 산업'이라는 조건을 많이 살폈는데요. 앞으로의 산업 발전 가능성도 콘텐츠 산업을 택한 이유 중 하나랍니다.

국문과 출신인 저는 '국어국문학과'와 관련된 일은 모두 '10년 이내에 AI에게 대체될 직업 Best 10' 목록에서 많이 봐 왔던지라 항상 그것이 숙명이라고 생각해 왔었는데요. 막상 취업을 준비하면서 인생의 3분의 2 이상의 시간을 쏟을 산업과 일을 선택하고자 하니, 무시할 수 없겠더라고요! 받는 대우나 연봉 같은 것들도 물론 있겠지만,

그것보다도 한창 성장하는 산업에서 일한다는 것은 정말로 신나는 일이라는 것을 주변을 통해 알게 되었거든요. 또한 제 성격상 새로운 산업에서 아무도 가지 못한 길을 하나씩 개척해 나가는 것이 매력적이고 잘 맞는 생각을 하기도 했고요.

이 외에도 점점 더 빠르게 변하는 지금 같은 세상에서는 언젠간 대체되지 않기 위해 새로운 것을 받아들이고 능력을 키워 나갈 대비를 해야 한다는 것에 대한 생각이 커진 것 같아요. 주변 친구들 중에서도 저와 같은 국문과를 나왔지만 코딩을 공부해서 개발자로 일하는 친구가 있는가 하면, 좋아하는 산업에 취업을 준비하지만 다소 하향하는 산업이라 망설이는 친구도 있어요. 인문 대학원에 다니는 친구는 챗GPT, AI, 버추얼, 메타버스가 세상을 이끌고 있는 와중에 '-길래'가 연결어미인지 종결어미인지를 연구하는 게 맞나 하는 회의감이 들기도 한다고 하더라고요.

이제는 좋아하는 일이지만 하루아침에 그 일과 산업이 사라질 수도 있는 시대에 살고 있는 것 같습니다. 정말 말 그대로 새로운 기술에 대체되고 더 이상 필요성이 없어져 '사라지는' 일이요! 뿐만 아니라 비주류 산업, 하향 산업에서 일한다는 것은 단순히 연봉과 대우가 좋지 않다는 것이 아니라, 그만큼 일을 이어가기 어렵고 결국에 좋아하는 일을 포기해야 하는 순간이 올 수도 있다는 뜻이니까요.

　요즘엔 제가 일하고 있는 산업이 미래에도 건재할지, 어떤 흐름을 맞이하게 될지 살피는 것 또한 커리어 설계 중 하나가 된 것 같아요. AI가 유망하다고 하니, 그 산업에서는 내가 좋아하는 일을 어떻게 녹여낼 수 있을지 내가 잘할 수 있는 영역은 없을지 고민해 보기도 해요. 동료 팀원분도 비슷한 생각을 가지고 계셔서 언젠가 전문 대학원에 관련 학과가 생기면 가 보고도 싶다고 하시며, 하루라도 어릴 때 도전해 보라고 장난삼아 강력히 추천하시기도 하더라고요.😊 가끔 AI 관련 사내 공모전이 있을 때 기획서를 작성해 지원해 보기도 하고 관련 부서 팀원분들과 커피챗을 하며 아이디어를 고민하기도 한답니다.

　그 이후로도 해당 산업 리서치를 진행해서 공유하는 시간을 가지거나 팀 내에 아이디어를 적극적으로 내면서 관심 있는 분야에 대해 많이 어필하고 있어요. 하고 싶었던 일을 해볼 수 있는 기회가 생겼을 때에는 기쁘기도 했지만, 한편으로는 항상 일손이 부족한 저희 팀을 생각하면 새로운 일을 제안하는 것이 맞는 걸까 하는 고민이 들어서

복잡한 마음이기도 했답니다. ٜ

    이처럼 계속해서 변하는 제 마음과 커리어적 고민처럼 세상의 변화에서 살아남기 위한 저의 노력 또한 계속되고 있는데요. 봄 선배님도 웹의 세상에서 모바일 세상이 되는 것과 같은 큰 패러다임의 변화를 직접 맞이하신 경험이 있으셨을 것 같아요! 이런 새로운 기술과 세상의 변화에 어떻게 대처하고 계시는지 궁금합니다. 이전에 봄 선배님께서 클라이언트에게 새롭게 등장한 'MZ세대' 개념을 그 누구보다 정확하고 쉽게 설명해 주셨던 프레젠테이션 현장을 직접 목격했는지라, 트렌드는 물론 세상의 흐름을 잘 파악하고 계실 것 같은데요. 과연 그 비법이 무엇인지 커리어적으로 어떻게 반영이 되는지 궁금해요. 어쩌면, 제 팀원분처럼 '저는 이미 늦었으니 수정 님이 얼른 도전하세요.' 같은 말을 남겨 주실지도 모르겠네요.😎

봄
수정 후배님에게 ▼

N차 산업혁명에서 살아남기, 라.

저희는 아날로그와 디지털을 다 겪은 세대이다 보니 정말 큰 폭의 변화를 겪으며 살아온 것 같아요. 그래서 어쩌면 변화 그 자체를 받아들이는 게 삶의 태도인지도 모르겠어요. 지금껏 겪어 온 어떠한 변화도, 그 속에서의 '생존'을 고민하게 하지는 않았거든요. 한참 멀리 떨어져서 보아야 변화의 뚜렷한 변곡점이 보이지 사실 모든 변화는 예전의 것에서 새로운 것의 촘촘한 그라데이션처럼 연결되어 있잖아요. 언제나 자연스럽게 받아들이게 되고, 문득 그 안에서 살아가고 있고, 함께 겪은 사람들과 예전을 반추할 때에야 새삼 변화를 실감해요. 그렇다 보니 흥미진진한 투쟁기를 들려주기는 어려울 것 같네요.😄

세상의 변화란 대체로 사람이 더 편리하게 살 수 있는 방향으로 흐르잖아요? '이것 없이는 살 수 없어!'라고 생각하는 것 중 하나는 음악인데요. 요즘도 일하기 싫을 땐 음악을 들으며 차차 일에 빠져드는 것으로 해결할 정도이니까요. 어린이 시절에는 카세트테이프와 LP판을 들을 수 있는 턴테이블이 집에 있었어요. 엄마가 LP판을 둘러보며 그날의 음악을 고르는 모습은 아직도 생생하답니다. 청소년 시절에는 CD플레이어가 나왔던 것 같고요. 20대에는 MP3 플레이어를 목숨처럼 아꼈어요. 집에 두고 외출한 날에는 하루가 그렇게 괴로울 수가 없었지요.

그리고 스마트폰을 쓰면서 요즘의 방식으로 음악을 듣게 되었는데요. 지금과 비교하면 과거의 제품들은 불편한 게 한두 개가 아니지요. 카세트테이프는 오래 들으면 늘어나서 소리를 보존할 수 없고, CDP는 너무 크고 무겁고요. MP3 플레이어에 매번 손수 음악을 넣고 질린 음악을 지우는 건 얼마나 품이 많이 드는 일이게요. 그런데 그땐 불편하지 않았어요. 왜냐면 음악이 너무 중요하니까. 음악을 들을 수 있는 방법 중에 최선의 방법을 취하고 있으니 늘 부족할 것 없이 만족스러웠고, 늘 행복했어요.☺

새로운 것을 이해하는 과정이 필요하지만 꼭 필요한 과정이니 성가시지 않고, 무엇보다 (아직까지는) 그 과정이 어렵지도 않고요. 새로운 건 새로워서 또 늘 즐겁지요. 이건 아마도 제 성격과도 관련이 있는 것 같기도요. 주변에 새로운 거라면 손사래부터 치는 친구들도 꽤 많은 걸 보면요. (이 할미는 신문물이 싫다 이놈아!) 이건 변화를 누리는 입장인 것 같고, 변화 속에서 변함없이 경쟁력이 있는 일꾼(😄)이 되어야 하는 건 또 다른 문제겠죠?!

　수정 후배님이 얘기한 것처럼 AI가 대체할 직업 리스트가 공공연하게 돌아다니고, 중국의 대형 미디어 그룹은 실제로 카피라이터와 그래픽 디자이너에 대한 인건비를 AI를 활용함으로써 절약해 갈 것이라고 발표했다고 해요. 앞으로는 AI에 직업을 빼앗기는 사람과 AI를 활용해서 더 큰 돈을 버는 사람, 딱 이 두 그룹으로 나뉘게 될 거라는데요. ATM기가 보편화되자 은행의 텔러직 직원들이 대거 일자리를 잃기도 했잖아요. 기술이 사람을 대체하는 것은 새로운 이야기는 아니지요. 그렇지만 세상이 바뀌면서 없어지게 될 거라고 했던 것들 중 여전히 사람들 곁에 머무르는 것들도 있죠. 종이책과 라디오 같은 것들이요. 제가 지켜본 바로는 모두가 변화를 바라지만 그렇다고 모두가 변화 속에서 살지는 않더라고요. 사람들에겐 본인의 생활 방식을 지켜 가고 싶은 욕구도 있으니까요.

　100명의 사람에게 보장되던 어떤 일자리가 이젠 고작 10명의 사람에게만 보장되는 것은 맞지만 어떤 것도 한순간에 제로로 가기는 쉽지 않고요. 기술로 대체되기 전에도 사람 간의 경쟁력 싸움에서 밀리면 자리를 잃었던 것처럼 결국 각 개인의 경쟁력의 문제인 것 같아요. 그 대상이 또 다른 사람이든, AI이든. 그 분야에서 손꼽히는 경쟁력을 갖추어야만 살아남을 수 있는 거죠. 사람보다 기술이 더 두렵게 느껴지는 것은 기술이 사람의 한계를 뛰어넘는 것처럼 보이기 때문인데요. 저는 인간이어야만 하는 이유가 반드시 있다고 믿는 편이에요. 카메라가 찍은 풍경이 훨씬 리얼하고 정밀하더라도 사람이 그린 풍경화에 의미가 있고, 기계와 사람이 달리기를 했을 때 생겨날 수 없는 한계에 도전하는 것에 대한 경외심과 감동은 사람들의 삶에 여전히 중요해서 국가대표 선수들의 계주 경기는 존속하게 되니까요.

기술과 비교하여 내가 하는 방식이 어떻게 경쟁력을 가질 수 있을 것인가에 대한 고민이 필요하겠죠. 그러기 위해서는 배척하기보다 가까이서 이해하려는 시도가 필요하고, 더 나아가 나의 경쟁자라는 관점보다 나의 경쟁력을 높이기 위한 수단으로써의 이해 역시도 중요하고요. 많은 다른 분들처럼 저도 요즘 많이 이야기되고 있는 다양한 AI 서비스들을 경험해 보는 시간을 꼭 가지고 있어요. 솔직히 생각하는 시간이 필요한 이슈에 대해 스스로 생각하는 시간을 가지기도 전에 AI에게 답을 구하는 방식에는 아직 거부감이 있어요. 요즘처럼 지식과 정보가 넘쳐나는 세상에 사는 사람들은 과연 더 똑똑해졌을까, 라는 질문 역시 스스로를 되돌아봐야 할 아주 중요한 주제라고 생각하고요.

유용한 정보를 쉽게 찾게 되었지만 누군가가 의도한 대로 생각하게 만드는 교묘한 정보들, 가짜뉴스도 너무 많은 세상인데 정보를 통해 자신만의 생각을 만드는 방식이 아닌 정보를 빠르게 취하는 방식으로 진화해오면서 사람들이 스스로 견해를 가지고 판단하는 능력을 중요하게 생각하지 않게 된 것 같거든요. 스스로 판단할 수 없다면 당연히 누군가 악의적으로 의도한 대로 끌려갈 수밖에 없고, 사람들의 생각이 단순해질수록 세상은 나빠진다고 믿어요. 사람으로서의 경쟁력을 가진다는 건, 본인만의 생각(어쩌면 철학)을 예리하게 갈고 닦는 것과 다르지 않다고 생각해요.

각자의 분야에서 경쟁력을 갖추어야 한다는 건 누구나 할 수 있는 뻔한 말이겠지만 그 뻔한 말은, 그 대상을 누구로 하는지, 내가 가진 특별함은 무엇인지, 무엇을 받아들이고 그중 어떤 것을 경계할 것인지에 따라 그 갈래는 무궁무진해지겠죠. 그리고 정말 이 모든 것을 고심하며 매일을 살아간다는 건 쉽지 않은 일이고요. 변화를 배척하지 않는 것이 가장 중요할 것 같아요. 자고로 변화란 거스를 수 없는 것이니.😊 게다가 어떤 방식이든 본인만의 의미 있는 시도가 있다면 변화 역시도 기회가 되겠지요. 생존에 대한 질문에 너무 뻔한 답을 한 건 아닌지 걱정이지만 야무진 수정 후배님에게 생존법 같은 건 애초에 필요하지 않다는 걸 저는 잘 알고 있으니까요. 파워 당당해 보겠어요.

PS. 우리 팀이 안 그래도 바빠 죽겠는데 내 관심사를 찾아 조직에서 새로운 것을 시도해 보는 게 맞을까, 라는 고민은 너무나도 기특한 고민이지만 사실 이건 고민이 아닌 다짐이 필요한 일이에요! 일이라는 것이 명확한 선을 긋기가 어려운 게 사실이지만 그래도 스스로 생각하는 (더 바람직한 것은 팀원들이 인정, 혹은 수긍하는) 내가 맡은 일에 지장을 주지 않는다면 걱정할 필요 없어요! 100% 지장을 줄 것 같다고 생각한다면 이를 해결할 수 있는 방법이 필요하죠. 선배들과 열린 마음으로 이야기 나눠 보아도 좋고 (문제가 생길 수 있다고 생각한 이유와 이를 해결하기 위한 대책을 들려드리고, 이게 과연 팀에 맞는 방법인지 의논해 보아요.) 각각의 일을 효율적으로 해낼 수 있는 나만의 솔루션을 찾도록 해야 해요! 그 솔루션은 새로운 일의 범위를 스스로 설정하고 새로운 팀과 사전에 공유하는 것 같은 실질적인 방식이어야 해요. 아무리 생각해도 현재의 나의 능력에서는 쉽지 않다고 판단되면, 과감하게 다음 기회를 노리는 것도 용기고요. '닥치면 다 하게 되어 있어', '내가 더 노력하면 되지!' 같은 종류의 생각은 스스로를 좀먹게 할 안일한 생각이니 조금 더 꼼꼼하게 자신의 능력과 둘 다 잘할 수 있는 효율적인 방법을 생각해 보면 좋겠어요. 일어나지 않은 일을 마냥 두려워하는 것보다 계획대로 흐르지 않더라도 그때는 또다시 플랜B를 세울 수 있을 만큼 세세한 계획을 세워 보는 게 같은 에너지를 더 건강하게 쓰는 방법이니까요!

수정 후배님의 질문에 답을 하다 보니 몇 시간 전보다 훨씬 의미 있는 한 주의 출발이 되었어요! ♡ 환절기에 건강 관리 잘하고 즐거운 한 주 보내요!

수정
봄 선배님에게 ▼

＜   ⋮

　새로운 기술의 웨이브 속으로 뛰어들고 싶지만, 봄 선배님의 말씀처럼 저 또한 인간의 가치에 대해 잃지 않고자 해요. '인간만이 인간다움을 고민할 수 있다.' 제가 인문대에 지원하면서 고등학교 3학년 때 썼던 자기소개서의 첫 줄인데요. 그때도 한창 코딩과 AI 기술이 떠오르면서 인문대는 취업이 어렵다는 인식이 만연할 때였어요. 어쩌면 인문대에 간다는 것이 큰 용기인 시대에서 제가 굳게 믿고 있던 것은 기술도 결국엔 인간을 향한 것이고, 인간다움에 대한 고민은 AI가 대신해 줄 수 없다는 것이었습니다. 자율주행 자동차가 사고를 냈을 때 어떻게 처리해야 할지에 대한 제도적 고민, 챗GPT가 어떤 말투와 가치관을 배울 것인가에 대한 고민은 결국 인간이 해야 하는 고민이니까요.

　그때부터 인간의 고유한 가치를 수호하며, 전통과 역사를 보존하고, 기술과 사람 사이에서 감성을 전달할 수 있는 일을 하고 싶다는 생각을 했어요. 다만, 이런 고민을 이어가기 위해서는 제가 10년 후에 조금 더 기술과 관련된 일을 하며 새로운 분야를 발견해야 한다는 큰 전제가 있기는 한데요. 그렇지 않더라도 일 속에서 사람과 스토리를 향한 관심은 변함이 없을 것 같아요.

그래서 김수정(35세) 정도가 되면 "안녕하세요, ○○○○(나만의 특별한 직업 이름) 김수정입니다."라며 특별한 명함을 내미는 고유한 인간이 되고 싶어요! 그때도 멋있는 생활 한복을 입고 유니크한 패션을 고수하고 싶네요. 생각보다 생활 한복의 가격이 꽤 된다는 것 아시나요. 비싸서 사지 못했던 영롱한 한복들을 마음껏 사서 컬렉션을 완성하고 싶어요. ☺ 김수정(40세)이 되면, 아직 한창 일을 하고 있을 것 같지만 좀 더 책임감이 요구되는 자리에 있겠죠? 마음 같아서는 하고 싶은 것보다 해 본 것들이 더 많은 나이가 되어있기를 바라긴 해요. 주말에 일렉기타도 배우고, 작사가로서 이름도 올려 보고, 직접 노래를 멋지게 녹음해 보고, 책을 출판해 보고도 싶은 현재인데요.

20년 후 쯤에는 이 모든 것들을 한 번쯤 다 해 봐서 또 무엇을 할지 생각하는 거죠! 그치만 주변을 봤을 때 모든 팀장님들은 너무나도 바빠 보이고 위로 올라갈수록 그 정도가 더 심하면 심해졌지 줄어들지는 않는 것 같아서 어느 정도 바쁘게 일을 할 각오는 하고 있답니다. 그래도 인생에서 불법적인 것들 빼고 모든 것을 한 번쯤 경험해 보고 죽고 싶다는 가치관에 따라 틈틈이 새로운 일들을 도전해 가고 싶어요. 그 경험들이 또다시 제 커리어로 모여서 어디로 갈지 모를 짜릿한 스파크를 만들어 낼지는 아무도 모르니까요.

후배의 팁

(冗ˇ³ˇ) 모든 것이 변하는 세상에서 변치 않을 거라 굳게 믿는 가치가 나의 중심을 지켜줄 거예요.

(冗ˇ³ˇ) 앞으로 변화가 필요한 것과 보존해야 할 것을 변별하는 능력이 중요해질 거예요.

(冗ˇ³ˇ) 내 일에 대한 의심이 들 때, 내가 꼭 지키고 싶은 비전을 생각해 보세요.

(冗ˇ³ˇ) 지키고 싶은 비전이 있다면 전달하는 방법은 언제든 변화할 수 있답니다.

(冗ˇ³ˇ) 마냥 불안해하기보다 현재 할 수 있는 것부터 집중해 보세요.

선배의 팁

(*´ᵕ`*)/ 변화를 너무 심각하게 받아들이기보다 적당한 호기심과 기대를 가지고 조금씩 가볍게 접근해 보면 좋을 것 같아요.

(*´ᵕ`*)/ 남들의 속도에 맞추지 말고 내 속도에 맞춰 적응해 보아요. 서두르다 변화 자체에 거부감이 드는 것보다 훨씬 나은 일이니까요.

(*´ᵕ`*)/ 변화에 대한 적응력이 꼭 나이에 반비례하는 것은 아니에요. 무시나 편견은 사양할게요. ᵕ̈

(*´ᵕ`*)/ 하고 싶은 것과 할 수 있는 것을 이해하는 것은 중요해요. 할 수 있는 것만 하라는 의미는 아니고요. 할 수 있는 것부터 잘 해 나가다 보면 어느덧 하고 싶은 걸 할 수 있을 거예요.

나 그리고
나의 커리어,
어떻게
표현해야 할까요?

경력이 쌓일수록 '내가 어떤 사람인가'를 정의해서 보여 주는 것이 중요하다는 것을 느끼는 요즘입니다. 어떤 사람이 블로그나 SNS를 통해서 차곡차곡 자신에 대한 표현을 모아 가기도 하고, 링크드인 같은 소셜 구인 사이트에서 적극적으로 활동을 정리하는 것을 보곤 해요. 대외적으로 자신의 채널을 만드는 사람들이 너무나 대단하고 존경스럽다는 생각을 하며 그 필요성을 느끼지만 매년 다짐으로만 끝나기 일쑤인데요. ﹏ 소셜 활동에 크게 의미를 두지 않는 사람들도 많지만, 확실히 새로운 기회를 만나는 쉬운 길이 되기도 하고 자신을 보여 주는 가장 빠른 창구가 되는 것 같아요.

이런 소셜 활동, 혹은 나를 보여 주기 위한 대외적인 채널을 운영하는 것에 대해 어떤 생각일지 이야기해 보고 싶어요. 조금 더 현실적으로 들어가 보자면, 경력자의 포트폴리오는 어떻게 정리해야 할까요? 신입일 때는 온갖 학내 활동, 동아리, 대외 활동, 인턴십 프로그램 같은 활동을 끌어모아 겨우 포트폴리오의 구색을 갖추긴 했는데요. 이제는 '신입이니까'의 보정을 받을 수 없는 경력자의 길을 걷고 있으니 마음이 불안해질 때가 있어요. 특히 회사의 보안이 철저하다 보니 나의 활동에 대해 증명할 수 있는 자료를 확보하기도 참 쉽지 않고요. 어떤 활동의 어떤 포인트를 어떤 자료로 증명해야 할지 막막한 것 같아요. 실력 있는 경력자의 좋은 포트폴리오는 어떤 내용이어야 할까요?

봄
수정 후배님에게 ▼

수정 후배님 ☺

이제 막 새롭게 출발한 것만 같은 후배님이 벌써 커리어의 경쟁력을 높이는 길을 고민하고 있다니. 감탄이 절로 나는 한편, 저의 모습을 되돌아보게 되네요. 너무 안일하게 지내고 있는 것은 아닌지, 마땅히 해야만 했던 노력들을 모른 척하고 있었던 건 아닌지 말이에요. 가뭄에 콩 나듯 생존 신고와 같은 포스트만 올려대던 SNS도 최근에는 거의 손을 놓았거든요. 저의 내일도 어떤 모습일지 알 수 없고, 세상에 제가 몰랐던 기회들이 숨겨져 있을지도 모르는데… 문득 이대로 괜찮은가, 저 자신을 되돌아보게 됩니다. 😥

요즘엔 몇 줄의 이력만으로 경쟁력을 만들기 어려운 시대라고 하잖아요. 그래서인지 퍼스널 브랜딩이 엄청 뜨거운 주제고요. 제가 브랜딩 서적을 출간한 후, 관련된 질문을 받을 때 이 퍼스널 브랜딩에 대한 질문이 참 빠지지 않더라고요. 스스로에 대한 브랜딩을 어떻게 하고 있는지에 대한 질문으로 이어지는데, 사실 저는 저 개인이 브랜드가 되는 걸 바라지는 않거든요. 유명세를 누리는 것보다 군중들 속에 묻혀 적당한 익명성을 가지고 사는 걸 더 선호한달까요.

브랜딩이 필요한 대상은 저보다는, 제가 운영하는 회사라고 생각하고요. 그래서 저 자신을 브랜딩하는 데는 전혀 관심도 없고, 1의 노력도 하고 있지 않아요. 사업을 시작한 입장에서 참 답답한 모양새이긴 해요. 제가 퍼스널 브랜딩이 잘 되어 있어서 어느 정도의 유명세가 있었다면 책도 훨씬 잘 됐을 테니까 사실 제가 스스로를 드러내기 위해 노력하지 않는 건 그럴듯한 개똥철학으로 포장될 일이 아니라 자기 일에 나태한 사람으로 봐도 할 말이 없거든요.

게다가 요샌 수정 후배님이 말한 것처럼 접근하기 쉬운 채널들도 너무 많아서 꾸준한 노력만 있다면 누구든 시도할 수 있는 일이기도 하고요. 지금 하는 일이 브랜딩·마케팅 쪽이랑은 거리가 먼데 언젠가는 이쪽 분야로 이직하고 싶다고, 관련 이력이 없는 경우 어떻게 포지션 전환을 노려볼 수 있는지를 묻는 질문에 자주 하는 답변도 이쪽 분야에 대한 관심과 열정을 효과적으로 보여 줄 수 있는 채널을 활용해서 스스로를 콘텐츠화 하는 것인데요.

요즘 세상에 나를 표현하는 방법은 아무래도 콘텐츠 겠죠. 그 콘텐츠가 언어적 콘텐츠일지, 시각적 콘텐츠일지는 각자의 역량에 맞추면 될 일이고요. 꼭 커리어와 관련된 것이 아니라고 할지라도, 요즘엔 본인이 좋아하는 것만 열심히 파도 유명인이 되는 세상이니까요. 나 자신을 하나의 콘텐츠로 만들기 위해서는 멈추지 않고 끊임없이 이어지는 이야기가 필요할 테고, 본인이 좋아하는 것이어야만 그 정도의 이야기를 계속할 수 있고요.

링크드인도, 블로그나 브런치도, 유튜브도, 팟캐스트도 다 너무 좋은 채널인데 결국 지속성이 문제인 것 같아요. 저라는 사람에겐 원체 끈기와 인내심이 없고🥲 (다시 돌아가는 얘기지만) 뚜렷한 목적 의식도 없기 때문에 후천적인 동력도 생기기 어렵달까요. 그래서 퍼스널 브랜딩을 잘하기 위해서는 목적을 분명하게 환기하고, 목표를 설정하는 것이 중요한 것 같아요.

경력자의 포트폴리오도 마찬가지고요. 결국 이 포트폴리오를 어떤 목적으로, 누구에게 보여 주려고 하는가가 가장 중요하게 이해해야 할 주제라고 생각해요. 같은 일이라도 하더라도 목적과 보이는 상대에 따라 그 일에서 강조해야 할 포인트가 달라지고요. 이걸 예리하게 해내는 사람들이 업종이나 일의 경계에서 보다 유연하게 움직이는 사람이더라고요. 우리가 공부할 때 끊임없이 고민했던 출제자의 의도가 이렇게 또 통하다니요.😋

　일과 일 사이에 시간은 계속 쌓이기 때문에 그 일을 하는 동안과 마무리한 후의 결과가 가장 생생할 때 정리해 두는 것이 또 유리하고요. 같은 일을 다양한 관점에서 들여다보기 위해서는 결국, 그 일에 대한 상세한 기록이 필수거든요. 나는 어떤 사람이니 어떤 방식으로 포트폴리오를 정리해 나가겠어, 하는 생각으로 이미 '정리된' 형태의 포트폴리오를 간직하는 것보다는 일에 대한 최대한 많은 자료, 꼼꼼한 기록으로 한참 시간이 흐른 뒤에도 필요에 따라 가공할 수 있도록 하는 재료를 잘 간직하는 것이 중요한 것 같아요.

　일의 배경, 일의 과정, 그 속에 생겨났던 방향성의 변화, 최종 의사결정 과정, 일의 결과, 이후 수정과 보완의 과정들을 세세하게 남겨 두고, 보고서 등 회사의 자산으로 남는 기록물에만 연연하기보다는 과정에서 스스로 생성했던 자료들(러프해도 상관없어요)에 가치를 두는 편이 좋아요. 사진을 찍을 수 있는 상황에는 꼭꼭 사진을 남겨 두고요. 이력서의 프로젝트 참여 기록 1줄이 아닌 포트폴리오를 보고자 하는 이유는 그 안에 얼마나 믿을 수 있는 자료가 있는지를 보기 위해서가 아니라 이 사람이 일을 대하는 자세와 문제를 해결해 가는 능력을 보다 효과적으로 볼 수 있기 때문이니까요. 결국은 나의 이야기를 담는 것이 포트폴리오라고 생각해 보면 좋겠어요.

　나를 표현하는 것에도, 훌륭한 포트폴리오를 만드는 일에도 성실함이 필요하네요. 고양이와 늘어져 있는 저의 모습을 흘낏 보니 마음이 조금 (아니 조금 많이) 조급해져요. 야금야금 필요성을 느끼고 있는 요즘이니 선천적인 한계를 벗고 성실하게 나만의 콘텐츠를 만들어 가야겠어요. 아기 새의 이번 질문은 어김없이 (그 이유가 무엇이든) 한껏 나태해진 선배를 각성하게 한 질문이었네요.

수정

봄 선배님에게 ▼

　최근 인스타그램에서 스레드를 출시하고, 단체 공지 채널 기능을 추가했을 때 기대보다는 좌절이 들었어요. 지금도 충분히 많은데 또 신경 써야 할 플랫폼이 늘었다니! 말씀하신 것처럼 블로그, 링크드인, 인스타그램, 브런치, 유튜브, 팟캐스트 등 나를 표현할 수 있는 창구가 정말 많은데 저는 아직 아무 것도 제대로 하지 못하고 있어요. 변명할 여지 없이 저의 게으름이 들통나 버렸네요. 시작하려면 얼마든지 다양한 형식의 플랫폼이 나를 기다리고 있지만 결국 꾸준함과 성실함의 부족이 저를 발목 잡는 것 같아요. 저는 주로 퍼스널 브랜딩을 끈기 있게 실천해 내는 사람들의 계정을 팔로우하고 지켜보는 쪽에 있는데요. 한 사람이 여러 계정을 운영하기도 하고 매일 매일 공지 채널에 새로운 이야기를 가지고 오는 노력에 경이로움을 느낍니다. 저는 확인하는 것마저도 꾸준하지 못해서 미확인 목록들이 쌓여만 가는데 말입니다.😄

　그래도 꼭 언젠가 저만의 콘텐츠를 많은 사람들이 모인 채널에 선보이고 싶다는 목표를 가지고 있어요. 그게 포트폴리오처럼 내 일에 대한 직접적인 언급이 아니더라도, 나의 생각, 취향, 하다 못해 어제 꿈에 나온 이상한 상상에 대해 이야기하며 내 가치관을 알리고 싶달까요. 주변 친구들을 보면 카테고리를 나누어 여러 소셜 계정을 운영하는 친구들도 많아요. 가령 일상, 맛집, 술, 여행 등 장르별로 내 취향을 드러내고 계정과 함께 성장하고자 하는 경우가 꽤 많답니다. 나중에 콘텐츠로 수익화하거나 협찬을 받으면서 또 다른 경제적인 수단이 되기를 꿈꾸기도 하고요. 특히 회사의 보안이 점점 더 중요해지고 있는 지금, 공개적으로 내 일을 아카이빙하기 어렵다면 일과 관련된 인사이트를 발견해 공유하는 것만으로도. 커리어에 도움이 되는 것 같아요. 꼭 내 업무와 관련이 없어도 그 외 깊은 취향과 생각을 갖고 꾸준히 콘텐츠화할 수 있다는 점은 어떤 회사에게나 매력적인 경력자로 보이는 것 같습니다.

　한 해가 지날수록 업무에서 얻는 경험들이 많아지는데요. 저도 당장 포트폴리오나 콘텐츠를 준비하고 있지는 않지만, 한 해의 마무리마다 꼭 하는 일이 있어요. 바로 올해 한 일을 쭉 정리해 보는 것이랍니다. 많은 부지런한 사람들처럼 매일 일기를 쓰거나 한 해의 목표를 구체적으로 세우는 편은 아니어서 기록 자체에 큰 에너지를 쏟지는 않는데요. 다행히 회사에서 연말이면 평가를 위해 올해에 한 업무를 적어 내라는 임무를 내려 줍니다. 직장인에게는 역시 월급이 하늘이죠! 내년에도 월급을 꼬박꼬박 받기 위해서라도 한 해 집중했던 업무들을 자세하게 정리해 보내곤 해요. 사실 대충 적어 내도 아무도 뭐라고 할 사람은 없지만, 그 시간을 동기 삼아 한 해를 돌아보며 내 일들을 정리하는 기간을 가져요. 주로 큰 키워드들을 적고 그 안에서 내가 어떻게 기여했는지, 어떤 업무들이 있었고, 결과적으로 얻은 것은 무엇인지를 정리한답니다.

일을 시작하고 딱 2번의 마무리 정리가 있었네요! 앞으로 쌓여 가는 경험들은 어떤 것이 있을지 기대가 되기도 합니다. 나중에 '내가 해냄' 1년 목록들이 5년, 10년이 쌓여 모아본다면 내가 어떤 사람인지에 대한 힌트를 얻을 수 있지 않을까 싶기도 하네요. ☺

후배의 팁

(Ꭾˇ³ˇ) 나를 적극적으로 표현하기는 시작하는 것만으로 성공한 것이지만, 시작하기조차 어렵다면 가장 익숙한 주제를 다루는 것부터 시작해 보세요.

(Ꭾˇ³ˇ) 업무를 직접적으로 언급하기 힘들다면, 관련 인사이트와 생각에 대한 정리를 콘텐츠화해 보세요.

(Ꭾˇ³ˇ) 기록은 꾸준할 때 그 빛을 발휘하는데요. 중간에 쉬었다 하더라도 포기하지 말고 다시 시작해 보세요.

(Ꭾˇ³ˇ) 한 해를 마무리하며 진행했던 업무들을 키워드별로 정리하여 기록해 보세요.

선배의 팁

(*´ᵕ`*)♪ '내가 해 왔던 일'을 넘어 '나'라는 개인으로 경쟁력을 확보하고자 한다면 나만의 유니크한 스토리가 가장 중요해요.

(*´ᵕ`*)♪ 뚜렷한 목적 없이 '퍼스널 브랜딩' 유행에 편승한다면 의미 있는 결과를 기대하기 어려워요.

(*´ᵕ`*)♪ 내가 해 왔던 일의 결과를 나열하는 이력서, 자기소개서, 포트폴리오보다는 일의 행간의 '나의 경쟁력'이 차곡차곡 드러나는 것이 훨씬 경쟁력 있는데요. 생생한 과정과 더불어 그 과정 속 나의 관점, 나의 애티튜드, 실수나 어려움 속 배우고 성장한 기억 등을 함께 추려 보세요.

(*´ᵕ`*)♪ '나만의 경쟁력'이란 하루아침에 드러나는 것이 아니라 꾸준하게 전념하는 과정으로 증명할 수 있어요.

많은 이의 꿈,
창업의
이상과 현실은
무엇일까요?

창업 스토리를 워낙 많이 듣다 보니, 진짜 나도 해야 하는 것인가 하는 고민 아닌 고민에 빠지기도 해요. 마치 취업 시장의 무한 스펙 경쟁처럼 압박이 되기도 하고요. 다만 많은 MZ세대들이 꿈꾸는 창업과 실제 창업한 자가 겪는 현실은 많이 다를 것 같아요. 창업을 선택하는 주요 이유 중에는 업무의 자유와 더 큰 수입이 큰 부분을 차지한다고 하는데요. 오히려 회사에 다닐 때보다 원하지 않는 일을 더 많이 처리해야 하고 더 적은 수입을 감당해야 하는 일도 있을 것 같아요.

드라마 〈에밀리, 파리에 가다〉에 나오는 광고 대행사 대표 '실비'도 회사를 때려치우고 직접 자신만의 회사를 차리니, 온갖 세금 처리와 법적 문제를 해결하느라 정작 실무를 할 시간이 없어 고통의 소리를 지르더라고요. 고용인의 위치에서는 보지 못했던 고용자의 고민은 무엇인지 궁금하네요! 특히 실제로 창업에 도전하신 봄 선배의 경험이 창업 꿈나무들에게 큰 도움이 될 것 같은데요. 어떤 이유로 창업을 결심하셨고, 직접 하고 나니 어떤 점들이 제일 어려운지 이상과 현실에 대해 자세히 이야기를 들려주시면 흥미로울 것 같아요.

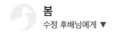

봄
수정 후배님에게 ▼

수정 후배님😊 즐거운 한 주 보냈나요?

라식 수술 후 3일여의 회복 과정은 정말 지루하다고 들었어요. 컨디션은 어떤가요? 마치 한여름의 그것처럼 한층 더 진해진 햇살 덕에, 조금 더 선명한 세상을 만나기 시작한 수정 후배님에게는 미간을 펼 겨를이 없었을지도 모르겠어요. 몇 해 전 가족이 라식 수술을 하는 과정을 지켜보았는데요. 얼마간의 시간이 필요하긴 하지만 그래도 점차 뚜렷하게 환해진 세상을 즐기게 되더라고요. 차라리 흐릿했을 때가 나았다는 생각이 들지 않도록, 수정 후배님 주변에 아름다운 것들이 가득했으면 좋겠네요.

제가 수정 님과 이야기하면서 우리 세대와 가장 다르다고 느끼는 지점도 같은 맥락에 있는지도 모르겠어요. 우리 세대 공통의 생각이라고 말하기엔 조심스럽지만, 저의 20대에는 '다음'에 대한 생각이 많지 않았던 것 같아요. 취업한 후에는 막연하지만 이 길에서 크게 벗어나지 않고 쭉 시간을 보내게 될 거라고 생각했고, 주변의 친구들도 크게 다르지 않았던 것 같아요. 별다른 이유가 있지 않고

서야 취업 후 당장 또 다른 경제 파이프라인에 대해 고민
하지 않았고요.

그렇다고 해서 저희가 주니어 시절에 지금보다 훨
씬 많은 걸 누렸냐고 하면 그건 절대 아니거든요. 훨씬 많
은 부조리와 부당함이 있었죠. 더 형편이 좋아서라기보다,
다른 어떤 길이 있다는 걸 우린 몰랐던 것 같아요. 겨우 한
제너레이션의 차이지만 그 시간 동안의 변화 속도를 감안
해도 정보의 차이와 시각의 차이가 너무너무 큰 것 같아
요. 그래서 이제 막 취준에서 벗어난 주니어들이 그다음의
커리어패스에 대해 고심하는 것을 볼 때마다 그 진취성이
놀랍기도 하고, 한편 너무 많은 노력을 하는 것 같아 안쓰
럽기도 하네요.

제가 브랜딩의 대상을 제가 아닌 저의 회사로 생각
하는 이유는, 제가 막 그 회사의 대표가 되었기 때문이고
요. 저 역시도 저희 전 세대와는 다르게 회사가 나를 대변
한다고 생각하거나, 더 우선되어야 할 중요한 개체라고 생
각하지는 않아요. 몇 번의 다른 회사를 거치면서 회사와
나와의 적정한 관계 설정이 가까스로 가능해졌는데요. 그
럼에도 불구하고 언젠가 수정 님이 했던 "회사가 나와 함
께 성장할 동반자라기보다는 언젠간 나를 버릴 때를 대비

하여 독립할 준비를 수시로 해 두어야 하는 경쟁 관계가 된 것 같다."라는 얘기가 무척 놀라웠어요. 아무래도 회사란 각 개인의 이익보다는 조직의 이익을 추구하며, 그만의 생리가 뚜렷하니 내가 덜 존중받는다고 느낄 수도 있을 것 같아요. 개인의 목표와 회사의 목표가 같은 시절은 애저녁에 흘러갔으니, 내가 원하는 라이프스타일을 위해 회사를 통해 충족돼야 하는 것들이 만족스럽게 충족되지 못한다면, 당연히 새로운 선택을 고민해 보아야 하겠죠.

저는 대체로 안전하고 보수적인 선택을 해 왔기 때문에 당장 가까운 후배가 '보다 자유롭게 일하고 싶고, 돈을 더 많이 벌고 싶어서' 퇴사를 고려하고 있다고 하면 말려야 하나 고민이 될 것 같아요. 그러나 자신의 인생을 책임질 각오만 되어 있다면, 무엇이 문제일까요? 저의 걱정은 나이 든 사람의 기우일 수 있으니 잘 접어 두고 응원과 지지를 보내 줘야겠죠. 인생을 책임진다는 게, 별다른 노력이 드는 일일까 싶지만, 실패를 받아들이고 다시 시작하는 것은 쉬운 일이 결코 아니니까요. 죽기로 결심한 것만이 자신의 인생을 저버리는 것은 아니잖아요. 자신의 활기와 의지를 잃어버리는 것, 포기하고 회피하는 것, 그래서 스스로가 아프고 무기력함에도 방치하는 것 모두 스스로를 책임지지 못하는 태도겠죠.

우리가 어떤 일을 끝맺음할 때 비로소 그 일의 성패가 정해지잖아요. 목표치에 이르지 못하였어도 누군가에게는 어떤 의미에서의 성공일 수 있고, 예상 밖의 성과에도 실패로 남는 일이 있어요. 과정에서의 고난은 누군가에게는 성장의 기회였고, 누군가에게는 넘지 못할 열패감이 되죠. 이 모든 변수에도 불구하고 내 인생을 든든하게 책임져 갈 수 있다면 어떤 시도, 어떤 선택이어도 마땅히 응원받아야 하는 일이라고 생각해요.

앞서 말했다시피 안전한 길이 제일 좋다고 생각하는 저 역시도 사업을 하게 될 거라고 단 한 번도 생각해 보지 못했어요. 조금 웃픈 얘기인데 어렸을 때 엄마가 용한 곳에서 점을 보고 오셨는데 사업이랑 주식만 안 하면 잘 먹고 잘산다고 했다더라, 하는 얘기도 꽤 영향을 미쳤던 것 같고요.😌😆 좋은 제안을 주셨던 지인분들이 많았지만 단한 번도 그 제안을 심각하게 고려해 보지 못했던 것 같아요. 스스로 사업가 재질이 아니라고 생각했으니까요.

지금도 그 생각은 변함이 없는데요. 다만 이미 20여 년을 일해 왔고, 일하면서 보낼 시간이 지나온 시간보다는 적게 남았다고 생각했던 시점이었기 때문에 새로운 도

전 역시도 하나의 옵션으로 고려해 볼 수 있었어요. 이전 직장에 남는 것은 이미 오래전에 옵션에서 사라졌고, 그렇다면 이직과 창업만이 남는데 여러 번의 직간접 경험으로 지금 이직은 좋은 선택은 아니라고 생각했어요. 그때 마침 마음이 맞는 파트너가 있었고 처음 사업에 대한 얘기를 시작한 건 무려 3년 전이지만 진지하게 또 다른 1년을 꽉 채워 고민하고 결정을 내릴 수 있었답니다.

그리고 이제 막 창업 후 1년이 지났네요. 원치 않는 회의를 하지 않아도 된다는 자유가 있긴 한데, 전엔 안 그랬는데 이젠 여행 가면서도 노트북을 꼭꼭 챙기게 되더라고요. 당연히 전 회사에 다닐 때보다 수입이 적은 달도 있었고요. 이제 막 시작했으니 당분간의 어려움은 당연한 거라고 생각하긴 했지만, 언제부터 어떻게 하면 나아지는지를 분명하게 알 수 없기 때문에 불안한 날들이 생기기도 했어요. 모든 걸 스스로 의사결정 하는 대신 몽땅 책임져야 하고요.

실비처럼 그간 잘 알지 못했던 행정적인 것들과도 맞부딪치게 되었는데 은혜로운 네이버( )의 도움으로 나름 잘 헤쳐 나가고 있답니다. 그녀처럼 패닉이 되진 않았고, 처음에 처리할 땐 조금 긴장했지만, 곧 익숙해지더라

고요. 직장인일 때 몰랐던 것들 때문에 어려움을 겪는 것
보다 오히려 내가 선택한 일 그 자체에 대한 근본적인 고
민이 더 많아지는 것 같아요. 충분히 의미 있는 일인가, 완
전히 다른 방식은 없나, 내가 지금 느끼는 한계가 해결 가
능한 것인가 같은 생각들이요. 그렇다 보니 회사에서 시니
어로 있을 때는 능숙하다고 느꼈던 저 자신이 지금은 오히
려 아직도 모르는 게 너무 많은 사람처럼 느껴지기도 한답
니다. 더 많은 고민은 궁극적으로 더 좋은 솔루션을 위한
밑거름이 되고 더 나은 나를 만들 거라고 생각하지만 한편
답이 없는 문제에 너무 매몰되어 있는 것은 아닌지 걱정하
게 돼요.

　　직장에 다닐 땐 평평한 길을 차를 타고 달리는 기분
이었다면, 지금은 아주 넓은 바다를 배를 타고 건너는 기
분이랍니다. 어느 날은 제가 지나고 있는 그 바다가 너무
도 잔잔해서 차를 타고 달리는 거랑 다를 바 없이 느껴지
는데요. 큰 파도와 작은 파도가 번갈아 밀려올 때면 중심
을 잘 잡아야지만 비로소 앞으로 안전하게 나아갈 수 있더
라고요. 이제 겨우 2년 차라서 더 많은 파도를 만나 봐야겠
지만 파도를 만났을 때 중심을 잡는 방법은 결국 내가 이
일을 왜 시작했는지, 그 초심을 찾는 것이었어요. 여러 이

유로 당장 흔들림이 있지만 어떤 것을 더 중요하게 생각해야 하는지가 선명해져서 어지러운 와중에도 비교적 저다운 선택을 하게 된달까요. 오래 고민했기 때문에 후회는 없지만, 또 누군가에게나 권해 주고 싶을 만큼 마냥 꽃길은 아닌 것 같아요. 지금 잘되고 있어도 지속가능성을 끊임없이 고민해야 하니까요. 자유로울 수도 있지만 두렵고, 내 마음대로 할 수 있지만, 더 많은 고민과 노력이 필요하더라고요.

　　회사 밖의 기회를 찾아야만 한다면, 다음의 두 가지는 꼭 필요하다고 생각해요. 첫째로, 당연히 실패를 염두에 두어야 하고 그런 상황에 놓였을 때 극복할 수 있는지를 생각해 봤으면 좋겠어요. 누군가는 플랜B를 튼튼하게 준비함으로써 극복의 시나리오를 만들 수도 있고, 또 다른 누군가는 객관적으로 실패에 이른다고 해도 그 과정 자체에 의미를 둠으로써 이를 실패라고 규정하지 않겠다는 마음가짐을 준비할 수도 있겠죠. 저의 경우에는 큰 빚을 지는 상황이 생기지 않는 한은 타격이 될 만한 리스크는 없다고 판단했어요. 빚을 지는 운영을 하지만 않으면 어떻게 되더라도 제 입장에서는 실패는 아닌 거죠. 시도하지 않으면 언제고 미련이 남을 거라서 시도하고 결과를 봤다는 것만으로도 저에게는 큰 의미가 되는 일이기도 하고요. 다른 선택을 하지 않았기 때문에 발생한 기회비용 같은 것은 저에게는 중요하지 않았어요. 실패했을 때 차라리 하지 말걸 그랬다거나, 회사를 다니는 게 나았겠다고 후회할 것 같다면 시작하지 않는 게 정답이겠죠.

두 번째는 스스로가 준비되었다는 것을 확신해야 해요. 그런데 이 준비라는 것에 대한 기준이 사람마다 다를 수 있어요. 단순히 사업자금이나 사업 아이템 같은 게 준비되어야 한다는 뜻은 아니거든요. 최소한 스스로가 자신감을 가질 만큼의 준비를 말하는데 저에게는 그게 충분한 경험이었어요. '이 정도 이 업계를 경험했으면 나는 이제 준비가 되었어.'라고 생각했어요. 특히 마지막 몇 년의 부서장 경험이 사업가라는 길을 그려보는 데 유의미했던 것 같아요.

그리고 또 하나, 저는 정말이지 스스로를 사업가 재질이라고 생각하지 않기 때문에 동업할 수 있는 파트너가 반드시 필요했어요. 제가 생각하는 파트너의 조건이라는 것도 나름 있었고요. 그 조건을 뛰어넘는, 좋은 파트너가 저와 함께 새로운 도전을 하기를 원한다는 것 역시도 제가 이 도전에 준비되었다고 생각할 수 있었던 중요한 계기였지요.

제가 말한 이 두 가지는 너무나도 관념적인 것이라서 손에 꼭 쥐고, 눈으로 확인할 수 있는 게 아니다 보니 절대적인 조건의 역할을 하기 어려울 수 있어요. 그러나 혼란한 생각을 중요한 몇 가지의 생각으로 단순화하고, 그걸 손에 쥔 돌멩이처럼 뚜렷하고 분명하게 마음에 새길 수 있다면 새로운 도전의 훌륭한 길잡이가 되어 준답니다.

누군가 이미 만들어 둔 시스템 안에서 일부의 역할을 하는 것과 하나부터 열까지 스스로 개척하고 책임져야 하는 것은 그 무게와 마음가짐이 사뭇 다르지요. 수정 후배님은 회사를 벗어날 수 있는, 그래서 더 이상적인 길처럼 얘기해 주었지만 저는 사실 각각의 장단점이 있다고 생각해요. 사회의 분위기가 달라졌긴 하지만 조직 안에서 본인만의 가치를 가지고 그 길을 꾸준히 걸어가는 것도, 용감하게 나만의 세상을 만들어 가는 것도 모두 각기 다른 끈기와 노력이 필요한 일이지요.

사실 아직도 어떤 길로 가고자 하는지를 매일 새삼스럽게 고심하는 초보 창업자이다 보니 후배님이 궁금한 것들이 잘 해결되는 답이었는지 모르겠네요. 인류애가 몽땅 사라지는 순간도, 기뻐서 어깨춤이 절로 나오는 순간도 겪었지만, 어떤 지배적인 감상을 만들만한 일들은 아니었던 것 같아서 창업 후 1년은 계속되는 고민의 시간이라고 정의하는 게 오히려 맞는 것 같아요. '사업하니 이렇게 좋더라.', '아니 나는 솔직히 도시락 싸들고 말리고 싶어.'와 같은 똑 부러지는 얘기를 들려주지 못해 미안해요. ᵕ 사실 이번 메일을 쓰기 전 연령대별 폐업 현황 같은 자료도 들여다보았는데 통계 속에 가능성을 가둬 두고 싶지 않아서 언급하지 않았어요. 아까 우리 세대랑 다르다고 말한 것, 저는 20대에 "나는 이제 시작이야!"와 같은 종류의 생각을 주로 했던 것 같아요. 더 넓은 시야를 가지고 멀리 내다볼 수 있다는 건, 참 멋지네요. 수정 후배님과 20대의 친구들처럼요.

수정
봄 선배님에게 ▼

↩ ⋮

봄 선배님, 반가운 빨간 월요일입니다.😊

이번 해에는 월요일에 휴무인 날이 꽤 많은 것 같네요. 덕분에 토, 일, 월 3일의 주말을 보내는 주 4일제를 간접적으로 체험해 보고 있어요. 장점은 월요일이 두렵지 않다는 것인데, 단점은 화요일이 싫어졌다는 것이 있겠네요.😆 충분히 쉬었다고 생각했는데, 막상 새로운 주를 맞이하려니 하루만 더 쉬게 해달라고 조르는 떼쟁이가 되네요. 역시 인간의 욕심은 끝이 없다는 것을 방증하는 휴일입니다!

봄 선배님의 멋진 창업 이야기를 듣고 나니, 괜스레 뿌듯하네요. 우리 또래 친구들에게 여기저기 보여 주고 다니고 싶달까요! 저는 사실 사업과 태생적으로 맞지 않는 사람이라고 생각했는데요. 숫자에 까막눈이고 이상과 감상에 젖는 것을 좋아하는 인문대생인지라 살면서 내가 사업을 할 일은 없겠다고 생각했었죠. 그런데 웬걸. 지금 회사 내 사업실 부서에 있는 저는 열심히 사업의 세계에서 새로운 눈을 뜨고 있답니다.

하나의 프로젝트를 새롭게 시작해서 처음부터 끝까지 내 손으로 책임지고 만들어 가는 것에 보람을 느꼈던 제가 선택했던 것이 IP 사업인데요. 저의 기획력은 강점으로 살리되, 그 외 부족한 능력에 대해 많이 채워 가려 하고 있어요. 예를 들면 다른 회사 담당자들과 소통하고 영업을 하는 일이라든지, 지표를 분석하며 새로운 비즈니스 모델을 생각한다든지 하는 일들이요. 영업과 지표, 모두 제 DNA에는 없는 일들이라고 생각했었는데요. 사업실 조직에 있으면서 이 능력들이 얼마나 중요한 것인지 깨닫고, 이 일에 대한 애정과 열정이 생기자 제 DNA를 바꿔서라도 과감히 도전하고 배우고 싶다는 생각이 들었답니다. 어쩌면 1년이라는 시간 동안 회사에 있으면서 이제야 팀, 부서, 그리고 회사 속에서 이 조직의 역할에 대한 넓은 이해도가 생긴 것 같기도 해요. 점점 바뀌어 가는 일에 대한 저의 생각과 태도가 꽤 마음에 들기도 하고요.

다만 처음에는 내가 생각했던 것과 많이 달라서 혼란스럽기도 했어요. 제 인생에서는 언제나 '가만히 아무것도 안 하는 것보다 뭐라도 시도해 보는 것이 훨씬 낫다'는 기조로 무언가를 시도해 보는 것에 대해 큰 의미가 있었는데요. 사업을 할 때에는 기회비용과 비용 대비 효율에 대해 끊임없는 반문이 필요했어요. 인력을 포함한 한정된 리소스를 어떤 프로젝트에 투입하고 얼마큼의 결과를 얻을 수 있는지에 대한 확신 이상의 분석이 있어야 하죠. 예상 매출은 어느 정도인지, 순이익은 몇 프로인지, 불필요하게 들어가는 비용은 없는지 꼼꼼히 따져 봐야 해요. 물론 시도하는 과정에서 의미를 찾는 프로젝트들도 있는데요. 자기만족을 위한 개인 사업이 아닌 이상 수익 없는 프로젝트를 지속할 수는 없어요. 적어도 시도를 통한 과정에서 의미를 찾을 때인가, 투자 대비 수익을 내야 하는 때인가를 구분하는 능력이 필요하다는 것을 깨달았답니다.

특히 브랜드 마케팅 업계에서 처음 일을 배웠던 저는 이런 사고방식 자체가 완전히 색다르게 다가왔어요. 마케팅 프로젝트도 궁극적으로는 매출을 높이기 위함이지만 많은 사람들에게 도달하는 것만으로도 일차적 목표를 달성했다고 평가할 때가 많았으니까요. 예산을 지원받아 프로젝트를 했었다면, 이제는 예산을 가지고 직접적으로 돈을 벌어와야 인정받을 수 있는 곳이 사업 조직이겠죠. 특히 '현실 가능성'에 대한 감각을 키우는 것은 어떤 부서이든 신입이 처음 적응할 때 많이 겪는 고민일 것 같은데요. 생각보다 원하는 사업들을 마음대로 할 수도 없었고, 생각해야 할 숫자와 사이드 이펙트들이 훨씬 많았기 때문에 업무에 적응하기가 어려웠어요.

예전에는 이 프로젝트를 왜 해야 하는지에 대한 수만 가지 이유로 누군가를 설득했다면, 이제는 저 혼자 이 프로젝트가 왜 안 되는지에 대한 수만 가지 이유를 먼저 분석하게 되었달까요. 아직 경험이 많지 않기 때문에 놓칠 수 있는 현실적인 문제들에 대해 최대한 고민하여 해결할 방안들을 생각한 후에 그 순수 결정체를 제안하곤 해요. 그래야 터무니없고 방향성에 맞지 않는 제안이 되지 않을 수 있고, 팀 내에서도 더 발전적인 논의를 할 수 있으니까요. 하지만 결국 이러한 고민들 덕에 사업, 나아가 회사라는 존재가 어떤 식으로 다음 방향을 고민하는지 몸소 깨달을 수 있었어요. 이전에는 왜 이 회사가 이런 사업을 하지 않았을까 하는 의문이 들었지만 '다 그럴 만한 이유가 있었다!'는 것을 파악하죠. 그다음에 '그렇다면 어떻게 해야 하는 것일까'에 대한 한층 더 깊은 고민들을 할 수 있게 되었어요. 그러면서 점차 사업의 매력에 빠져들고 있답니다.

후배의 팁

(ᑎ ˘ ³˘) 도전은 언제나 숭고하지만, 현실에 대한 책임은 훨씬 더 숭고하답니다.

(ᑎ ˘ ³˘) 의미와 수익의 균형이 적절할 때 지속 가능한 사업을 이어 갈 수 있어요.

(ᑎ ˘ ³˘) '남들이 모두 하니까'라는 이유로 조급해 할 필요는 없어요.

(ᑎ ˘ ³˘) 더 나은 선택, 더 좋은 결과는 결국 남이 정해 줄 수 없어요.

(선배의 팁)

(*´ᵕ`)/ 창업을 꿈꾸고 있다면 가장 먼저 실패 시나리오를 매우 구체적
으로, 생생하게 그려 보세요.

(*´ᵕ`)/ 어떤 경우에도 반드시 성공해야 한다는 비장함보다는 커리어 여
정의 여러 지점 중 하나의 지점이라는 부담 없는 마음가짐이 더
바람직한지도 몰라요.

(*´ᵕ`)/ 조직 생활이 싫어서, 더 큰 돈을 벌고 싶어서, 자유롭고 싶어서
보다 더 나은 이유가 필요해요. 어떤 일이든 사람과 엮일 수밖에
없고, 큰 돈과 자유로운 시간은 보장되는 것은 아니니까요.

(*´ᵕ`)/ 스스로의 가능성은 나 자신만이 가늠할 수 있어요. 주변의 조언
을 듣는 것은 좋지만 선택은 오롯이 본인의 몫이어야 하고 스스
로가 준비되었다고 믿는다면 남들의 말이나 주어진 환경에 휘둘
리지 마세요.

생각했던 것과
너무 다른 회사,
참고 버텨야
할까요?

그토록 원하던 회사에 들어갔지만, 회사에서 불합리한 일을 겪었던 적이 있을까요? 지금은 세상이 많이 좋아졌다고들 하니, 그 옛날 회사 생활에서는 어떤 일들이 있었을지 감히 상상이 가지 않아요. 기대했던 것과 다른 면모를 마주쳤을 때 어떻게 대처하고, 어떤 마음가짐을 가져야 할지 궁금하네요. 과연 어느 정도까지를 사회생활의 일부라 생각하고 넘겨야 할까요? 참고 버텨냈을 때 정말 나 자신이 성장할 수 있을지 고민이 됩니다.

사실 무작정 버티다 보면 기회가 올 것이고, 어느새 성장해 있을 것이라는 말을 믿기엔 세상이 너무나 빠르게 변하고 있다고 생각해요. 옛날처럼 신입에게는 복사하고 커피를 타 오는 일만 시키는 일은 거의 없어졌지만, 그와 비슷하게 잡무를 처리하는 법, 특정 상사의 기분에 맞춰 일하는 법, 기분 나쁜 농담에 잘 웃고 넘기는 법을 배우는 일은 늘 있죠. 물론 이런 일들을 경험하는 것도 인생에서 꼭 필요하고 큰 배움을 얻을 수 있다고 생각하는데요. 이것이 회사 생활에서의 큰 부분을 차지하고 업무적인 성장을 해친다는 생각이 든다면 어떻게 대처해야 할지 모르겠어요.

수정
봄 선배님에게 ▼

처음 일을 할 때는 생각했던 것과 다른 점들을 많이 부딪치게 되는 것 같아요. 이를테면 '회사 생활의 이상과 현실!'이라고 말할 수 있겠네요. 저를 포함한 주위 새내기 신입사원들과 이야기를 나누다 보면, 취업 준비할 때는 몰랐던 업무의 이면과 회사의 실체를 마주치는 경우들이 많은 것 같아요. 마치 짝사랑했던 선배에게 잘 보이려 나를 맞추다가 3개월이 지나고, 1년이 지나니 콩깍지가 벗겨져 나와 맞지 않는 것들이 점점 보이게 되는 것과 같죠. 하지만 그 선배는 원래 그런 사람이었고, 맘대로 콩깍지를 쓰고 보던 나의 잘못이었다는 것을 깨닫는 게 참 무서운 것 같아요. 생각지도 못했던 면모를 발견해서 오히려 좋을 수도 있지만, 상상하기도 싫었던 것들이 나를 괴롭혀올 때면 이 조직과 나는 정말 잘 맞는 사람인가에 대해 진지하게 고민하는 시기가 한 번쯤은 오게 돼요.

이는 업무에 대한 이해도 차이에서 오는 고민일 수도 있겠고, 업무 외 사내 문화 차이에서도 고민하는 친구들도 많은 것 같아요. 수평적인 문화와 빠른 성장을 강조한 회사에 들어가서 많은 프로젝트와 함께 강제로 성장할 수 있었지만, 1년 이상 일을 지속하지 못할 만큼 과도한 업무 수준이었던 경우도 있고요. 반대로 회사에서 자신이 속한 팀의 리더나 사수의 특성상 유독 수직적인 구조여서 기대한 것과는 다른 업무 환경에서 일하게 되는 경우도 있죠. 업무적으로는 너무나 완벽하지만, 성차별적인 대화가 난무하는 회사 분위기일 때도 있고, 팀원도 회사도 너무 좋지만 내가 하는 업무가 과연 내 성장에 도움이 되는지 고민이 될 때도 있어요.

이런 얘기들을 들을 때면 이것이 바로 사회생활이고 어른의 무게인 것인가! 싶은데, 막상 저희끼리 이야기할 때는 뾰족한 결론을 내지 못하는 것 같아요. 사직서 하나쯤 품고 사는 자유로운 MZ라고는 하지만, 우리도 누구보다 힘든 경쟁을 뚫고 들어온 회사를 그리 쉽게 포기하고 싶지는 않거든요.

특히 저는 빠르게 변화하는 IT 업계에 있어서, 살아남기 위해선 빠른 성장 속도와 경쟁력을 증명하는 것이 중요하다고 생각하는데요. 만약 저에게 그 옛날 회사처럼 복사 업무만을 시키고 불합리한 일들이 주어졌다면, 이대로 시간을 흘려보냈다가 도태될까 봐 걱정되었을 것 같아요.

'일단 한번 해 보자!'라는 마음으로 주어진 일을 해 볼 수는 있겠지만 이 조직과 회사에서 원하는 사람으로 성장하는 것과 별개로 이 업계와 사회에서 인정받을 수 있는 사람으로 성장하고 있느냐에 대해 객관적으로 바라보고 싶기도 하고요. 시키는 일을 잘 해내어 인정을 받게 되었는데, 사실 내 직속 상관의 입맛을 잘 맞추는 능력이 키워진 것이고 이 조직이 아닌 곳에서는 전혀 인정받지 못하는 상황이 된다면 너무 슬플 것 같아요. 모든 일은 다 생각하기 나름이고 배울 점이 있다지만, 특히 밀도 있게 성장해야 하는 신입의 입장에서 '건강하게 버티고 올바르게 성장하는 법'을 배우고 싶습니다.

쓰고 나니 경쟁과 성장에 목맨 조급한 신입인 것 같기도 해서, 봄 선배님의 '불안은 내려놓고 천천히 해~'와 같은 목소리가 들리는 것 같네요.😄 태어나 교육기관에서만 16년을 보내며 체화한 것이 '경쟁'이기 때문에 관성적으로 살아남는 법을 자꾸 고민하게 되는 것 같기도 해요. 뚜렷한 해결 방안 없이 고민 가득한 나날들이 이어지고 있지만, 앞서 고민을 했다는 것 자체만으로도 다른 결과를 낼 수 있을 것이라 믿어 봅니다!

봄
수정 후배님에게 ▼

↶ ⋮

수정 후배님, 날씨가 너무 좋은 일요일이에요.😎

지난 한 주는 어땠나요? 저는 이제서야, 아니 마침내 (!) 코로나에 걸렸어요. 단계별 거리 두기에, 난생처음이었던 재택 근무, 일상이 영영 돌아오지 않을 것 같아 두려웠던 시간을 지나 야외에서, 실내에서, 그리고 이제 동네 병원에서도 마스크를 쓰지 않아도 되는 순간까지 코로나에 걸리지 않다 보니 남몰래 나는 슈퍼면역자인지도 모른다며 기뻐했거든요.

저는 그냥 유행에 뒤처진 사람이었어요.😂 암만 제가 집순이여도 이렇게 한 주를 통으로 집 안에만 틀어박혀 있었던 적은 없었는데, 다음 주에 회사 가는 길을 찾을 수나 있을지 모르겠어요. 안 그래도 계속 여기저기 아파 왔던 터라 어마어마한 근 손실과 체력 저하가 있었는데 이젠 몇 걸음만 걸어도 피로하더라고요. 남은 올 한해의 목표는 다른 거 필요 없이 그저 '체력 강화'에 몰빵하기로 마음먹었답니다. 단순히 건강이 아니라 운동으로 스스로를 단단하게 다지는 건 어쩌면 라이프 스타일에 가까워서 어릴 때부터 습관이 되면 좋을 것 같아요. 제가 후배들에게 단 하나의 조언을 할 수 있다면 그건 바로 꾸준한 운동을 하라는 말일 거예요. 😌

대체로 마음대로 되는 게 없는 게 인생이라지만, 사회생활만큼 얄궂은 게 없는 것 같아요. 대부분의 시간을 보내는 곳이기 때문에 나의 지향점과 일치해야만 하는데 일의 성격이나 조직문화, 그 밖에 가까이서 혹은 조금 멀더라도 영향을 주는 사람들까지 너무 많은 변수가 있죠. 게다가 생계를 위해서는 필수인 부분인데 그렇게만 접근했다가는 스스로가 망가질 게 뻔하니 먹고 사는 것과 나의 자아와 관련된 리스크를 가지고 있는 주제이기도 하고요.

사실 그 중요성과 무게에 대해서는 구구절절 말하지 않아도 누구나 뼈저리게 느끼고 있을 테니까요. 전 회사 대표님이 자주 하시던 말씀이 있는데 회사는 당연히 '좋은 회사'를 지향하고 노력하지만 직원들에게 '좋은 회사'란 허상 같은 거라고, 그냥 'X같은 회사'만 아니어도 감지덕지라고요. 그만큼 각자의 니즈와 그에 따른 만족도가 다르다는 말일 텐데요. 제 주변을 둘러봐도 모든 것이 좋고 만족스러운 사회생활을 하는 사람은 전혀 없더라고요.

'불합리한 조직'에 대한 저의 에피소드를 풀자면, 글쎄요. 11박 12일 합숙이 필요할 것 같은데요. 무엇보다 듣다 보면 수정 후배님 귀에서 피가 나지 않을까… 걱정스럽고요. :> 사회적인 분위기라는 게 있잖아요. 그때는 지금보다 훨씬 많은 것들이 당연하고 자연스럽게 받아들여졌던 터라 힘은 들었지만 불합리하거나 부조리하다고 생각지 못했던 것 같아요. 고작 십 몇 년 사이의 변화라고는 믿기지 않을 만큼 많이 달라졌는데, 수정 후배님의 공감을 얻기 위해 몇 가지만 이야기해 볼까요. 제가 일을 시작했을 때는 토요일도 당연히 출근이었고요. 사무실에서 담배를 피울 수 있었어요. 진짜 언제 적 얘기인가 싶죠.😊 저도 가끔 떠올릴 때마다 깜짝깜짝 놀라요. 예전에는 어떻게 그랬을까 싶어서요.

부당한 것들에 대해서 눈을 뜨고 변화를 재촉하는 요즘은 불합리한 것들에 대한 민감도가 저의 주니어 시절과는 사뭇 다르니, 불합리한 일의 빈도는 훨씬 높았을 그 시절보다 그에 대한 정보나 자극이 넘쳐나는 지금이 실질적인 괴로움을 더 크게 느끼게 되는 것 같아요. 저야 속 편하게 요즘은 세상 좋아졌다고 말하지만 곰곰 생각해 보면 지금의 후배님들이 더 고민이 많을 수도 있는 환경이라고 생각돼요. 게다가 사회생활 중 겪는 어려움은 객관화하기가 어려워요. '나는 일만 즐거우면 그 밖에 다른 것들은 상관없어'라고 생각할 수 있는데 그건 누구에게나 통용되는 절대적인 기준일 수 없거든요. 각자 일의 성격, 문화, 비전, 연봉, 사람 중에 대체로 더 중요한 게 있을 수 있고, 그게 상황을 바라보는 잣대가 될 수는 있겠죠. 그렇지만 평소 중요성을 잘 모르다가도 거기서 발생하는 어려움이 관리되지 않기 시작하면 기존에 가지고 있던 기준 같은 건 너무 쉽게 힘을 잃어버려요. '나에게 중요한 건 어떤 일을 하느냐고 그게 충족되었으니 다른 문제점은 어떻게든 안고 간다'와 같은 다짐은 스스로를 망가뜨릴 수 있죠.

　이런 일은 머리로 결정하기보다 마음을 들여다보는 게 오히려 정확해요. 마음은 꾸밀 수 없잖아요. 그러니 오히려 더 객관적인 증거가 될 수 있어요. 과거와 미래를 생각하는 것도 중요하지만 무엇보다 현재 내 상태가 어떤지가 가장 먼저일 것 같아요. 과거는 이미 지나쳐 영향력이 적고 미래는 아무도 알 수 없잖아요. 마음이 괴롭다면 필시 뭔가 잘못된 거예요. 그리고 무언가가 잘못이다, 그렇지 않다는 건 타인의 기준보다는 나의 기준이 훨씬 더 중요하고요. 믿을 수 있는 주변의 사람들에게 조언을 구할 수 있겠지만 정확한 판단은 오로지 그 상황을 직접 겪는 자신만 이 할 수 있어요.

문제를 발견했다면 내가 해결할 수 있는 종류의 것 인지, 자신의 손을 떠난 문제인지 알아야겠죠. 저 역시도 아직도 겪고 있는 어려움 중 하나인데요. 그 문제를 명명 백백하게 이해해야만 한다고 생각해서 계속 파고드는 거 예요. 그러나 대체로 많은 경우에 문제를 '정확히' 이해하 는 데에는 한계가 있어요. 아웃풋 대비 시간과 노력은 너 무 많이 들고요. 효용이 좋지 않죠. 그러니 문제 그 자체를 너무 파고들기보다는 내가 해결할 수 있는가, 없는가 정도 의 큰 줄기만 들여다보고 그다음, 나를 위해 무엇을 할 것 인지에 대해 더 많은 시간을 들여 생각하는 걸 추천하고 싶어요.

제가 언젠가 말했던 것처럼 저는 재수도 하지 않았 고 휴학도 하지 않았거든요. 졸업식을 수요일에 하고 그다 음 주 월요일부터 인턴으로 출근했고, 첫 인턴십을 마치 고 바로 그 회사의 정직원이 되는 행운을 누렸답니다. 모 든 일이 예상치도 못하게 일어나서 그때는 어어어, 하면서 매일 얼떨떨하게 지냈던 것 같아요. 사회인이 될 준비라 는 게 정확히 어떤 것인지는 모르겠으나 정말이지 저는 전혀 준비가 안 된 상태처럼 느껴졌어요. 그렇게 약 5년의 주니어 시절을 보내면서 감사한 일도 많았지만, 힘에 부치는 경우도 많았어요. 그래서 회사를 그만두고 그동안 벌었던 것, 그러니까 전세 보증금, 이제 막 1년 탄 차 등을 정리해서 미국으로 떠났답니다.

스스로 영어가 많이 부족하다고 느끼고 있었고, 지금의 일과 내가 살아가는 방식이 맞는지 서른이 되기 전에 새로운 환경에서 다시 한번 되짚어 보고 싶었어요. 휴학도, 취준도 하지 않아 또래에 비해 사회생활을 2~3년은 일찍 시작한 편이라서 그 정도 시간을 써도 뒤처지지 않을 거라고 생각했고요. 미국에서 2년여를 보내고 한국에 돌아와서 퇴사했던 회사에 다시 입사했는데요. 그때의 소회를 우연한 기회에 코스모폴리탄 커리어 섹션 인터뷰에 담을 수 있었답니다.

인터뷰의 모든 내용이 기억나지는 않는데 회사를 그만둔다고 했을 때 주변의 반대가 극심했다는 얘기로 시작했던 것 같아요. 취업이란 언제나 힘들고, 회사 생활이란 당연히 고된 것이라 힘들다고 그만두는 건 현실 감각이 없거나 회피하는 나약함이라고들 했거든요. "No Pain, No Gain"이란 말을 그렇게 많이 들었던 때가 없었던 것 같아요.♪

특히 아빠랑 나눴던 대화가 기억에 남는데요. 이 정
도 어려움도 극복하지 못해서 앞으로 더 큰일을 어떻게 하
겠냐는 취지의 말씀이셨던 것 같은데, 그 말씀에 저는 "나
중에 더 큰일을 할 수 있는 그릇임을 증명하기 위해서 이
고통을 감내할 생각이 없다"고 답했어요. 그때 대답하면서
스스로 더 분명하게 제 생각을 정리할 수 있었네요. 그 당
시의 제가 말했던 표현은 "지금 행복하지 않은데 내일의
행복을 어떻게 기대하냐"였던 것 같아요. 사실 정확하게는
행복을 말하기에 앞서 당시에 사리 분별을 분명하게 할 수
없을 만큼 스스로가 건강하지 않았어요.

힘들고 괴로운 원초적인 느낌은 있는데 정확하게 무
엇 때문인지 어떻게 해결할 수 있는지를 알 수가 없었거든
요. 그 상황 속에서는 바른 판단을 할 수 없다고 생각했죠.
그래서 저의 선택은 오로지 떠나는 것뿐이었고요.

여행 유튜버 곽튜브가 학교폭력 때문에 자퇴해야 했
던 경험을 말하며 "그래도 그 상황을 벗어나기 위해 스스
로가 선택하고 행동했다는 것에 의미를 둔다"고 했던 말이
기억나요. 이상과 현실이 다를 때, 그래서 괴롭다면 자신
을 위해서 행동해야 해요. 그 행동은 사람마다 다를 수 있
는데 저처럼 다음 계획이 분명치 않아도 우선 그 상황에서

벗어나는 것일 수도 있고, 저의 또 다른 후배처럼 시간을 쪼개고 쪼개 대학원에 가는 것일 수도 있어요. 괴로운 상황을 벗어나기 위해서 어떤 노력을 하고 있다는 것 자체가 그 상황을 견디게 하는 희망이 되거든요.

언제고 가장 큰 힘이 되는 것은 스스로에 대한 믿음이라고 생각하는데요. 이 믿음도 그냥 생겨나는 것은 아니거든요. '나는 무조건 잘될 거야, 잘할 거야!'라는 믿음은 저는 허상이라고 생각해요. 과거의 경험으로 뚜렷하게 드러나는 증거가 믿음을 두텁게 해요. 내가 했던 노력, 삶에 대한 나의 태도, 그 과정에서 얻은 작은 성공 같은 것들이요. 엄청난 대책을 안배해 두지는 못했지만, 떠나서 시간을 보냈던 것은 너무나도 큰 인생의 수확이 되었어요. 건강을 (당시에는 행복을) 회복한 상태, 그러니까 내가 온전히 나다울 수 있는 상태가 되어 내가 바라는 바에 대해 천천히 생각해 볼 수 있었어요. 그리고 받아 든 내 인생의 화살표에는 아주 자그마한 의심도 없었답니다. 그러니 몰입할 수 있었고 어려움이 있어도 그때야말로 극복해 낼 수 있었어요.

지금 수정 후배님에게 '불안은 내려놓고 천천히 해.' 같은 조언은 전혀 도움이 되지 않을 것 같아요. 불안이 내려놓으라고 해서 내려놓을 수 있는 건가요, 어디. 다만 한 가지, 이제부터는 '경쟁'이 아니라는 걸 알았으면 해요. 저도 미국행을 결심했을 당시에 '뒤처지지 않을 수 있는 최소한의 시간'을 고려했어요. 남들과 비슷한 라이프 스타일을 영위하기 위한 여건이 중요했던 게 아닌데 저도 그걸 몰랐어요.

경쟁은 필연적으로 상대가 있는 싸움이잖아요. 상대와 나를 끊임없이 비교해 가며 그보다 내가 나은가 모자란가를 보는 방식이고요. 순위가 차르륵 매겨져 종이에 확고하게 찍히는 학생 시절은 지나갔어요. '성장'이라는 단어 어디에도 '상대와 비교해서 훨씬 더 우월한'이라는 함의는 없어요. '성장'을 확인하는 방법은 어제의 나와 오늘의 나를 바라보는 것뿐이죠. 그러기 위해서는 스스로를 잘 이해하는 것은 물론 잘 돌아봐야겠고요.

회사가 인생의 큰 부분을 차지한다 해도 인생의 전부는 아니듯 회사의 인사고과가 나라는 사람을 평가하는 전부가 될 수는 없지요. 나만의 기준을 마련해 보세요. 그 기준을 알고 있어야 어떤 부분이 만족스러운지 혹은 삐걱거리는지 알 수 있지 않을까요? 그래야만 건강할 수 있고, 버티거나 떠날 수 있지요. 수정 후배님이 말해 온 것처럼 지난 십몇 년을 경쟁의 틈바구니에서 살았으니 관점을 바꾸는 게 단번에 되지는 않을 거예요. 그래도 앞으로의 내 삶을 위해 계속해서 시도해 보면 좋겠어요.

"뚜렷한 해결 방안 없이 고민
가득한 나날들이 이어지고
있지만, 앞서 고민을 했다는 것
자체만으로도 다른 결과를 낼 수
있을 것이라 믿어 봅니다!"

후배의 팁

(η˘ ³˘) 나만의 환상에 젖어 내 일과 회사에 대해 오해하고 있던 부분은 없었는지 살펴보세요.

___

(η˘ ³˘) 조직과 맞지 않는다고 생각이 들 때, 쉽게 포기하기보단 시간을 두고 적응을 위한 행동을 실천해 보세요.

___

(η˘ ³˘) 그럼에도 나를 괴롭게 하는 감정이 크게 든다면 회피하지 말고 문제 인식의 출발점으로 삼아 보세요.

___

(η˘ ³˘) 언제나 생각했던 것과 다를 수 있지만 동시에 생각보다 더 괜찮은 점들을 발견할 수도 있어요.

선배의 팁

(*´ᵕ`*)∮ 부정적인 감정이 자주 든다면 스스로가 처한 상황을 객관적으로 살펴보세요.

(*´ᵕ`*)∮ 언제나 인내하는 것만이 최선의 해결책은 아니랍니다. 때로는 스스로를 위해 보다 적극적으로 행동해야 할 필요가 있어요.

(*´ᵕ`*)∮ 문제의 원인을 찾기 위해 골몰하기보다는 문제를 해결할 수 있는 실질적인 방안을 찾는 데 더 주안점을 두는 것이 좋아요.

(*´ᵕ`*)∮ 자기 비하나 자기 연민에 빠지지 않도록 주의합시다.

(*´ᵕ`*)∮ 어떤 이슈에 대한 감상이나 문제의식은 사람마다 다를 수 있어요. 타인의 기준보다는 그 이슈가 나에게 미치는 영향에 집중해 보세요.

일터에서의 소통,
서로에게
필요한 피드백은
어떤 것일까요?

얼마 전 직장인 커뮤니티에서 막 입사한 후배가 일을 너무 못해서 괴롭다는 고민을 봤어요. 거기에 여러 댓글이 달렸는데 후배가 어떤 타입일지 모르니 모든 방법을 총동원해 보라는 댓글이 있었거든요. 당근과 채찍은 당연하고 제대로 해 올 때까지 돌려보낸다거나 수시로 피드백을 꼼꼼히 챙긴다거나 하는 방법 말이죠. 일터에서의 이상적인 피드백과 지원은 무엇일까요? 어떻게 해 줘야 할지 모르겠다는 전국의 직장인 동료들을 위해 생생한 날것 그대로의 답변을 들려주세요!

수정
봄 선배님에게 ▼

봄 선배님, 햇살 가득한 일요일입니다. 😊

점점 더워지고 있는 날씨 사이에서 발걸음을 붙잡는 노을 풍경이 종종 목격되는 나날들이 이어지네요. 자발적인 집순이는 참 좋지만 누가 강제로 집에 있게 하면 또 왠지 모르게 나가고 싶은 청개구리가 되더라고요. 부디 몸도 마음도 건강을 잃지 않으셨길 바라 봅니다.

그리고 후배에게 어떻게 피드백을 줘야 하는지에 대해 고민하는 선배라니, 그 자체만으로도 너무 감사한걸요! 😊 회사에서 작디 작은 신입이 하는 일의 대부분은 '피드백'을 받는 일인데요. 실제로 일을 수행하는 것 그 자체가 아니라, 이 일을 어떻게 보완해 나가는가가 성장의 중요한 역할을 해요. 배운 대로 뱉어내는 AI처럼 어떤 피드백을 학습시키냐에 따라 경험치가 쌓이며 쑥쑥 자라나는 것이 스스로 느껴진답니다. 그래서 건강한 피드백에 더 목말라하기도 하고요.

피드백을 주고받기 전에 알아야 할 가장 중요한 것이 있다면 내가 당연하다고 생각하는 '상식'의 범위가 모두 다르다는 걸 이해하는 것이라고 생각해요. 얼마 안되는 인생이지만 살아오면서 느낀 점은 가장 예상할 수 없는 범위를 가진 존재가 인간이라는 거예요. 그중 '상식의 범위'는 특히나 그 스펙트럼이 무한하다는 걸 느끼는데요. 오죽하면 제 이상형도 상식의 범위가 비슷한 사람이랍니다.😇 아무리 오랜 세월을 함께 한 부부여도 당연함의 교집합이 벗어나는 부분에서는 도저히 이해가 안 가는 것들이 생기고 다툼으로 이어지기도 하죠. 왜 머리카락이 이렇게 쌓였는데 청소기를 돌리지 않았냐, 줄무늬 옷을 왜 하얀 빨래와 함께 빨았냐 같은 아주 사소한 일들이요!

내 입장에서는 머리카락이 쌓이기 전 매일매일 청소기를 돌리거나 옷 색깔을 철저히 분리해서 빨래를 돌리는 것이 무척 당연한 상식에 속하지만, 상대방이 살아온 세계에서는 그렇지 않을 수 있는 거죠. 그러면 우리는 '이렇게 쉽고 당연한 걸 왜 안 할까?'라는 깊은 분노와 함께 불신으로 이어지게 돼요. 하지만 그것이 누구의 잘못이기보다는 그저 다름에서 생겨난 문제예요. 반대로 상대가 청소기를 매일 돌리지 않거나, 줄무늬 옷을 그냥 빨아 버렸다고 해도 전혀 불만을 제기하지 않을 사람과 그 반대의 사람이 만난 것뿐이죠. 나름 긴 세월동안 서로의 교집합을 넓혀 가고 인정하기를 노력해 온 부부도 맞지 않는 것들이 불쑥 튀어나와 괴롭히는데, 하물며 사무실에서 만난 지 얼마 되지 않은 인간들은 얼마나 다양한 스펙트럼을 가지고 있을까요.

더군다나 학교를 갓 졸업하고 회사에 들어온 이들은 회사 문화 자체가 너무도 새롭고 미지의 것 투성이에요. 회사 그 자체, 새로운 일과 부서, 나아가 우리 팀의 문화까지 배울 것이 너무나도 많죠. 그래서 어쩌면 후배와 선배는 비슷하지만, 대척점에 있는 고민을 하고 있을 수 있어요. '이런 것까지 물어봐도 될까?'와 '내가 이런 것까지 알려줘야 하나?'의 대립이요.

처음 입사했을 때는 메일 하나 보낼 때도 혼자의 힘으로 할 수 없다는 것에 너무 큰 자괴감을 느꼈어요. 클라이언트의 질문에 답변을 보내야 하는데 아는 게 아무것도 없으니 연락이 올 때마다 팀 방에 물어봐야 해서 마치 말을 그대로 전달하는 앵무새가 된 것 같았죠. 할 줄 아는 게 없으니 회의록이라도 써야겠다 싶었는데 회의록마저도 너무나 부족한 거 있죠. 대학교 강의 듣는 것처럼 열심히 필기하기만 하면 되는 게 아니더라고요. 언제, 누가 참석했고, 이 회의가 끝나고 진행해야 할 목록은 무엇이며, 이 말은 어떤 회사, 부서, 팀에서 말한 내용이었는지 보기 쉽게 정리해야 한다는 것을 알게 되었어요. 차마 회의록 작성법까지 여쭤볼 수는 없어서 선배님이 작성한 회의록을 보면서 어떤 것이 부족한지 비교하며 채워 나갔답니다.

　이런 사소한 부분부터 시작해서 회사에서 통용되는 '참된 인간이라면 당연히 알 것'에 해당하는 것들은 참 다양했어요. 그중에는 진짜 몰라서 행하지 못했던 것들도 있었고, 어렴풋이 알고 있었지만 부족했던 것들도 있었어요. 예를 들면, 여러 다른 부서 사람들이 모여 있는 대화방에서 일을 했던 때였는데요. 수정사항에 대한 피드백을 드리거나, 늦어진 일정에 대해 리마인드를 드리는 일들이 있었어요. 처음으로 메인 커뮤니케이션을 담당하며 진행했던 프로젝트였는데, 그때 같은 팀 선배님이 챙겨야 할 것들을 알려 주시면서 덧붙인 말이 가장 도움이 되었어요. '당연히 알고 계시겠지만…'으로 시작하는 말이었는데요. 수정사항이나 일정 리마인드 같이 공개적으로 말했을 때 상대방이 난처해질 수 있는 사항은 개인 메시지로 전달하는 것이 좋다고 말씀해 주셨어요.

　사실 저는 각자 개인 메시지로 소통하면 진행 상황

에 대해 따라잡기 어렵고 놓치는 것들이 많아서 선호하지 않았었는데요. 상대를 배려하는 측면에서 개인 메시지가 상황에 따라 좋은 커뮤니케이션 방법이 될 수 있다는 것을 새로 알게 되어서 정말 큰 도움이 되었어요. 이 외에도 외근을 갈 때 고생해 주시는 분들을 위해 간단히 음료와 간식을 사서 가라며 법인 카드를 손에 쥐여 주시는 것도 정말 감사하더라고요. 이런 사회생활의 영역은 드라마에서나 보거나, 어렴풋이 듣기만 한 것들이라 실제로 그 상황이 왔을 때는 직접적으로 시키지 않는 이상 고민만 하다가 행동으로 옮기지 못하고 끝난 경우가 많았어요.

물론 태생부터 센스 있는 신입사원들은 알아서 커피도 사 오고 중간중간 분위기도 띄우는 경우도 있을 것 같아요. 하지만 아무래도 사회생활 자체가 처음인 저는 하기 싫어서 안 하는 게 아니라, 그런 상황과 분위기인지를 파악하기 어렵거나 그렇게 해도 되는 것인지 몰라서 망설이는 경우가 많았어요. 선배님께서 당연히 해야 하는 것인데 왜 안 했냐며 타박을 주지 않고 당연하게 여겨질 수 있는 문화들에 대해 하나씩 알려 주셔서 더 좋았던 경험이었답니다.

요즘 무슨 말을 해도 '꼰대'처럼 느껴질까 봐 말하기가 조심스럽다는 선배님들의 고민을 들은 적이 있는데요. 합리적이고 명확한 근거가 있다면 대부분 모두 수용 가능하다는 것이 저와 제 친구들의 공통적인 답변이었어요. 당연히 부족한 점이 많다는 것을 알고 있고 배워 가는 입장이기 때문에 선배의 조언과 피드백에 대해서 열려 있는 편이에요. 어떤 일을 했을 때 잘한 점에 대해서는 칭찬해 주신다면 'OK ZONE'을 파악하는 데에도 도움이 되고요. 부족한 점에 대해서는 미처 파악하지 못했던 관점을 제시해 주면 또 다른 측면에서 채워 갈 수 있어요.

예를 들면 어떤 아이디어를 냈을 때 '컨셉이나 참신함은 좋지만 '신규 유저 확보'라는 목표 KPI와 적합한지는 고민이 필요하다.'와 같이 좋았던 부분과 부족한 점에 대한 명확한 근거들이 있으면 훨씬 도움이 되더라고요. 내가 놓쳤던 것들을 깨닫고 그다음에 해야 할 액션들도 명확해졌거든요. 컨셉은 살리되 신규 유저 타깃에게 다가갈 방법에 대해 다시 고민하면 된다는 뜻이니까요.

제일 힘든 피드백은 경험에 기대어 모호한 근거를 가진 의견들이었어요. 그저 경험상 이런 게 좋고 이런 게 나쁘다는 단편적인 의견이라면 '그래서 어떻게 해야 하는 거지?'라는 의문이 계속 남더라고요. 피드백 이후에 보완해 오는 것들도 계속 'OK ZONE'을 벗어난 것들이라 선배 입장에서도 명확히 원하는 것에 도달하지 않아 답답하고, 후배 입장에서도 어떤 것이 도달해야 하는지 불명확한 채 불필요한 결과물만을 던지게 되더라고요.

물론 선배 입장에서는 경험상 알게 된 것들이 큰 부분을 차지하고 실제로 그게 실무에 도움이 되니 말해 주는 것인데 억울하실 수 있을 것 같아요. 🥲 후배 입장에서는 그게 도대체 어떤 경험이었는지가 궁금하답니다. 예를 들면, '경험상 이 매체의 광고를 돌려봤을 때 단가가 높아서 별로였다'는 것은 정말 중요한 피드백인데요. 보완해야 하는 입장에서는 그때의 상황은 어땠는지, 이번 프로젝트와는 어떤 관련성이 있는지에 대해 안다면 더욱 명확할 것 같아요.

'그 당시에는 경쟁사가 많이 뛰어들었던 시기였고, 단가가 최우선인 프로젝트여서 특히 적합하지 않았다. 이번 프로젝트에서도 낮은 비용으로 집행하는 것이 필요하기에 최우선 매체는 아닐 것으로 판단되지만, 시장 상황에 따라 단가의 변화가 있을 수도 있을 테니 다시 한번 리서치해 보고 판단하는 것도 좋을 것 같다.'와 같이 이번 프로젝트에서 달성해야 할 중요한 목표를 다시 짚어 주고 고려해야 할 상황을 알려 주는 것이 큰 도움이 될 수 있을 것 같아요.

경험상 저를 포함한 주니어들은 특히 맡겨진 일의 가장 큰 목표를 잊어버리고 잠시 길을 잃는 경우가 많은 것 같아요. A에 도달하기 위한 일을 시켰는데 하다 보니 B, C가 A와 비슷한 일이 아닐까 싶어서 딴 길로 샜다가, 다시 피드백을 받고 정신을 차려 돌아오는 경우가 있죠. 어쩌다 B, C의 길에서 어느 정도 살릴 만한 참신한 것들을 주워 오는 경우도 있고요. 그래서 중간중간 프로젝트의 목표를 상기시켜 주고, 컨센서스를 맞추어 나가는 것이 중요하다는 것을 느꼈답니다.

이전에 봄 선배님이 첫 번째 주제에서 프로젝트 전체에 대한 고민 없이 자기 일을 던져 버리는 신입이 힘들다는 얘기를 하신 적이 있었는데요. 비슷한 맥락에서 주어진 일이 이 프로젝트에서 어떤 역할을 하는지에 대해 먼저 알려 주신다면 정말 큰 도움이 될 것 같아요. 이 미팅은 어떤 맥락에서 무엇을 결정하기 위해 이루어지는 것인지, 하다못해 반복적으로 주어지는 리서치 업무여도 궁극적으로는 어떤 일의 기반이 되고 이다음에 어떤 프로세스가 진행

되는지에 대해서요.

이것을 알고 행하는 것과 모르고 하는 것은 일의 태도에 큰 차이를 주는 것 같아요. 주어진 업무만 다 하면 끝이라고 생각하는 이유는 그 외에 어떤 일이 이루어지는지 모르기 때문이 크거든요. 내 업무가 넘겨진 후 선배들은 어떤 논의와 의사결정을 하는지에 대해 보고 배우면서, 그 방향에 맞는 리서치와 아이데이션을 하거나 시간이 남으면 선배들이 하는 일들을 조금씩 따라 해 보기도 하죠.

물론 바쁘신 선배님들이 리서치 하나 맡기면서 이러쿵저러쿵 설명해 주실 시간이 없다는 것은 너무나 잘 이해하고 있어요. 그렇기 때문에 논의나 의사결정 과정에 대한 정보를 공유하는 것이 중요하다는 생각을 해요. 요즘엔 특히 메신저 방에서 일을 진행하는 경우가 많은데요. 논의를 진행하는 방에 초대해 주시는 것만으로도 보고 배울 게 참 많답니다. 선배들은 보고서를 어떻게 쓰는지, 이런 상황에서는 어떻게 대처하고 결정하는지, 나였으면 어떻게 했을지, 그 방에서 말은 안 하지만 바쁘게 눈을 움직이며 따라 잡으려 하고 있어요.

예전 같으면 모두 사무실에 출근해서 어깨너머로 배우는 것들이 많을 텐데, 재택 근무나 온라인 커뮤니케이션이 많아지면서 이런 정보 공유가 더욱 중요해진 것 같아요. 오직 제가 속해 있는 이 메신저 방 안에서 이루어지는 이야기가 제 회사 생활의 전부가 되니까요. 그 안에서 이루어지는 이야기만을 보고 듣고 그다음 스텝을 생각하기 때문에, 제대로 정보 공유가 되지 않으면 불필요하고 중복된 일을 하게 되는 경우가 종종 있어요. 나름 잘 해 보겠다고 혼자 생각해서 제안했던 아이디어가 이미 저 없이 진행되었던 미팅에서 진행이 불필요한 일로 결정되었던 사항이었고, 그 내용이 팀 내에 공유가 되지 못했던 것이었죠. 공유가 가능한 범위라면 진행 상황과 논의 내용을 함께 알고 있는 것이 전체 프로젝트와 팀에 대한 이해도를 높이는데에 큰 도움이 돼요.

이런 노력을 하셨음에도 정말 참을 수 없이 일을 못하는 후배 때문에 고통받는 선배님들이 참 많을 것 같아요. 특히 바쁘게 돌아가는 현장에서 자신이 일을 2배를 했으면 했지, 하나씩 후배를 가르치는 게 훨씬 더 어렵고 비효율적인 일이라는 걸 잘 알고 있답니다. 실제로 귀찮고 비효율적이라는 이유로 후배에게 일을 주지 않는 경우도 있으니까요. 그래서 후배에게 어떻게 피드백을 줘야 할지 고민하는 선배님들이 있다면 그것만으로도 너무나 감사한 일이에요. 성장할 수 있는 기회를 주시는 거니까요.

마지막으로 주제넘고 염치없게 한 가지 부탁을 드리자면, 발전하고자 하는 의지와 배우려는 태도가 있다면 금쪽이 신입들을 너무 빨리 포기하지는 말아 달라고 부탁드리고 싶어요. '일을 못한다'의 기준은 사람마다 달라질 수 있으니까요. 적어도 노력하는 신입이라면 백 가지 일을 못해도 단 한 가지는 잘하는 영역이 있을 거예요. 그것이 내가 해 왔던 분야와 전혀 다른 영역이어서 알아채기 힘들 수도 있고, 발견하기까지 시간이 걸릴 수도 있을 텐데요. 내 세상에서 통용되는 '일을 잘한다'의 몇 가지 기준을 적용했을 때 적합하지 않는다고 해서 지레짐작하고 일 못 하는 신입으로 평가해 버리면 더 나은 사람으로 발전할 기회조차 주어지지 않게 되더라고요. 서로 원해서 같은 사무실에 모이게 된 것은 아니지만 앞으로 함께 일을 해야 하는 사람과 좀 더 나은 방향을 같이 고민해 나가면 서로에게 더 좋은 일터가 되지 않을까 싶어요. ☺

봄

수정 후배님에게 ▼

　새로운 후임을 맞이하게 되는 선배들(의 아주 아주 일부)에게서 보게 되는 안타까운 장면은 바로 그들이 열심히 돌린 희망 회로가 절대 일어나지 않을 일임을 깨닫게 되는 순간인데요. 그 순간은 또 굉장히 순식간에 찾아오더라고요. 새로 만나게 되는 사람에 대한 기대감은 어쩔 수 없다 쳐도 이제 후배가 생겼으니 나를 붙들고 있던 그 많은 잡다한 일들로부터 해방될 거라는, 아니, 그래야만 한다는 굳은 믿음. 후배들의 도움을 받는 순간이 많긴 하지만 사실 후배들은 같이 일하기 위한 사람들이지 나의 일을 편하게 만들어 주는 사람은 아니거든요. 오히려 후배들이 그 자리에서 필요한 몫을 해내기 위해 필요한 도움을 주는 것은 선배들이 마땅히 해야 하는 일인데요.

　그래서 이제 좀 편해지려나, 했더니 오히려 고달파졌다는 푸념은 후배들의 탓이라기보단 선배들의 잘못된 기대의 결과인 것 같아요. 답도 없는 고문관을 만난 게 아니라면 말이에요. 직장 내에서 건강한 피드백이 얼마나 중요한지 모두가 알고 있지만, 이게 뭔가 참 어렵고 거창하게 느껴진단 말이에요. '면담'이라고 적힌 일정에, 고요한 회의실에 마주 앉아 애써 어색한 기운을 감추려고 땀을 삐질 흘리고요. '요즘 친구들'은 무서우니 실수하지 않도록 꼼꼼하게 준비해야 한다며, 피드백 미팅 몇 시간 전부터 워드 파일에 할 말들을 정리하고 검토하는 동료들도 종종 보았답니다.

왜 이렇게 어렵고 불편할까, 생각하며 수정 님에게 질문했던 것이었는데요. 수정 님의 답을 읽으며 가장 먼저 든 생각은, 서로가 서로에 대해 모르는 것이 너무 많기 때문인 것 같다는 거예요. 나이 차이도 (엄청) 나는 마당에 서로를 시시콜콜 잘 알고 이해하는 건 꿈만 같은 일이겠지만 꼭 말이나 글로 주고받지 않아도 적정한 관심만으로도 알게 되는 것들이 있잖아요.

제가 2년 차쯤이었을 때 어느 날 선배님이 회의실로 저를 불러 제가 업무 중 특히 어떤 부분에 열정이 있는지를 물으셨는데요. 아직 업무의 내용을 완벽하게 숙지했다고 자부하기엔 부족하다고 생각했던 때였어서, 그런 상태에서 어떤 부분에 더 열정이 있다고 말하는 게 맞는 건지, 정말 개인으로서 가지는 선호를 물으시는 건지 엄청나게 혼란스러웠던 기억이 있어요. 제가 섣불리 답을 하지 못하자 선배님은 친절하게 나름 생각하시는 업무 리스트를 읊어 주셨는데요. 예를 들어 리서치, 보고서 정리, 아이디어 기획 뭐 이런 것들이었어요.

그런데 그걸 듣고 나니 이 중 하나를 고르는 게 맞나 싶은거죠. 다 잘해야 할 것 같은데, 그래야 일을 잘하는 게 아닌가 싶고요. 그분의 마음을 다 알 수는 없겠지만 시간이 흘러 짐작해 보건대, 업무 배분을 보다 효과적으로 해보고 싶으셨던 것 같아요. 본인이 좋아하거나 잘한다고 생각하는 것들 위주로 주시려는 배려였을 수도 있고, 서툴다고 생각하는 일을 더 가르쳐 주고 싶으셨을 수도 있고요.

수정 님도 저와 처음 일할 때 들으셨던 얘기겠지만 저 역시도 주니어들에게 업무를 주면서 아직 서로가 서로를 잘 알지 못하니 업무 내용을 소화할 때 어려움은 없었는지, 주어진 시간이 부족하지는 않았는지 꼭 알려달라고 당부하곤 하는데요. 종종 시간이 조금 더 필요하다는 요청은 받기도 했지만, 업무 내용이 어려웠다거나 하는 얘기는 직접 전하진 않더라고요. 내가 맡은 일이니까 해내야만 한다는 생각이 들 수도 있고, 요청 사항에 대한 이해가 부족해서 요청받은 정도를 충족하지 못했지만 아직 모를 수도 있고요.

무엇보다 윗사람에게 스스럼없이 터놓고 얘기하는
게 쉽지 않을 테지요. 당부했지만 답을 듣지 못할 거라는
걸 사실 저는 잘 알고 있어요. 그래서 몰래몰래 살펴봅니
다.😜 어떤 업무를 맡겼을 때 결과가 좋은지, 어떻게 말했
을 때 조금 더 잘 이해하는지, 어떤 부분이 약하고, 어떨 때
하기 싫어(!)하는 지를요. 부족한 부분을 발견했을 때 FM
은 즉시 불러 어떤 부분이 부족했는지 친절하고 상세하게
설명해 주고, 다음부터는 잘할 거라는 따뜻한 응원의 말과
함께 다시 한번 업무를 처리할 수 있는 충분한 시간을 주
어 스스로 마무리하게 하는 것일 텐데요. 현실에서는 조금
꿈같은 이야기지요.

왜냐면 응당 K-직장인이라면 모든 일정은 '최대한 빨
리빨리', 이것 말고도 다른 할 일은 쌓여 있어 멀티플레이
중일 거라 일단 시간과 마음의 여유가 없는 상태고요. 그
리고 이건 비겁한 변명 같지만, 후배들의 리액션은 사실
잘 예상이 안 되거든요. 아주 작은 지적에도 시무룩해서
2박 3일 동안 한숨만 쉰다거나, 퉁퉁 부어서 해야 할 대답
도 말줄임표로 대체한다거나, 자신의 방식이 더 옳다고 생
각한다며 끝나지 않을 논쟁을 신청한다거나 하는 일들이
꽤 자주 일어난답니다. 싫은 소리 하는 건, 나쁜 사람 되는

건 누구나 유쾌하지 않잖아요. 들어도 아무 영양가 없는 꼰대의 참견이나 잔소리가 아닌 이상 좋은 얘기도 쓴소리도 모두 시간과 노력이 필요한 일이에요. 제가 주니어 후배들을 몰래몰래 살펴보는 것처럼 후배들도 직접 말로 듣지 않아도 피드백을 받을 수 있는 방법은 본인이 한 일이 어떻게 사용되었는지를 확인하는 일일 것 같아요. 아주 아주 간접적이긴 하지만요. 필요한 피드백이 있을 경우에는 요청하는 것이 가장 정석 같은 방법이겠죠. 직접 얘기하기 어렵다면 메일의 힘을 빌어보아도 좋을 거고요.

사실 선배들도 후배들의 OK ZONE을 알기 위해서는 피드백이 필요하거든요. 소통은 상호적인 특성이 크잖아요. 설명의 방식도 상대에 따라 달라져야 할 수도 있고요. 나의 설명이 충분했는지에 대한 대답은 설명을 들은 상대만이 해 줄 수 있으니까요. 어디까지 설명해야 우리가 함께 일하는 데 충분한지를 알고 싶어요. 그래서 궁금한 게 있으면 언제든 얘기해 달라는 건 피상적인 제스처가 아니라 적극적으로 피드백을 구하고자 함이라는 걸 후배님들이 잘 기억해 주셨으면 좋겠어요.

수정 후배님의 말처럼 우린 함께 일하고 있고 서로에게 필요한 얘기를 서로에게 가장 좋은 방식으로 할 필요가 있지요. 조금의 노력이 더 필요한 일이라고 해도 분명히 그만한 가치가 있는 일이라고 생각해요. 아무리 가까운 사이여도 텔레파시가 통하는 건 아니니까요. 말을 해야만 알 수 있는 것들이 있더라고요. 내 책상 앞만 바라볼 것이 아니라 내 옆에, 뒤에, 그리고 다른 층에서 함께 일하고 있는 사람들의 존재를 생각하면 나만의 세상에 갇히는 걸 방지할 수 있을뿐더러 지금껏 몰랐던 좋은 사람을 발견할 기회도 더욱 많아질 거예요. 😊

"경험상 저를 포함한 신입들은 특히 맡겨진 일의 가장 큰 목표를 잊어버리고 잠시 길을 잃는 경우가 많은 것 같아요. (…) 그래서 중간중간 프로젝트의 목표를 상기시켜 주고, 컨센서스를 맞추어 나가는 것이 중요하다는 것을 느꼈답니다."

후배의 팁

(∏ ˘ ³˘) 업무가 주어질 때 목표에 대한 충분한 설명이 있다면 오히려 사후 피드백이 줄어들 수 있을 거예요.

(∏ ˘ ³˘) 아이디어는 많지만 방향성 잡기가 어려운 후배, 프로젝트 중간마다 첫 번째 목표를 다시 상기시켜 주면 도움이 돼요.

(∏ ˘ ³˘) 배우려는 태도와 의지가 있다면 실수에 대한 낙인을 찍기보다 조금 시간을 두고 지켜봐 주세요.

(∏ ˘ ³˘) 시간을 내어 피드백을 주는 동료의 노력을 절대 당연시 여기지 말고, 감사한 마음을 꼭 전해 보세요.

선배의 팁

(*´ᵕ*)/ 선배와 후배라는 구분이 있긴 하지만 우리 모두 '함께 일하는' 사이라는 걸 잊지 말아요. 모두에게 각자의 몫과 각자의 책임이 있고, 서로의 일은 유기적으로 연결되어 있어요.

(*´ᵕ*)/ 피드백은 함께, 더 잘 일하기 위해 꼭 필요하지만 언제나 양질의 피드백을 하는 것이 상황상 쉽지 않을 수 있어요. 이를 이해하고, 직접적 피드백이 아니더라도 각자가 서로의 업무 방식을 이해할 수 있도록 최소한의 관심을 기울여 봅시다.

(*´ᵕ*)/ (특히 장기적인 관점에서나, 업무 환경에서 자주 반복적으로 발생하는 상황에 해당하는 경우) 피드백이 필요하다고 생각되는 이슈가 있다면 망설이지 말고 적극적으로 요청해 보세요.

(*´ᵕ*)/ 대부분의 선배들은 후배들의 어려움을 모른 척하지 않을 거예요. 도움이 필요하다면 망설이지 말고 정중하게 요청해 보세요.

(*´ᵕ*)/ 간혹 선배들의 연봉이 더 높은 것은 후배들보다 응당 일을 많이 해야 하고, 모든 것을 책임져야 하고, 후배들의 일을 다 마무리해 줘야 하기 때문이라고 믿는 후배들이 있는데, 선배들의 연봉이 더 높은 이유는 그간의 업무 경험을 통해 훨씬 높은 수준의 업무가 가능하기 때문이랍니다. 후배 뒤치다꺼리가 당연히 선배의 업무일 거라는 환상에서 벗어납시다.

일하는 상황 속에서
꼭 지켜야 할
비즈니스 매너,
우리 서로
같은 이해를 가지고
있을까요?

커뮤니케이션은 일에서 많은 부분을 차지하죠. 이메일, 전화, 메시지, 대면, 비대면 미팅. 같은 회사에서 근무하는 동료들부터 거래처, 일반 고객 같은 외부인까지. 그런데 커뮤니케이션의 방법이 언제부턴가 달라졌나 봐요. 최근 연달아 곤혹스러운 경험을 했어요. 금주에 진행 상황을 공유하기로 했던 동료가 감감무소식이고, 자료를 보내 준다던 고객사 담당자가 갑자기 연락을 끊고 두문불출하고요. 각자 선호하는 커뮤니케이션 방식이 달라 매번 힘들다는 하소연도 심심찮게 들려오네요. 아주 기초적인 '비즈니스 매너'라고 여겨왔던 것들이 사라진 것 같은 요즘. 각자 생각하는 비즈니스 매너와 더 나은 소통의 방법을 이야기해 보아요.

수정
봄 선배님에게 ▼

↩ ⋮

    어엿한 2년 차 직장인이지만 아직도 비즈니스 매너는 익숙해지지 않는 것 같아요. 아직도 외부에서 미팅을 할 때 가끔 명함을 까맣게 잊고 가져오지 않거나, 교환한 명함을 아무렇게나 겹쳐 두었던 적이 있는데요. 상대의 눈치를 살피며 슬그머니 명함을 가져와 가지런히 펼쳐 둔 적도 있답니다. 생각해 보면 입사 전까지는 또래 친구들, 기껏해야 나이가 조금 더 많은 선배들과 함께한 팀플레이 정도가 집단생활의 전부였는데요. 비즈니스 매너는 학교나 동아리에서는 배울 수 없었던 경험의 영역이었기에 더욱 생소하게 느껴졌어요. 특히 코로나로 재택 근무가 길어지면서 대면으로 동료 혹은 외부 고객들과 마주했을 때 곤란했던 기억이 납니다. 행동 하나하나가 어색해서 말을 꺼내기도 힘들고, 도대체 내가 왜 이러나 부끄럽기도 했어요.

    개인적으로는 자유로운 복장에 수평적인 분위기, 비슷한 나이대의 동료가 많은 회사에서 일하는 점도 비즈니스 매너가 어색한 것에 영향이 있는 것 같아요. 굳이 격식을 차리는 것이 오히려 불편하게 느껴질까 봐 사내에서의 비즈니스 매너에 대해 깊이 고려하지 않는 경향도 있고요. 편하게 인사하고 대화를 나누기만 하다가 갑자기 외부인에게 격식을 차리려니 어색하게 느껴지는 게 당연할 지도요. 스위치 전환하듯 비즈니스맨 모드를 껐다 켤 수 있다고 생각했는데, 미디어에서 요즘 애들은 회사를 참 편하게 다니는 것 같다는 이야기들을 들을 때마다 평소에도 복장과 태도에 신경을 썼어야 했나 고민이 들어요.

　격식을 차려야 할 때만 문제없이 준비한다면 평소에는 편한 복장에 친근한 말투를 사용해도 되지 않나 싶은데요. 슬리퍼를 끌거나 츄리닝을 입는 것은 각 회사의 분위기에 달려있을 것 같고요. 다들 괜찮다고는 하시지만, 남몰래 뒤에서는 제 편한 모습이 안 좋게 평가되고 있는 것은 아닌지 걱정이 될 때가 있어요. 회사가 먼저 자유로운 분위기라며 취업 준비생들을 끌어모았으면서 막상 들어오니 미움받지 않도록 알아서 잘하라니 억울하기도 해요.

　한번은 굿즈 펀딩을 진행하는 업무로 혼자 제품 촬영 현장에 가야 했던 적이 있었어요. 다른 부서의 선배님들이 함께 지원을 나와 주셔서 감사 표현을 꼭 해야 한다는 사명감이 있었죠. 잘 해내야겠다는 생각에 머릿속으로 수백 번 시뮬레이션을 돌렸는데요. 현장에 일찍 가서 기다려야 하는지, 중간에 커피나 간식을 사 와야 할지, 괜히 커피를 사 가는 게 너무 오버하는 것은 아닐지, 식사를 대접해야 할지, 대접한다면 법인 카드를 쓰면 될지 등등 고민이 꼬리에 꼬리를 물고 늘어지며 괴로워하다가 결국에는 그냥 늦지나 말고 가야겠다는 결론을 내렸었어요. 드디어 현장에 가기 직전, 새파란 삐약이를 혼자 보내는 게 영 걱정이 되신 팀 선배님께서 저에게 당부의 말씀과 다정한 조언을 해 주셨답니다.

> "가서 법인 카드로 간단히 커피랑 편의점에서 간식을 사서 다과 정도 준비하면 좋을 것 같아요. 현장 지원해 주시는 모든 분께 꼭 감사 인사드리는 것도 잊지 마시고요! 수정 님은 알아서 잘하실 테니 믿어요. 조심히 잘 다녀오세요."

"알아서 잘하실 테니"라는 말씀에서 마음이 뜨끔해서 동공이 옆으로 살짝 흔들렸답니다. 정신이 번쩍 들면서 믿어 주시는 만큼 잘 해내고 싶고, 또 잘 해낼 수 있다는 용기도 생겼습니다. 하마터면 아무 생각 없이 쫄래쫄래

갈 뻔했던 제게 꼭 필요했던 자세한 조언이었거든요. 편의
점에서 법인 카드로 간식을 사서 준비해 가도 된다는 것을
허락받은 것 같기도 했어요.

　사실 선배님 입장에서는 이런 영역까지 자세하게 입
력해 주는 게 어쩌면 부담스럽다고 느끼실 수도 있을 것
같아요. 자칫하다간 '꼰대'처럼 보이지는 않을까 걱정하시
기도 하고요. 하지만 주니어 입장에서는 오히려 애매한 경
험의 영역을 콕 짚어서 말씀해 주시는 게 정말 큰 도움이
됐어요. 언제나 당연하다고 생각되는 것들은 예외가 존재
하는 법이니까요. 생각보다 알아서 안 하는 것보단 몰라서
못 하는 것이 훨씬 많은 것 같아요. 지극히 상식적이고 당
연한 매너를 신입이 행하지 않고 있다면 무례한 비즈니스
맨으로 남지 않도록 한 번씩 일깨워 주신다면 마음 깊이
감사할 것 같습니다.

　사실 신입 입장에서는 이런 사소한 하나까지 물어
봐야 하는 저 자신이 밉기도 하고, 혼자 수백 번 고민하며
질문할까 말까 하다가 바쁘신 선배를 보며 이 정도쯤은 알
아서 해야 하지 않을까 싶어 말을 꾹 삼키죠. 그런 것들이
쌓이면 이런 것 좀 정확히 말씀해 주시면 안 되나! 하며 괜

스레 푸넘이 늘고는 해요. 물론 배려의 영역은 강요할 수도 없고, 베풀어 주심에 감사해야 한다는 점을 유의해야 할 것 같아요.

　다만 바쁘신 선배님들이 가끔 앞뒤 맥락이 절단된 채 업무를 지시할 때면 곤란한 경우가 많아요. 다르게 해석해서 일이 잘못 수행되는 경우도 많기 때문에 꼼꼼히 확인하고자 하는데요. 아무 배경 설명 없이 전달되면 그때부터 스무고개가 시작돼요. 왜 이 일을 나에게 주셨을까, 데이터가 필요한 것일까 사례가 필요한 것일까, 파워포인트 형식이 나을까 엑셀에 담아야 할까 혼자 고민하거나 선배를 귀찮게 하며 계속 물어보죠.

　적어도 이 일이 무엇 때문에 필요한지 그 목적을 알면 어떤 형식에 어떤 내용을 담아야 할지를 파악할 수 있고, 업무상 불필요한 질문이나 잘못 수행되는 일을 줄일 수 있을 거예요. 다른 분들과는 이미 다른 회의나 대화방에서 해당 업무에 대해 충분히 이야기를 나누고 난 뒤라 관련 내용이 후배에게도 전달되었다고 생각하고 누락되는 경우가 많은데요. 적어도 맥락과 배경 설명이 함께 된다면 일에 대한 이해도가 높아져 후배가 물음표 살인마가 되거나, 입을 꾹 다문 채 이상한 일을 해 오는 상황을 막을 수 있을 거예요.

재택 근무와 화상 미팅이 보편화되면서 비대면 커뮤니케이션의 중요성도 증가하고 있음을 느껴요. 비교적 최근의 일이라 주니어와 시니어 모두 서로 합의가 필요한 영역인 것 같기도 하고요. 표정이나 비언어적 표현이 차단된 상태에서 글과 문장으로만 표현하다 보니 잘못 전달되는 경우도 많았는데요. 평소 이모티콘과 문장 부호를 사랑하는 현대인으로서 비대면 커뮤니케이션에서의 말투가 가장 어렵게 느껴졌어요. 활기 넘치는 막내는 '마침표를 쓰지 못하는 병'에 걸리고 말았답니다. 처음 입사해서 사내 메신저에 대답하거나, 메일을 쓸 때 딱딱하게 대답하는 것이 무례해 보일까 봐 걱정되었는데요. '넵!', '네!', '알겠습니다!'부터 시작해서 모든 문장이 느낌표로 끝나는 지경에 이르렀어요. 제가 첫 입사 날 보냈던 메일은 이랬답니다.

안녕하세요, 담당자님!
○○○○○ 김수정입니다.

처음 인사드리네요, 함께하게 되어 기쁜 마음입니다. :)

앞으로 ○○○ 서비스를 담당하게 되어 인사드립니다!
혹시 월요일에 전달 주시기로 했던 리포트 건에 대한 진행
상황을 전달받을 수 있을까요? :)
언제든 궁금한 점이 있으시다면 편히 말씀 부탁드리며,
오늘도 좋은 하루 보내시길 바라겠습니다!

감사합니다.
김수정 드림.

혹시나 상대를 불쾌하게 하지는 않을지 감정 이입을
한 나머지 뭐 하나 질문하는 것조차 조심스러웠는데요. 덕
분에 느낌표와 웃음표가 남발하는 메일이 완성되었어요.
한 팀원분께서는 "수정님 메일이 너무 시끄러워요…"라는
말을 남기시기도 하셨답니다. 문제는 다른 시니어 분들의
간결한 문장을 볼 때면 내가 뭔가를 잘못했나, 기분이 안
좋으신가 하는 걱정이 들기도 했다는 겁니다. 문장에 웃음
표시나 느낌표, 하다못해 물결표도 없다는 것이 충격적이
었어요. 분명 대면으로 뵀을 때는 잘 웃어주시고 활발하신
성격이셨는데 혹시 그새 내가 실수를 해서 나를 싫어하시
게 된 것은 아닌지 상상의 나래가 펼쳐졌답니다. 물론 제

오해였다는 것을 금방 깨달을 수 있었지만요.

 이런 실수는 '일을 잘하는 사람'에 대한 저의 오해로 부터 시작했어요. 특히 외부 대행사나 거래처와 커뮤니케이션할 때 친절하고 함께 일하기 좋은 사람으로 남아야 일을 잘하는 것이라고 생각을 했는데요. 정작 실수나 오류에 대해 짚을 때 긍정적인 신호로만 커뮤니케이션하면 제대로 전달되지 않아 결과물이 제대로 개선되지 않는 경우도 있고 객관적인 상황이 전달되지 않을 때도 있었어요.

 전달하는 사람 입장에서도 최대한 싫은 소리를 안 하려고 하다 보니, 문제가 생겼을 때 정확한 정보 전달보다는 어떻게 하면 미사여구로 기분 나쁘지 않게 전달할 수 있을까를 더 오랜 시간 고민하게 되었고요. 그때 한 선배분께 들었던 커뮤니케이션에 대한 도움 되는 조언이 있었는데요. 최대한 문장 부호, 이모티콘, 감정을 빼고 담백하게 정확한 정보만을 전달하는 것이 좋은 커뮤니케이션이라는 내용이었어요.

 실수했다면 재빨리 죄송하다는 말을 하면 되고, 문제가 생겼다면 팩트만을 담아 전달해야 이것이 감정적인 대응이 아닌 정확한 상황 전달과 해결을 위한 것임이 전해진다고요. 그 이후로 마침표 쓰기를 두려워하지 않게 되었어요. 지나친 친절 강박에서 벗어나 상대방이 집중해야 하는 정보를 최우선으로 전달하기를 목표로 삼았답니다. 봄 선배님께서는 주니어들과 비대면 커뮤니케이션을 하며 가장 어려웠던 점은 무엇이 있을까요?

봄
수정 후배님에게 ▼

←⠀⠀⋮

　지금 주니어인 친구들의 대다수는 사회생활의 시작을 코로나 시기에 했을 가능성이 높지요. 수정 님이랑 저 역시도, 함께 일할 때 직접 얼굴을 보았던 날은 한 손에 꼽힐 정도로 적으니까요. 2년이 넘는 시간을 비대면이 익숙한 채로 보냈으니, 달라진 환경에 적응하는 게 당연히 쉽진 않을 텐데 그런 상황적인 이해를 받지 못하는 경우가 더 많은 것 같아요.

　저의 주니어 시절을 떠올릴 때 가장 생생한 감정은 '어찌할 바를 모르겠는, 당혹스러움과 어려움'이에요. 학생과 직장인의 그 간극이 너무나도 커서 전혀 다른 세상에 발을 들인 것 같은 두려움이 꽤 컸던 걸로 기억해요. 내가 알던 세상과 다르다는 인상은, 나 스스로도 다르게 행동해야 한다는 압박이 되었어요. 문제는 그 '다르게'가 대체 '어떻게 다르게'인지를 전혀 가늠할 수가 없다는 거죠. 지금까지의 비교적 단순했던 인간관계도 사회라는 굴레 안에서는 훨씬 복잡해지고요. 대체로 거의 대부분의 사람이 어렵죠. 사수는 사수라서, 팀장님이나 임원분들은 너무 어른이라서, 다른 부서나 회사 분들은 말해 뭐해요. 일주일이 1달이 되고, 그게 다시 1년이 되는 동안 아주 찬찬히 적응해갔을 텐데 그 시간을 비대면으로 보냈으니 회사로 돌아와 많은 사람을 직접 만나 생활해야 하는 지금이 얼마나 낯설고 어려울까요.

이건 시간이 필요한 일이고 어쩌면 선배들의 이해도 필요한 일인 것 같아요. 안 그래도 정신이 없겠지만 일단 주변을 잘 살피며 그 회사만의 문화에 적응하는 게 필요해요. 너무 눈치 볼 필요는 없지만 아무래도 적응을 위해선 어느 정도의 눈치는 있어야겠죠? 너무 주눅 들거나 매일의 행동을 자책하지 말고, 우선할 수 있는 것들을 해 보세요. 주니어 때는 실감하지 못하지만 사실 사회생활 중 가장 너그러운 시선을 받는 때가 그때거든요. '비즈니스 매너'라고 하면 뭔가 다른 특별한 규칙이 있을 것 같지만 사실 상황을 찬찬히 그려보면 어떤 행동을 하면 좋을지 판단하는 것은 크게 어렵지 않아요. 그 상황에서 어떻게 하는 것이 예의를 지키는 것일까, 생각해 보면 더 수월하지 않을까요?

비즈니스를 목적으로 처음 만나는 사람이 있을 때 서로에 대한 기본적인 정보가 있어야 할 테니 명함을 챙기는 거고요(사실 명함 없이는 상대를 어떻게 호칭해야 할지조차 난감할 때가 많으니까요). 새로운 의견을 나누게 될 테니 노트할 것이 당연히 필요하고요. 회사를 대표해서 만나는 거고 회사에 대한 인상을 좌지우지할 수 있으니 걸맞은 차림과 행동이 필요한 거겠죠?

간당간당한 출근 시간에, 다른 선배들은 이미 다 자리에 앉아 분주히 아침을 맞이하는데도 불구하고 반쯤 감긴 눈, 늘어지는 하품과 함께 어기적어기적 자리를 찾아가는 모습은 엄마가 보셔도 등짝 스매싱을 부를 테고요. 에슬레저 룩이 트렌드이고, 젊은이들은 트렌드에 민감하다는 걸 백번 이해하지만, 회사는 운동을 위한 공간도, 레저를 위한 공간도 아니니까요. 원 마일 웨어는 말할 필요도 없고요. 군기까지 갈 거 없이, 그냥 최소한의 TPO는 지키자는 거예요.

회사는 공적인 장소이고, 그렇기에 (어느 정도의) 격식이 필요하다는 건데요. 격식이라는 말은 꼭 대단한 것이 아니라 그 회사의 문화에 맞는 방식을 따른다는 정도로 이해하면 될 것 같아요. 요새는 정말 회사마다 자유로움의 정도, 허용되는 범위가 너무 달라서 주변의 선배들을 잘 살펴보면서 익숙해져 가면 되겠죠? '자유로운 분위기'라는 건, 지켜야 할 만 개의 규칙 안에 사람들을 가두지 않고 스스로 판단해서 행동할 수 있도록 한다는 의미이지 뭐든지 '마음대로 한다'의 뜻은 아니에요. 우리 회사에서 일할 정도의 인재라면 그 정도는 스스로 할 수 있고, 해야 한다는 뜻이기도 하고요.

근데 이건 주니어들에게만 해당하는 얘긴 아닌 것 같아요. 옆 부서에 후배 직원의 치마 길이를 지적하는 동료가 있었어요. '치마가 짧으면 프로페셔널해 보이지 않는다'라는 생각에서 그 차림을 지적한 건데, 회사 내 복장은 비교적 타 회사에 비해 자유로운 편인 데다가 특별히 외부 미팅이 없기도 했고 무엇보다 '치마가 짧으면 프로페셔널해 보이지 않는다'는 건 회사 내 공통된 의견이라기보다는 본인만의 의견이었다는 게 문제였죠.

회사에 짧은 치마를 입고 오는 것이 터부시되던 때가 분명히 있었지만, 지금은 아니라는 것, 그리고 같은 회사라도 시간이 변하면 인식과 문화 역시도 시대에 걸맞게 달라질 수 있다는 것을 간과하고 여전히 본인만의 잣대로 회사에서 권하지 않는 규칙을 만들어 버리는 과오를 저지른 거예요. 누군가 '저 친구가 옷차림이 저러니, 업무 능력도 그러저러할 것이다.'라고 얘기할 때 그 속에 담긴 편견을 바로잡아 주어야 하는 게 지금의 리더들의 역할이라고 생각해요. 각 개인의 능력은 옷차림이나 그 밖의 다른 어떤 개인적인 요인이 아닌 결과물로 드러나는 거니까요. 차림새가 전혀 영향을 미치지 않는다는 게 아니라 미치는 직종, 상황 등은 분명히 있고 그런 상황들에 대한 지침은 분명하게, 그리고 개인을 침해하지 않는 좋은 방식으로 제시되어야죠.

한때 화제가 됐었던 배민이 일하는 법이 아주 좋은 예가 될 수 있을 것 같아요.

우아한형제들
송파구에서 일을 더 잘하는 11가지 방법(몽촌토성역 편)

① ~~9시 1분은 9시가 아니다.~~ 12시 1분은 12시가 아니다.
② 실행은 수직적! 문화는 수평적~
③ 잡담을 많이 나누는 것이 경쟁력이다.
④ 쓰레기는 먼저 본 사람이 줍는다.
⑤ 휴가나 퇴근시 눈치 주는 농담을 하지 않는다.
⑥ 보고는 팩트에 기반한다.
⑦ 일의 목적, 기간, 결과, 공유자를 고민하며 일한다.
⑧ 책임은 실행한 사람이 아닌 결정한 사람이 진다.

⑨ 가족에게 부끄러운 일은 하지 않는다.
⑩ 모든 일의 궁극적인 목적은 '고객창출'과 '고객만족'이다.
⑪ 이끌거나, 따르거나, 떠나거나!

정시를 지키는 게 당연한데 굳이 저렇게 포스터까지 만들어서 붙여야 하냐고 생각하는 사람도 있겠지만 회사에서 중요하게 생각한다는 걸 알리는 것도 의미가 있는 것 같아요. 규칙이 많아서 마음에 안 들거나, 내가 도저히 따를 수 없는 규칙이라고 생각되면 11번의 내용처럼 다른 회사로 떠나면 돼요. 이걸 회사의 입장을 대변하는 꼰대의 말이라고 생각한다면 굉장한 오해를 하고 있는 건데요. 회사는 만나서 즐거워지자고 만든 조직이 아니고, 개인과 조직 모두에게 분명한 목표와 존재 이유가 있는 곳이니까요. 다수가 공동의 이익을 위해 움직이는 성격을 지닌 곳에서 '나의 편의'를 내세우는 생각 자체가 어불성설이겠죠.

수정 님의 메일을 읽으면서 아직 사회 경험이 적은 주니어가 새롭게 해 보는 일 앞에서 얼마나 걱정이 많을지 다시 한번 돌아보게 되었어요. 선배들이 어디까지 말해 줘야 꼰대가 되지 않을까, 늘 머리가 아픈 것만큼 후배들은 이런 거까지 여쭤 봐도 되나, 더 어려울 거예요. 제가 딱 정해 줄게요! 아, 그 전에! 메모하는 건 필수라는 거 알고 계시죠? 메모하지 않아도 충분히 다 기억한다고 다짐해 놓고선 같은 질문을 서너 번씩 하고, 나중에 업무 지시를 잘못 받아서 잘못했다고 핑계 대는 주니어가 너무 많거든요. 선배는 노이로제에 걸려 본인의 업무 지시를 스스로 메모하는 습관을 들였다고 합니다.👀 👻

다음의 경우에는 선배들에게 살짝 질문을 던져 보세요. 단, 선배가 대답할 여력이 있을 때요. 당연한 것 같죠? 꼭 통화 중일 때, 먼저 온 사람에게 뭔가를 한참 이야기하는 중에 바짝 붙어 서서 눈빛 레이저를 쏘며 "저요! 저 먼저요!" 하는 후배들이 있는데요. 제발 제발 제발! 그러지 맙시다. 아래에 '이럴 때는 질문해도 된다'는 경우를 정리해 봤어요.

1. 완전히 처음 해 보는 일이고 그 과정에서 고민되는 부분이 있을 때

선배를 따라서 이미 간접적으로 여러 번 경험했고, 직접 하는 것이 처음인 경우는 제외예요. 이 경우엔 돌아가는 사정에 대해 어느 정도 알고 있어야 해요. 같이 놀자고 동행했던 게 아니니까요. 다른 업무를 할 수 있는 시간을 빼서 동행했을 때는 간접적으로 경험하면서 방식을 익히라는 나름의 배려가 있었던 거예요. 당연히 완벽한 숙지는 어려울 수 있으니 헷갈리거나 기억나지 않는 부분은 딱 한 번만 물어봅시다!

2. 특정 용어나 방식을 지시받았는데 잘 모르겠을 때

OJT에서 이미 사용법을 배웠던 것은 아닌지, 매뉴얼이 있는지, 해당 용어를 인터넷 검색했을 때 정보를 찾을 수 있는지 먼저 확인해 보고 그래도 모르겠다 싶으면 뭉뚱그려 묻지 말고 모르는 부분을 명확하게 하여 질문하세요.

3. 이후 내 업무에 영향을 미치는 이슈가 있을 때

지난 업무에 대한 피드백을 특별히 듣지 못했지만, 피드백을 받아 더 나아질 수 있을 것 같다면 망설이지 말고 질문하세요. 단, 상대가 이미 다른 업무에 집중하고 있을 수도 있으니 이메일을 통해 질문하여 상대방이 여력이 있고, 준비된 상태로 피드백을 줄 수 있도록 해 주세요.

4. 이미 지시받은 내용에 대해 진행하던 중 바로잡아야 할 정보가 있거나 진행하다 보니 이해가 더 필요한 내용이 있을 때

상황이 발생한 즉시 질문한다면 서로 시간 낭비를 줄일 수 있어요.

너무 상황을 한정한 것 같아 쩨쩨한 선배처럼 보이는 것 같기도 하네요. 사실 많은 선배들이 후배들의 질문에 기꺼이 답해 주려고 할 거예요. 그런데 그 역시도 누군가의 시간과 노력이라는 것을 알면 좋을 것 같아요. 얼마 전 인스타그램에서 누군가 올려 둔 생활툰을 보았는데요. 회사에서 선배가 어떠어떠한 내용에 대해서 ×× 회사(아마 타 회사인가 봐요) ×× 님에게 메시지로 알려드리라고 업무 지시를 하셨다나 봐요. 근데 본인의 MBTI는 XXXX라서 보내라고 한 '메시지'를 메일로 보내야 할지, 카톡으로 보내야 할지, 문자를 써야 할지 알 수 없다면서 업무 지시를 좀 자세하게 해 주면 덧나냐는 푸념을 그려 놓았더라고요. 선배들은 주니어의 베이비시터가 아니에요. '나는 이런 사람이니 나를 좀 더 배려해 달라'고 타인에게 요구할 권리가 있는 사람은 아무도 없고요(선배, 후배를 떠나서요). 상대가 나에게 친절한 건 감사한 일이지 당연한 일이 아니랍니다.

느낌표와 이모티콘이 가득했을 수정 님의 첫 메일은 (이런 말은 실례지만) 너무 귀여워요! 상대도 엄마·아빠 미소를 지었을지 몰라요. 그러나 이 역시도 주니어에게 너그러운 마음인지라 선배님들의 조언대로 담백한 커뮤니케이션을 배워 가야 하겠지요. 저는 주니어들이 '침묵'으로 커뮤니케이션하는 상황이 올 때마다 참으로 난감해요. 이것도 많은 경우가 있는데요.

특히 비대면 회의 때 질문에 답을 하지 않는 경우가 자주 발생해요. 팀원 중 1명을 특정해 가며 질문한다면 상대가 답을 피하지 않으리란 것을 알고 있지만, 저는 선생님이 아니잖아요. 우리는 같이 일을 하는 거고요. 질문을 했는데 끝끝내 아무도 답을 하지 않으면 정말 어쩌자는 건지 잘 모르겠어요.

최근 젊은 친구들이 가득한 스타트업 몇 군데와 업무 미팅을 한 적이 있는데요. 미팅 후 자료를 보내 주기로 했는데 연락이 그대로 끊겼어요. 자료나 메일을 받고 회신이 없는 경우도 허다하고요. 답이 없으면 이후 아무것도 진행하지 않겠다는 뜻으로 이해하면 된다는데 정말이지 저의 상식으로는 받아들이기가 쉽지 않아요. 이후 진행할 수 없다면 그렇게 전달하면 그만이에요. 그러나 의사를 분명하게 밝히지 않은 채로 시간만 지나면 처음 얼마 간은 기다리거나 이쪽에서 다시 리마인드를 해야 하는 수고가 발생해요. 불편한 말은 하지 않음으로써 의사를 전달한다는 건 너무 미성숙한 방식이에요.

그리고 이건 얼마 전에 어디선가 주니어들의 대변을 듣게 된 문제이긴 한데요. 단체 채팅을 통해 안내 사항을 전달했을 때 답이 없는 경우요. 계속 답변이 올라가면 채팅을 보낸 사람이 불편할 것 같아서 답을 안 한다고 하더라고요. 그러나 모두에게 잘 전달되었는지를 확인하는 것까지가 안내 사항을 전달한 사람의 책임이니 너무 어렵게 생각하지 말고 간단하게라도 답을 주면 좋겠어요.

침묵만큼 어려운 게 개인의 선호를 앞세운다는 건데요. 전화는 불편하고, 톡이 편하다는 거죠. 최근엔 인스타그램 DM만으로 커뮤니케이션하기를 바란다는 얘기도 들었어요. 자라온 환경이 그러하고 'Phobia'라는 표현을 쓸 만큼이라고 하니 '선호'라는 표현은 조금 억울할 수도 있겠어요. 선배가 편한 방식을 요구하는데 나라고 왜 편한 방식을 요구하지 못하냐고 목소리를 낼 수도 있고요. 그러나 사회에서는 다양한 방식과 형태의 커뮤니케이션이 필요할 수밖에 없어요. 흔히 쓰이던 방식이 하루아침에 없어질 수도 없고요.

무조건 받아들여야 한다는 것이 아니라 앞으로 사회

생활을 해 나가려면 조금씩이라도 두려움을 없애는 게 개인을 위해서도 낫다는 말을 해 주고 싶어요. 우리 팀에서 흔히 쓰이던 방식이 아닌, 나에게 더 좋은 방식을 요구했을 때 모두가 호의로 그걸 맞춰 주긴 하지만 그로 인해 제한된 관계가 형성되거나 업무의 참여 정도 등이 달라진다면 어떨까요? 그런 불공평한 일이 어디 있느냐고 할 테죠. 나의 요구는 언제나 정당하고 주변인은 나의 요구를 들어 주어야만 하며, 그 과정 중에 그렇지 않은 누군가와 비교하여 다른 점은 단 하나도 없어야만 한다는 건 너무 자기중심적인 생각 아닐까요? 다소 다른 방식의 관계가 생겨도, 업무상의 다름이 있어도 편한 방식을 선호한다면 그건 개인의 선택이고요.

쓰다 보니 주니어들이 이런 행동을 하는 이유가 (물론 하나로 단순화할 순 없지만요) 불편한 상황을 최대한 피하고 싶어서인 것 같네요. 좋은 게 좋은 거지만 일을 하다 보면 누군가의 잘못 때문이 아니라 상황 때문에 어쩔 수 없이 누군가는 불편한 기분을 겪게 될 수도 있어요. 그게 나일 수도 있고, 나와 대화하는 상대일 수도 있지요. 그런 부분을 너무 깊게 생각하지 않았으면 좋겠어요. 오히려 이해될 수 있는 상황을 '나만의 방식'이라는, 사회의 모두가 공통으로

이해하기 힘든 방식으로 더 나쁘게 만들 수 있다는 걸 말
해 주고 싶네요.

후배의 팁

(∩ˇ³ˇ) 처음 겪는 비즈니스 매너, 익숙해지기까지는 시간이 필요해요.

(∩ˇ³ˇ) '당연하다'고 여겨지는 영역에 대해 서로의 이해가 맞을 때까지 맞춰 나가요.

(∩ˇ³ˇ) 비상식적인 행동을 하는 주니어, 의도보단 무지로 인한 것일 확률이 커요.

(∩ˇ³ˇ) 무례한 행동을 반복하지 않도록 놓친 매너가 있다면 귀띔해 주세요.

(∩ˇ³ˇ) 맥락과 배경 설명은 커뮤니케이션의 효율을 높이는 데 도움이 돼요.

(선배의 팁)

(*´ᵕ`*)∕ 훌륭한 비즈니스 매너는 TPO를 이해하는 데서 시작돼요.

(*´ᵕ`*)∕ 비즈니스 매너도, 커뮤니케이션도 모두 상대에 대한 예의에서 출발한답니다.

(*´ᵕ`*)∕ 메모하는 습관과 잘 질문하는 습관은 여러분의 힘이 되어줄 거예요.

(*´ᵕ`*)∕ 모든 커뮤니케이션이 즐겁고 유쾌할 수는 없다는 걸 받아들인다면 마음의 짐이 조금은 가벼워질 거예요.

(*´ᵕ`*)∕ 어렵고 불편한 일도, 조금씩 하다 보면 끝내는 익숙해지고 아무것도 아닌 게 될 거예요. 처음부터 너무 잘하려고 애쓰지 말고 찬찬히 해 나가요. (파이팅!)

〈 파워 일잘러가 되기 위한 체크리스트 〉

① 지금 내가 해야 하는 일(휴가 기안을 올리는 등 사소하거나 일상적인 행정 업무까지 모두 포함)을 다음의 기준 중 내 업무에 적용했을 때 더욱 의미 있는 것을 골라 분류해 봅시다.
(1) 급한 업무 순으로 정리 (2) 중요도가 높은 업무 순으로 정리 (3) 난이도가 높은 업무 순으로 정리

② 1의 기준으로 나뉜 업무 중 다른 사람과 협업해야 하거나, 다른 사람에게 영향을 미치는 업무(내가 자료를 넘겨야만 다음 업무를 시작할 수 있는 등)를 표시해 봅시다.

③ 오늘의 컨디션과 집중력을 고려하여 1과 2로 정리된 업무 리스트 중 오늘의 업무를 선정해 봅시다.

④ 만약 업무 관련 커뮤니케이션이 있었다면 해당 업무를 시뮬레이션해 보고 추가로 확인할 것은 없는지, 논의에서 빠진 내용은 없는지 더블 체크해 봅시다.

⑤ 내가 자주 하는 실수를 세 가지만 적어 보고 실수를 하게 된 배경을 함께 적어 봅시다.

⑥ 5의 내용을 보며 보완책을 생각해 봅시다.

⑦ 내가 현재 하고 있는 업무의 배경과 앞으로의 진행 사항을 얼마나 알고 있나요? 업무를 하는 데 지장이 없다고 하더라도, 배경과 진행 사항에 대한 이해가 부족하다고 생각된다면 이를 충분하게 하기 위해 무엇을 해야 할지 생각해 봅시다.

⑧ 경험이 없는 부분에 대한 업무 지시를 받았을 때 해당 지시 내용을 바탕으로 스스로 묻고 답하는 나만의 질문 트리를 만들어 봅시다. 아래의 예를 참고해 주세요. 가진 정보를 최대한 활용하여 내가 이 정보를 통해 할 수 있는 일과 그중 가장 최선의 방식을 가려내는 질문과 답변을 해 보세요.

(아직 외부 거래처 사람들과 직접 커뮤니케이션할 기회가 없었던 나에게) 선배가 한 번도 만나본 적 없는 거래처 담당자의 명함을 주며, OOO의 내용을 전달해 달라는 지시를 했습니다.

Q1. 연락하는 방법은 무엇이 있을까?

A. 명함의 내용을 참고하여 전화, 문자, 이메일 + 전화번호 등록 후 카톡

Q2. 전달하라는 내용을 고려할 때 효과적인 매체는?

A. 전화, 이메일(톡이나 문자로도 가능하나 전달 내용이 다소 길어서 장문의 메시지를 여러 번 보내야 함)

Q3. 내가 연락했을 때 벌어질 상황은?

A. 내가 누군지 먼저 설명하고 연락처를 어떻게 알았는지 설명하고 전달해야 할 내용 안내

Q4. 이 상황에서 나에게도 더 익숙하고 편한 방식은?

A. 이메일

Q5. 이메일을 보냈을 때 예상할 수 있는 문제점은?

A. 이메일이 발송되지 않거나 상대가 이메일을 안 읽는다

Q6. 해결 방법은?

A. 메일을 먼저 보내고 메일을 보냈음을 문자나 톡으로 알림

⑨ 내가 하는 업무가 잘 되지 않을 때 도움을 청할 수 있는 사람은 누구인가요?

⑩ 내가 하는 업무에 대해 어떤 내용이 포함된 피드백이 있다면 도움이 될까요?

⑪ 내가 진행했던 업무의 결과 및 완성도를 확인할 수 있는 방법은 무엇인가요?

⑫ 자주 볼 수 있는 가까운 업무 반경 내에서 롤모델을 찾으라고 한다면 누구이며, 어떤 점을 닮고 싶나요?

Lv
3

커리어 던전

나이는 달라도
일하는 마음은
다르지 않아요

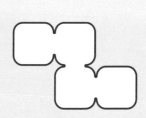

일터에서의 여성,
일하는 여성에 대한
고민이 있나요?

이번 주제는 일터에서 '여성'으로 정해 봤어요. 시간이 흐르면 흐를수록 훨씬 더 성 대립이 첨예해지는 것 같아요. ○○녀, ○○남 같은 표현도 최근에 들려오기 시작했고, 정치·사회 전반에서 성을 기준으로 대립하는 경우를 자주 봐요. 어려운 주제이지만 어차피 세상에는 (물리적으로는) 딱 두 가지 성만 존재하기 때문에 피하기 쉽지 않은 주제인 것 같아요. 또 한편으로는 새로운 세대인 후배들의 '일하는 여성'에 대한 고민이 선배들이 겪었던 그것보다는 훨씬 많이 줄어들었기를 바라며 다양한 각자의 이야기를 기다립니다.

수정
봄 선배님에게 ▼

    '여성'이란 단어를 어떠한 가치 평가 없이 중립적으로 본다면 정말 다양한 이야기가 나올 수 있을 텐데요. '여성'과 '일터'라는 단어가 함께 있으니 자연스럽게 '고민', '어려움', '차별'과 같은 주제들에 대한 동의 혹은 반론이 떠오르는 것이 새삼 이상하네요. 하지만 굳이 '여성'이 아니었더라도 일터에서 성별이 부각된다는 것은 비극적인 일이라고 생각해요. 일생에서 가장 많은 시간을 차지하는 일터에서 성별에 따른 사회적 역할이 강요되거나, 한 인간의 생애주기가 성별의 특성으로 나뉘어 차별의 이유가 된다면 너무나 큰 영향을 끼칠 것 같고요.

    제 경험을 살펴보자면 희망적인 이야기가 될 수도 있겠는데요. 아직까지는 살면서 일터에서 여성이라는 성 때문에 겪었던 어려움은 크게 느끼지 못했어요. 다만, 이것이 세대의 경향이라고 설명할 수 있는지에 대해서는 고민이 필요한 것 같아요. 하지만 적어도 제가 살아온 인생에서는 물리적 성으로 구분 지어 차별하는 분위기의 회사, 부서, 혹은 팀에 들어가지 않았고, 성별로 인해 어떤 선택을 강요받는 상황이 운 좋게도 아직 찾아오지 않았다는 것을 말할 수는 있겠네요. 여고를 나와 국문과를 졸업하고 콘텐츠 회사에 다니는 등 여초 환경 속에서 자라왔기 때문에 더더욱 어려움이 크게 와 닿지 않은 것 같기도 해요.

오히려 취업이 가장 큰 이슈로 다가오는 시기에 남자인 대학 동기들이 남성이라는 이유로 가야만 했던 군대로 인하여 2년이란 시간을 희생해야 했던 문제가 더 크게 다가왔어요. 어쩌면 이 또한 제가 여성이라는 성별로 인해 또래 남자인 친구들보다 2년 먼저 회사에 들어가 일을 할 수 있었던 이유가 되기도 했으니까요. 그 속에서 많이 아파하고 힘들어하는 친구들의 이야기를 듣기도 했고요. 첨예하게 대립하는 성별 갈등 속에서 과연 나는 어떤 문제에 관심을 가져야 하고 어떤 자세를 가져야 하는가에 대해 많이 고민했던 것 같아요. 아직까지도 뾰족한 답을 찾지 못하고 부족한 고민들만 남아있지만요.

막상 일터에 들어와서는 기억하는 한 '여성'이라는 성별로 인한 문제로 고민을 깊게 해 본 적은 없었어요. 친구들과 일에 대한 이야기를 나눌 때에도 성별로 인한 고민이 많은 부분을 차지하지 않았네요. 인턴을 했던 2개의 회사와 커리어를 본격적으로 시작한 지금의 회사까지 총

3번의 회사에서의 경험 속에서 나온 결과인데요. 전체 사회 현상으로 보면 표본이 너무나도 작지만, 저희 세대가 많이 모이는 회사에서는 성별로 인한 고민들의 격차가 조금씩은 줄어들고 있다고 조심스럽게 말해 볼 수 있을까요.

하지만 아까 말했다시피 제가 개인으로서 처했던 상황적 이유가 이런 경험의 많은 부분을 많이 차지하는 것 같아요. 제 친구 중 1명은 영업직 부서에서 일을 시작했는데요. 기본적으로 보수적인 분위기에 남성의 비율이 조금 더 많은 회사로 제가 다니는 회사와는 많이 다른 곳이었죠. 그곳에서는 '남자다움'을 과시하거나 강요하는 몇몇 사람들이 있었다고 해요. 반대로 '여자다움'에 대해 뱉어 놓고는 '아 요즘엔 이런 말 하면 안 되지~' 라는 말로 덮어버리는 경우도 종종 있었고요. 이런 것들을 봤을 때 꼭 여성이 겪는 문제에만 국한된 것은 아닌 것 같아요. 여성이든 남성이든 일터에서 성별을 앞세울 때 겪는 문제점이 큰 것이죠.

성별에 따라 역할을 부여하고 소위 말하는 '갈라치기'하는 분위기가 만연한 일터라면 그에 따라 '여성'으로서 겪은 문제들도 더욱 커지게 될 거예요. 반대로 '남성'으로서 겪는 문제도 마찬가지고요. 확실한 것은 이제는 모두가 사회적인 성 역할을 강요하지 않는 회사를 선호하며, 점차 평등의 가치를 지향점으로 세워 가고자 하는 회사들도 훨씬 늘어나고 있는 추세라는 것이에요. 이전처럼 '모든 회사가 다 그러니 너도 참아야 한다'는 폭력적인 인내보다는 구성원들과 사회적 인식에 관심을 두고 조금씩 나은 방향들을 고민하는 것 같아요. 물론 아직까지도 미흡하고 부족한 것들이 많겠지만요! 그래도 주위 동료가 시대착오적인 망언을 했을 때나 회사 대표가 공식적인 자리에서 차별적인 발언을 했을 때 이상함을 느끼고 불만을 제기하는 사람들이 늘어나고 있으니 조금 더 나은 일터가 될 수 있는 발판이 되지 않을까 기대해 봅니다.

　　과거 그리고 현재에 겪는 일터의 여성으로서 겪는 고민들은 이런 것들이었는데요. 미래를 계획하며 겪는 고민들은 또 다른 것 같아요. 현재까지 잘 쌓아 온 커리어가 '임신·출산·육아'라는 큰 벽과 부딪혔을 때 큰 소용돌이가 휘몰아쳐 올 것만 같달까요! 실제로도 이 문제가 여성이 커리어에서 겪는 가장 큰 고민 중 하나이니, 저는 일터에서 여성으로서 겪는 주요 문제를 아직 못 겪어본 것일 수도 있겠네요. 주위 여성 시니어 분들을 생각해 보면, 과거와 달리 비교적 어려움 없이 육아 휴직을 사용하거나 임신

중에 조금 여유롭게 일을 진행하는 경우도 많은 것 같아요. 특히 임신 초기에는 건강이 좋지 않고 신경 써야 할 것들이 많아 근무시간을 제한하거나 휴가를 쓰는 일이 잦기도 하죠. 물론 회사나 조직에 따라 실제 환경은 천차만별이겠지만요.

이런 얘기를 들으니까 회사에서 보장해 주는 것은 둘째 치고, 내 일에 소홀해져야 하는 시기가 온다는 것이 두려웠어요. 마치 갑자기 몸이 좋지 않아 자주 연차를 쓰고 휴직을 써야 하는 때와 같이 불안한 기분이 들기도 해요. 결국 회사 입장에서는 임신과 육아로 휴직을 하든, 일을 쉬고 싶어서 휴직을 하든 결과적으로 그 사람이 커리어에 휴식을 두었다는 점이 같게 느껴지지 않을까 생각을 해요. 이런저런 고민을 하다가 결국엔 아이를 낳지 말아야겠다는 결론에 도달하곤 하죠. 아직은 엄마로서의 삶을 살아갈 자격도 준비도 안 되었다는 생각을 하면서요!

흥미로운 영상을 하나 봤는데요. 베이비부머세대, X세대, M세대의 세대별 여성들이 모여 일터에서의 여성에 대해 이야기를 나눈 것이었어요. 그중 아이를 낳으신 지 1년 차가 되신 M세대 대표 여성분께서 말하시길, 아이를 낳을 때까지 한 번도 엄마로서의 삶을 제대로 생각해 본

적이 없었다고 말씀하시더라고요. 사회인으로서 나를 많이 생각해 왔고 당연히 일하는 자로서 계속 살아갈 것이라고 생각했었다고요.

생각해 보니 저 또한 미래의 커리어를 고민할 때에 엄마로서의 삶을 위해 커리어에 공백이나 휴식을 둘 생각을 한 번도 생각해 보지 않았던 것 같아요. 아무리 꼼꼼히 자녀 계획을 세워 이행하더라도 엄마로서의 삶이 중간에 치고 들어와 균형을 맞춰가야 한다는 것은 지금으로선 상상조차 할 수 없고요. 그저 차곡차곡 경력을 쌓아 미래에 능력 있는 팀장, 임원, 어쩌면 대표까지(!) 나아가는 그림만을 그리고 있는데, 어느 순간 경력 단절과 같은 문제에 대해 고민을 해야 하는 시기가 올 수도 있다는 게 상상이 되지 않네요.

직접 회사에서 육아 휴직을 쓰는 것을 겪어 본 적이 없는지라, 실제로 겪는 고민들에 대해서는 깊게 말하기 어려운데요. 20대 중반에 느끼는 감정은 육아 휴직을 써야 한다는 상황 자체가 부담스러운 것 같아요. 막상 1~2년을 쉬고 돌아왔을 때 일에 적응할 수 있을까도 고민이지만, 아이를 두고 회사에 가는 매정한 엄마로 기억될까 두려운 압박 속에서 과연 자유로울 수 있을까도 걱정이 되고요.

어떻게 보면 엄마의 삶과 일하는 삶이라는 두 가지 선택이 주어진 것일 수도 있겠는데요. 어느 것을 선택하든 한 번 선택하면 다른 삶으로 돌아가기가 참 쉽지 않다는 것이 너무나 큰 인생의 갈림길로 느껴져요. 상황에 따라 내가 원하는 것을 선택하지도 못한 채 흘러갈 수도 있겠고요. 그렇다고 내가 둘 중 무엇을 더 원하는지 고민할 시간을 충분히 주지도 않죠. 이렇게나 중요한 삶의 갈림길에서의 선택인데요! 요즘에는 이 두 가지 삶을 모두 살아가기 위해 고군분투하며 그 사이의 균형을 찾아가는 멋진 여성분들도 많아요. 어떤 선택이든 등에 무거운 짐을 지고 책임지고자 하는 '어른'의 모습처럼 보이네요. 이래서 결혼하고 애를 낳으면 어른이 된다고 다들 말하는 것일까요.😂

생애주기나 라이프 스타일 별로 '여성'이라는 단어의 무게감도 다를 것 같아요. 갓 사회생활을 시작한 Z세대인 저에겐 그저 성별일 뿐인 가벼운 단어이지만 앞으로 어떤 삶을 살아가냐에 따라 다가오는 무게감이 달라질 것 같다는 생각을 해 봅니다. M세대이지만 임신·육아의 삶을 선택하지 않으신 봄 선배님의 이야기도 궁금하네요. ☺

봄

수정 후배님에게 ▼

　'여성'이란 주제를 던져 놓고 수정 후배님의 이야기를 기다리는 동안 '당연히 많은 것들이 좋아졌겠지'라는 막연한 기대 속에서도 '만약 그렇지 않으면 어쩌지'라는 두려움이 사라지지 않았던 걸 보면 확실히 저는 일터 속에서 '여성'이라는 것에 부담감이 있었던 것 같아요. 저 역시도 수평적인 문화를 중요하게 생각하는 곳들에서 커리어를 보내 왔는데, 아무래도 회사 내에서보다 밖에서 마주치게 되는 상황들 중 유쾌하지 않은 기억이 꽤 있거든요.

　주변의 친구들만 해도 회식 자리에서 까마득한 남자 상사가 블루스를 추자고 했다던가 하는 하드코어한 에피소드가 종종 있었고요. 저만해도 불과 몇 년 전에 겪었던 아주 불쾌한 경험을 바로 소환할 수 있고요. 저랑 같은 직급의 남자 동료와 외근을 나갔는데 대기업 고객사 임원께서 동행한 남자 동료에겐 깍듯하게 'OO 이사님'이라고 칭하면서 저에게는 "이쁜이 오셨네."라며 존대인지 반말인지 알 수 없게 말씀하신다던지, 이런 경험을 불쾌하다고 하면 그러려니 하라는 반응과 함께 '이쁜이'는 칭찬 아니냐는 말들까지. 그 대기업 임원은 이후 자리에 착석한 어떤 여성분에게 아무렇지도 않게 요새 자꾸 살이 찌는 것 같다 며, 관리를 잘 못하면 사랑 못 받는다는 거지 같은 덕담을 하셨는데, 더 충격적인 건 그냥 심드렁한 얼굴로 맞장구를 치는 당사자였어요. 이런 일들이 그분의 업무 환경에서 얼마나 비일비재한지 단박에 알 수 있었지요.

많이 줄어들기는 했지만, 여전히 어느 기업에선 공공연하게 일어나고 있는 일들인가 봐요. 시대가 완전히 바뀌었다기보다는 새로운 세대의 새로운 감수성을 인지하고 상대에 따라 조심하는 게 아닌가 싶어요. 그런데 문득 이러한 문화의 기업이라면 남성이라고 하더라도 반대 성을 가진 선배들에 의해서 이런 일들을 충분히 겪을 수도 있겠다는 생각이 드네요. 상대의 외모적 특성에 대해서 아무렇지도 않게 입에 올리고, 그들만의 즐거움으로 소비하는 저열한 문화와 문화적 한계는 그 대상을 가리지 않는 법이니까요. 😖

한번은 부서에 남, 여 각 1명씩 총 2명의 인턴을 뽑게되었는데요. 그날도 평소처럼 인턴들은 각자 맡은 업무를 하고 있었어요. 곧 외근을 가야 해서 마침 앞선 업무를 마친 여자 인턴 님에게 제본을 부탁했어요. 그 와중에 남자

인턴 님이 저에게 업무 보고를 약속한 시간이 다 되었는데 아무리 기다려도 연락이 없더라고요. 타임라인이 중요한 업무였어서 찾아 나섰는데, 여자 인턴 님에게 부탁한 제본을 대신하고 있더라고요. 이런 일은 아무래도 남자가 하는 게 좋을 것 같았다나요. 글쎄요. 제본이 물리적으로 더 힘이 센 사람이 해야만 하는 업무였을까요? 자신이 맡은 업무에 지장이 없는 선에서 어떤 업무든 서로를 도우면 좋겠지만 '나는 남자니까 이런 일을, 나는 여자니까 이런 일만'이라는 건 별로 바람직한 행동은 아니라고 생각해요.

다시 제본으로 돌아가서, 저는 그날 100장가량의 보고서를 10부 제본하여 2개의 쇼핑백에 나누어 들고 외근을 떠났는데요. 함께 떠난 동료가 도무지 나누어 들어줄 생각을 하지 않더라고요. '자기가 남잔데 이것 좀 들어야 하는 거 아니야?'라는 생각은 하지 않았지만, '저 사람 참 동료애가 없다.'라는 생각이 들더라고요. 반대의 상황이었으면 전 무조건 쇼핑백 하나를 나눠 들었을 테니까요. 후배님의 말처럼 일터에서 각자의 성을 앞세워 행동하기보다 사람 대 사람, 동료와 동료의 관점에서 서로를 대하는 것이 가장 건강한 방식 아닐까요?

저만의 방식을 살짝 공개하자면, 괜찮다고 생각하며

은근히 선을 넘는 사람들에게 매번 따박따박 잘못을 일깨워 주진 않지만 그래도 괜찮다며 웃어 주거나, 못마땅해도 고개를 끄덕여 주는 행동은 하지 않으려고 해요. 그 순간 정색하는 것만으로도 지금 이 상황이 불편하다는 의사 표현은 충분히 되더라고요. 문제의식은 확대되고 있고, 더 많은 기업이 건강한 문화를 가진 일터를 만들기 위해 노력하고 있다는 것이 무척 고무적이죠.

결혼과 육아에 대해서도요. 워킹맘들에게 혹독한 시기가 물론 있었죠. 그 시기가 완전히 지나갔다고 말하기도 쉽진 않지만요. 육아 휴직을 떠나는 직원들을 죄인 보듯 했던 때가 있었고 면접 자리에서 대놓고 임신 계획을 묻는 회사도 있었다고 하니까요. 그래도 최근엔 기업들이 육아에 대한 지원을 늘려 가고 있다고 들었어요. 엄마뿐만이 아니라 아빠의 육아 역시도 중요하게 생각하고 있고, 사옥 내 어린이집도 큰 도움이 된다고 하고요.

그럼에도 불구하고 물리적으로 아이를 품고, 출산해야 하는 여성들의 부담이 아무래도 크겠죠. 그걸 부정할 수는 없으니 어느 시점엔 피할 수 없는 고민이 시작되는데요. 각자에게 맞는 타이밍이 있는 것 같아요. 반려자와 앞으로 함께 만들어 갈 삶의 모습에 대해서, 그리고 그 무엇보다 스스로가 원하는 삶의 방식에 대해서 치열하게 고민하게 되지요. 저는 당연히 엄마가 될 거라고 생각하며 자라왔던 것 같아요. 아이들을 너무 좋아하기도 했고요. 그러나 그런 막연한 생각들이 실제로 의사결정을 할 때 크게 작용하지는 않더라고요. 결혼을 하고 주변에선 당연하다는 듯이 2세에 대한 기대를 숨기지 않았는데 그즈음이 되어서야 정말 내가 바라는 것에 대한 진지한 고민을 하게 되었어요.

스스로가 하나에 꽂히면 다른 것들은 제대로 하지 못한다는 걸 알고 있었기 때문에 일과 육아를 병행한다는 게 가능할 것 같지 않더라고요. 그 당시에는 커리어와 아이, 이 둘 중의 하나를 선택하는 문제처럼 느껴졌는데 돌아보면 아이와 온전한 나 자신, 이 두 가지의 선택지에 대한 결정이었어요. 개인적으로는 아이를 통해 나의 존재 가치를 확인할 것인가, 오롯이 나의 철학과 생활 방식으로 쌓아 올린 나 자신으로서 존재 가치를 가질 것인가의 문제라고 생각했고요. 노파심에서 다시 강조하지만 이건 온전히 저라는 사람의 의사결정 과정일 뿐, 아이를 가지게 된 모든 여성이 그 자신을 잃어버린다는 뜻은 아니에요. 아이를 통해 더 성장하는 자신을 만들어 가는 분들도 많으니까

요. 그게 제가 되기는 힘들었을 뿐이죠.😌

　이건 비단 여성만의 문제는 아닐지도요. 모든 사람이 그들이 원하는 생의 가치에 따라 온전한 선택을 했으면 좋겠어요. 남들이 다 하니까, 부모님이 원하시니까, 누군가는 후회한다고 하길래 등 남들에게 둔 이유 말고 나의 이유가 분명한 선택이요. 그 선택의 시간을 훌쩍 지나온 어느 날 다른 길이었으면 어땠을까, 가끔 궁금하더라도 후회하지 않으려면 스스로가 그 선택을 가장 잘 알고 있어야겠지요. 오늘의 주제는 하나의 성에서 출발했는데 얘기를 나누다 보니 결국 모든 사람에 대한 것이었네요. 그걸 다시 확인하니 참 좋고요.

"일터에서 각자의 성을 앞세워
행동하기보다 사람 대 사람,
동료와 동료의 관점에서 서로를
대하는 것이 가장 건강한 방식
아닐까요?"

후배의 팁

(∩˘³˘) 어떤 이유든 일터에서 성별을 앞세워 행동하는 것은 경계가 필요해요.

(∩˘³˘) 차별에 대한 민감도가 높아지는 것이 당장은 불편할지라도 더 나은 환경을 만들어 가기 위한 시작점이 될 수 있어요.

(∩˘³˘) 나부터 함께 일하고 싶은 구성원이자 동료가 되어 배려하는 마음이 중요해요.

(∩˘³˘) 특히 특정 성별이 과반수를 차지하는 조직이라면 다른 성별을 가진 소수의 구성원에게 불필요한 업무나 언행으로 불편을 주지 않았는지 신경 쓰면 도움이 될 것 같아요.

(선배의 팁)

(*´ᵕ`*)/ 악의가 없었더라도 상대를 불편하게 한다면 특정 성과 관련된 주제는 피해 주세요.

(*´ᵕ`*)/ 성별과 관련된 편견은 직장 내의 불필요한 갈등을 만들 수 있어 요. 성별을 핑계로 특정한 업무나 태도를 기대하거나 요구하지 마세요.

(*´ᵕ`*)/ 동성과 이성의 구분 없이 모두를 똑같이 '동료'로만 생각하고 대 해 주세요.

(*´ᵕ`*)/ 성차별 관련된 경험은 모두가 다를 수밖에 없고, 경험의 빈도가 높은 사람일수록 해당 이슈에 민감할 수밖에 없지요. 주변에 그 런 동료가 있다면 자격지심이라고 치부하지 말고 조금 더 해당 이슈에 주의를 기울이는 배려를 보여 줍시다.

젊음이
전부인 것 같지만
어쩌면 그렇지
않을지도요

이제 막 새로운 봄이 시작되었으니, 이 시점에 맞는 얘기를 나눠 보면 어떨까요? 바로 '나이를 먹는다는 것'. 어렸을 땐 막연했지만 그래도 가끔 생각했던 것 같아요. 내가 서른이 된다면, 혹은 마흔이 된다면 어떨까 하고요. 그리고 이제 막 1살 더 먹은 우리가 새로운 나이를 대하는 자세에 대해 얘기해도 좋고요. 나이는 숫자에 불과하다는 조언처럼 평소에 잊고 지내려고 해도 어느 순간 '나이 듦의 흔적'들을 점차 목격하게 되더라고요(점점 더 많이, 점점 더 빨리요. 🙀). 후배가 상상하는 나이 든 이후의 삶을 살고 있는 선배가 직접 겪은 이야기를, 그리고 나이 들기 전의 선배가 생각해 왔던 나이 듦에 대한 것을 지금 그 시절을 살고 있는 후배가 상기시켜 줄 수 있을 것 같아요.

수정
봄 선배님에게 ▼

이번 주에는 미뤄 뒀던 건강검진도 다녀오고 휴가도 내면서 쉬어 가는 한 주가 되었던 것 같아요. 해가 지날수록 건강을 챙겨야겠다는 생각이 커지고, 관심도 없었던 영양제와 거들떠보지도 않았던 운동에 눈이 가기 시작하네요. 생존을 위한 몸부림이랄까요! 건강이란 것이 가만히 있으면 중간이라도 가는 것인 줄 알았는데 꽤 손이 많이 가는 친구라는 것을 알게 되었답니다.

갓 20살이 되었을 때는 밤을 꼴딱 새워 술을 들이부어도 다음날 공강 시간에 또 놀러 나가 버릴 수 있는 체력이 있었는데, 지금은 새벽 2시만 되어도 한계가 오네요.😵 이제는 진짜 건강을 챙겨야 할 나이인 것 같다는 말을 하면 선배님들은 무슨 벌써 그런 얘기를 하느냐고 하시는데요. 아무래도 '그런 나이'에 대한 고민이 깊어지고 있는 것은 확실한 것 같아요.

다들 말하는 '~을 해야 할 나이'의 순간들이 있잖아요. 공부를 해야 할 나이, 취업을 해야 할 나이, 결혼을 준비해야 할 나이, 집을 장만해야 할 나이, 대출을 갚아 나가야 할 나이, 승진을 쟁취해야 할 나이 같은 것들이요! 남들이 모두 하니까 나도 해야 할 것만 같은데, 진짜 해야 하나 고민하다가 결국 언젠간 하게 되는 것들이 참 많은 것 같아요. '해야 한다'라고 말해서 부담스러운 압박이라고 느껴지기도 하지만, 어쩌면 그것을 하기에 딱 적당한 '시기'를 말해 주는 것 같기도 해요. '이 나이에 하면 제일 좋은 BEST 5!' 같이 수백 년간 쌓여 온 빅데이터로 증명된 베스트셀러인 거죠.😄

　　요즘 사람들은 비교적 관습적으로 정해 둔 생애주기에서 벗어나 자유롭게 자신만의 인생을 세워나가는 경우도 많아요. 원하는 진로를 위해 학교를 선택하지 않거나, 홀로 서는 인생을 위해 결혼을 선택하지 않는 등 많은 갈래 길들이 생겼지요. 저 또한 '요즘 MZ' 중 1명으로서, 이런 사회적 나이에서 벗어나 나만의 길을 개척할 줄만 알았어요. 하지만 실망스럽게도 20대 중후반에 들어선 요즘 드는 고민은 멀다고만 생각했던 결혼, 내 집 마련과 같은 주제들이랍니다. 기대했던 제 26살(이제 만 나이로 바뀌었으니 24살?!😄)의 모습보다는 꽤 시시한 것 같네요! 과거보다 훨씬 선택의 자유가 많아진 세대이기에 사회적 압박을 탓할 수도 없는데 말이죠. 20살 중반에 마땅히 해야 할 고민을 하면서도, 한편으로는 더 넓어진 길과 많은 선택지 앞에서 혼란스럽기도 해요. 입시와 취업이라는 눈앞의 큰 산을 바라보며 달려왔는데 넘고 나니 앞에 더 큰 산들이 남았고, 뭐부터 넘어야 할지는 아무도 안 알려 주고! 대부분 저 너머의 큰 산을 넘어갔다던데, 그 산의 이름은 결혼이나 승진이라더라…. 이런 상황이네요.

이제껏 명확하게 주어진 길을 너무 착실하게 걸어왔던 탓일까요? 학생이니 공부를 하고, 고등학생이니 입시를 준비하고, 대학생이니 스펙을 쌓고, 졸업할 때가 되었으니 취업을 준비하는 것. 대부분의 사람이 그렇듯 저도 그 나이에 보통 해야 할 일들을 퀘스트 완료하듯 하나씩 깨 왔어요. 가끔 새벽까지 놀다가 수업을 땡땡이치고 재수강의 결과를 맞이하거나, 취업난 속에서 지원하는 인턴십 프로그램마다 불합격하는 삐죽빼죽한 일들이 있었지만 결국은 모두 같은 길로 수렴되어 지금의 나이가 되었네요. 이렇게 뻔한 인생을 착실하게 살아올수록 부모님께는 자랑스러운 자식이 될 수 있다는 게 참 이상하다는 생각을 하며 깨야 할 다음 퀘스트를 떠올려 보는 오늘입니다.

물론 지금까지 밟아온 길들이 꽤 마음에 들지만, 어릴 적 제가 꿈꾸던 20대와는 다른 점들이 많은 것 같아요.

10대 때 꿈꾸던 26살의 모습은 하이힐을 신고 멋진 원피스에 핸드폰이 겨우 들어가는 가방을 가볍게 메고 커피를 마시며 출근하는 능력 있는 커리어 우먼이었어요. 엄마 손을 잡고 아울렛에 갈 때마다 20살이 되면 화려한 원피스를 파는 여성복 브랜드의 옷을 꼭 사 입고 다니겠다고 다짐했던 기억이 나네요. 막상 20대가 되어보니 어른인 줄만 알았던 교생 선생님은 새파란 대학교 졸업 준비생에 불과했고, 군인 아저씨는 사실 군인 동생이었다는 것을 깨닫게 되었을 때의 충격이란!

환상과 달리 현실은 추운 겨울에 몸서리치며 롱패딩에 발 편한 운동화를 챙기고 무거운 노트북을 담은 백팩을 멘 전투 인간이 되었다는 것이 새삼 신기하네요. 어린 수정이가 이 미래를 알았다면 실망했으려나요. 모습은 다르지만 어쨌든 능력 있는 커리어 우먼이 되고자 함은 비슷한 것 같기도 합니다. 조금 더 최근으로 가서 대학생 때 바라던 26살 직장인의 모습을 꺼내 보자면, 4월에 시험공부 따위는 안 하고 벚꽃을 보러 가는 자유로움과 퇴근 후 일렉기타를 배우러 다니는 여유로움이 있었네요. 바쁜 일을 핑계로 여전히 자유와 여유는 후순위로 미뤄둔 채 살고 있지만요.

이렇게 나이의 흔적을 살펴보니 나이가 쌓여도 저절로 이뤄지지 않는 것들이 있고, 시간이 지나면서 어느 정도 해결되는 것들도 있는 것 같아요. 앞으로의 미래를 그려볼 때 가장 기대하는 것이 두 가지가 있는데요. '현실 감각'과 '책임감'입니다! 과연 경력이 쌓이면 이 두 가지가 어느 정도 채워지는 나이가 저절로 오는 건지, 얻기 위해 많은 노력이 필요한 것인지 아직 잘 모르겠기도 해요.

요즘 문득 나이를 실감하는 순간이 있다면, 숫자에 대한 생각의 비중이 커지고 있다는 것인데요. 지나가다가 좋아 보이는 아파트가 있으면 감탄에 앞서 지도를 켜서 얼마인지부터 확인하게 되고, 좋은 팝업 스토어를 발견하면 과연 얼마가 들었을까부터 궁금해지곤 합니다. 물론 사업실에서 일하는 제 직무의 특성도 어느 정도 영향을 줬겠지만, 점점 숫자를 바탕으로 실현 가능성을 계산하려는 습관이 생기고 있어요.

예전에는 '도대체 왜 저 브랜드에서는 이런 시도를 안 할까? 한번 해 보면 완전 재밌고 사람들도 좋아할 것 같은데!' 하는 아이디어와 의문들이 참 많았는데요. 이제는 그 질문에 하나씩 이유를 들며 굳이 실행하지 않은 이유에 대해 먼저 답하게 돼요. 들어가는 비용은 얼마 정도 들어가며 그에 비해 수익이 너무 적고, 브랜드를 이용하는 타깃의 특성과 소비 패턴은 이러하기 때문이다 등의 분석을 곁들여서요!

'현업자'의 명찰을 달고 아직 인턴 생활을 하는 제 친구들에게 이런 얘기를 늘어놓다 보면, 늘어난 현실 감각이 신기하면서도 어느새 팍팍해진 생각에 놀랍기도 해요. 이래서 공모전 아이디어와 현업은 많이 다르다고 하는구나, 이래서 생각이 유연한 인턴을 뽑는구나, 하는 현실을 다시금 이해하게 되죠. 나이와 경력이 쌓일수록 현실 감각이 늘어간다는 것은 실현 가능한 범위에 대해 고민할 수 있는 능력을 얻게 됨과 동시에 그 틀에 생각이 갇혀 버리는 양면성이 있는 것 같아요. 실현 가능성 없이 터무니없는 아이디어만을 내놓는 것보다야 낫겠지만 이러다가 뻔한 생각만 하게 되는 고인 물이 되어 버리진 않을지 걱정되기도 해요. 점점 일에 익숙해질수록, 현실 감각과 상상하는 힘 사이의 균형을 잘 맞추기 위해 신경쓰게 되는 것 같아요.

두 번째는 책임감에 대한 것인데요. 단순히 내 일에 대한 책임감 말고, 직접적으로 프로젝트 전체, 나아가서는 내 인생의 결과에 대한 책임을 져야 하는 나이가 되었을 때, 과연 할 수 있을지를 생각해 보면 두려움과 걱정이 앞서는 것 같아요. 책임을 지고 싶어도 자격도 권한도 없는 신입의 입장에서는 모든 일을 결정하고 척척 앞장서 책임지는 팀장님이 너무도 대단해 보이는데요. 같은 시간이 흘러 내가 저 나이가 되어 언젠가 팀장이 되었을 때 선택을 하고 책임을 지고 있는 모습이 아직 잘 상상이 안 되네요.😫 봄 선배님도 분명 저같이 신입인 시절이 있으셨을 텐데, 그 모습이 상상이 잘 안 가는 것처럼요!

　10대에서 20대를 지나오면서 시간이 흘러도 저절로 어른이 되지는 않는다는 것을 깨달았는데, 또 곧 다가올 30대, 40대에는 뭔가 달라지는 걸까 의심스럽기도 해요. 그래도 다들 언젠가 그 나이, 그 자리가 주어졌을 때 어떻게든 척척 해내는 것을 보면 어느 정도 시간의 경험이 해결해 주는 것도 있나 보다 하는 막연한 기대도 있어요. 나를 따르는 사람들과 주어진 임무들을 책임질 힘과 용기는 과연 어디에서 오는 것인지 궁금하네요. 과연 10년, 20년 후면 책임을 지는 것에 익숙해지는 때가 오긴 할까요?

　오늘도 나이를 생각하면서 "벌써 26살이야!" 라는 말을 했는데요. 다들 "아직도 00살"이라고 말하지 않는 것을 보면 나이는 준비할 틈을 주지 않고 다가오는 것 같아요!

그래도 오늘 나눈 이야기로 다가올 세월을 기꺼이 맞이할
수 있는 작은 힌트를 얻은 것 같아 기쁜 마음입니다.

봄

수정 후배님에게 ▼

　　수정 후배님의 이야기를 오늘도 '엄마 미소'를 지으며 읽었어요. 저에게도 26살은 남다른 의미였는데요. 저희 엄마가 저를 낳으신 게 딱 그 나이셔서 꼬마 시절에 상상했던 26살은 한 아이의 엄마가 될 수 있는 나이였어요. 저의 꼬마 시절이란 90년대니까 아무래도 지금과는 나이에 대한 개념이 많이 달랐던 거겠죠. 그 시절의 일기에 적혀 있는 표현을 빌어 보자면, 저의 현실에서의 26살은 '누구를 만나 수다 떨 기운 한 자락도 없는, 자는 게 세상에서 제일 좋은 시들시들한 20대'였어요. 지금도 그때의 마음과 생활이 생생하게 떠올라서 아련하기도, 안타깝기도 해요. 미숙한 것들이 너무 많아 주눅 들어 있던 시간이 많았고, 내 시간이 내 것이 아닌 날이 더 많았던 것 같아요.

　　1명의 몫을 해내는 것에 그치지 않고 성장하고 싶었고 그 와중에 바쁘게 연애하며 체감 2만 칼로리의 감정소비를 해 댔으니 바쁘고 지치는 게 당연했죠.😆 그랬던 주제에 그 당시 지금 제 나이의 선배님들을 뵐 때면, '청춘이 다 지나간 나이를 산다는 건 어떨까'라는 생각을 했었어요.

나이가 든 사람은 무조건 젊은 시절을 그리워할 거라고, 그래서 어쩌면 우리들이 부러울지도 모른다고 굳게 믿었던 귀엽기도 하고, 당돌하기도 한 생각이었죠.

지금 제 주변의 지인들에게 20대로 돌아갈 수 있다면 어떨 것 같냐는 질문을 했을 때 저를 비롯한 꽤 많은 수가 돌아가고 싶지 않다고 답하는 걸 보면 젊은 시절을 누리는 치기 없는 마음에서 나온, 정말 뭘 모르는 생각이었나 봐요. 그리고 후배님의 말처럼 취업이란 또 하나의 관문이었을 뿐, 내가 꿈꾸던 멋진 커리어 우먼이 된다는 건 또 다른, 결코 짧지 않은 여정을 필요로 하는 일이라는 걸 깨달으면서 오히려 그 순간이 더 막연해졌던 것 같아요. 종종 주니어 친구들의 진로 고민을 들을 때 제 나이가 되어도 그 고민이 끝나지 않고 계속된다는 걸 슬쩍 알려 주면 그 절망하는 표정들이란.)

저도 공감하는 그 절망적인 상황을 한탄하며 과연 완생은 오는 것일까 아직도 늘 궁금해요. 여전히 부족한 것들이 많은 나를 보며 내가 꿈꾸던 멋진 커리어 우먼은 대체 어떤 사람이었을까 아리송하기도 하고요. 드라마나 주변 선배들을 보며 상상한 이미지는 멋진 옷, 멋진 가방이 있고 언제나 당당한 애티튜드를 가진 사람이었던 것 같은데, 그런 외형으로 보여지는 것들이 멋진 커리어 우먼을 정의할 수 없다는 건 진즉에 알게 되었고요. 자신의 일을 척척 해내고, 좋아하는 취미에 몰입하며 언제나 자기계발을 멈추지 않는 사람을 원했던 것 같긴 한데 20여 년을 가까이 바라 왔으면서도 아직도 멀었다는 생각이 드니, 또 한번 한숨이 나네요.

나이가 들어갈수록 수정 후배님이 기대하는 현실 감각과 책임감은 잘 채워질 수 있다는 건 기쁜 소식일까요? 현실 감각이 강해져서 갇힌 생각만 하게 될지 모른다는 건 과한 걱정인 것 같고요(이 역시도 기쁜 소식! 😄). 지나고 보니 딱 한쪽 방향으로만 성장하게 되는 게 아니더라고요. 그 시점에 맞는 주제가 있었던 것 같아요.

주니어 시절에는 막연했던 것들이 조금 더 분명하게 보이면서 현실 감각을 키워 나가게 되고, 선임이나 대리를 지나 중간 관리자 즈음이 되면 조금 더 단단해진 현실 감각을 바탕으로 더 새롭고 신선한 것들을 만들어 가는 능력을 키워 가게 되고요. 하나의 조직을 담당하는 팀장 이상이 되면 업무의 큰 줄기를 보면서 이걸 더 훌륭하게 완성하기 위해 일과 사람을 매니징하는 능력이 필요하죠. 부서장 이상이 되면 아무것도 없는 황무지에서도 새로운 사업을 만들어 낼 수 있는 인사이트와 추진력이 필요하고요. 수정 님이 주어진 퀘스트를 멋지게 해내면서 오늘을 맞았듯이 책임감 역시도 하나의 퀘스트처럼 주어지게 되는 것 같아요. 누군가는 나의 포지션에서 마땅히 가져야 할 역량이라고 생각하고, 누군가에게는 버거워서 최대한 피하게 되는 것이라서 책임감을 보이는 사람이 훌륭해 보이기는 하지만요.

이어지는 얘기인데 나이를 먹고 승진을 하고 가정을 꾸리게 된다고 해서 모든 사람이 그에 걸맞은 행동을 하는 건 아니더라고요. 예전 팀장님이 해 주신 "나쁜 상사에게서도 배울 게 있다. 난 절대 저렇게 되지 않을 거라는 생생한 가이드"라는 말씀이 기억나요. 여러 상황과 사람을 겪으면서 어떤 사람이 되어갈지에 대해 스스로 결정하고 그에 맞는 노력을 하게 되는 거죠. 나이를 먹을수록 일상이라는 관성에 기대어 사는 사람과 반성하고 노력하는 사람이 점차 큰 격차를 보이게 되고, 그 격차는 점점 더 선명하게 겉으로 드러나는 것 같아요. 나이를 먹을수록 자신의 얼굴에 책임을 져야 하는 이유가 아마도 거기에 있겠고요.

지금의 저는 '언제나 청춘'과 '나이에 걸맞은 성숙함' 사이에서 줄타기를 하고 있어요.😊 나이에 갇혀서 스스로에게 한계를 만들고 싶지 않지만 그렇다고 철없거나 미성숙한 사람처럼 보이고 싶지도 않거든요. 제 나이쯤이 되면 아무리 잊고 살려고 해도 매일매일 빠르게 나이 들고 있음을 체감하게 되는데요. 그렇다 보니 온전하게 나이를 잊고 나답게 산다는 건 조금 어려운 일이더라고요. 조금 웃픈 얘기인데 한동안은 새 옷을 사는 게 너무 힘들었다니까요. 뭔가 40대가 되었으니 더 성숙해 보이는 착장을 찾아야 할 것 같은데 너무 제 취향이 아니라서요.🥲 나이를 실감하게 되었다는 건 확실히 즐거운 일은 아닌데요. 그렇게 어쩔 수 없는 순리라는 것을 받아들이게 되면서 여유가 생기는 것 같아요. 물론 정말 쉽지 않은 일이에요.😅

20대에 하지 못했던 것, 30대에 알지 못했던 것, 그러나 지금은 손과 마음으로 쥐고 있는 것들을 온전히 누리면서 자연스럽게 제 나이를, 정확하게는 지금의 나를 사랑하는 방법을 배워 가고 있어요. 친한 선배들이 들려준, 40대가 진짜 멋진 나이라고 했던 말에 공감하기 위해서는 지금의 나만이 누릴 수 있는 것들을 잘 알고 그것들과 함께 충만한 매일을 만들어 가야 한다는 걸 알게 되었어요. 그건 50대가 되어도, 60대가 되어도 마찬가지겠죠. 지금의 저는 좋은 재료로 건강하게 맛을 낸 음식을 찾고, 디자인은 조금 심심하더라도 결 좋은 옷을 입고, 너무 편하려고 하기보다 조금 더 중요한 가치를 위해서 약간의 불편을 기꺼이 감수하려고 해요. 나의 안온한 삶만큼이나 내가 속한 세상이 건강하기를 바라고요. 어렸을 땐 어른들이 왜 그렇게 매일매일 뉴스를 보나 했는데, 아마도 세상에 대한 관심을 느슨히 하지 않는 것이 책임감 있는 어른이기 때문은 아닐까 생각했어요. 수정 후배님이 골라준 다음 장의 주제를 통해서 '어른'에 대한 이야기를 좀 더 나눠 볼 수 있겠어요.

어른이어야 하는데, 아직 어른 흉내만 내고 있는 입장이라 생각할 것들이 아주 많을 것 같아요. 수정 님이 되고 싶은 어른은 어떤 모습인지, 지금 수정 님에게 필요한 어른은 또 어떤 사람들일지도 궁금해요.

후배의 팁

(∩ ˇ ³ˇ) 현실 감각과 책임감이 늘어가는 순간, 나이가 들고 있음을 체감해요.

(∩ ˇ ³ˇ) 옛날보다 선택지가 많아졌다지만 특정 나이대에 넘길 수 없는 고민은 여전히 비슷해요.

(∩ ˇ ³ˇ) 후회하지 말라는 조언보단 후회했던 경험을 들려주는 어른을 만나고 싶어요.

(∩ ˇ ³ˇ) 어린 나이어도 나이를 먹는 것이 두려운 순간들이 있답니다.

(∩ ˇ ³ˇ) 아무런 고민도 없을 나이란 건 존재하지 않을지도요.

선배의 팁

(*ˊ◡ˋ*)/ 나이 먹는 게 즐거운 일은 결코 아니지만, 그 나이대에만 느끼고 누릴 수 있는 것들이 분명히 있어요. 조금은 기대해 봐도 좋을 것 같아요.

(*ˊ◡ˋ*)/ 나이를 잊고 지내는 건 불가능하지만 그렇다고 너무 얽매일 필요도 없지요.

(*ˊ◡ˋ*)/ 멋있게 나이 드는 모습은 과연 어떤 것일지 나만의 정의를 내려 보아요.

(*ˊ◡ˋ*)/ 좋은 롤모델이 있다면 막연한 내일을 조금 더 생생하게 상상해 볼 수 있을 거예요.

법적 성년이지만,
어른이 되는 것은
또 다른 문제!
어른이 되는 순간은
언제일까요?

살다 보면 어른이 되었다고 느끼는 기점이 있을까요? 어른이라는 단어는 나이와 가장 밀접하게 닿아 있음에도 나이와 가장 먼 단어 같다는 생각이 들어요. 민법 제4조 "(성년) 사람은 19세로 성년에 이르게 된다."에 따르면, 법적으로 만 19세 이상이 되면 성인으로 인정받는데요. 경제 활동을 포함한 민법상 법률 행위를 스스로 할 수 있다는 것을 의미한다고 해요. 나이를 기준으로 절대적으로 구분이 되는 성인에 비해 어른으로 인정하는 시기는 각자마다 다른 것 같아요. 아무리 생각해도 아직 어른이 되기엔 한참 멀었다는 생각을 하는데, 각자 어떻게 생각하고 있을까요? 인생에서 이 정도면 어른이 된 것 같다는 느낌이 오는 순간이 있을까요? 혹은 나이가 들어도 아직 어른이 되기엔 여전히 멀었다는 생각을 하고 있을 수도 있겠네요.각자 생각하는 어른의 정의와 기준에 대해 이야기해 보아요.

수정
봄 선배님에게 ▼

마스크 착용 의무가 해지된 이후, 처음으로 마스크를 벗고 거리를 걸어 봤어요! 살짝 따뜻해진 날씨에 풀 향기가 섞여 가을이 왔다 간 것 같은 겨울 오후의 냄새가 나더라고요. 새삼 내가 살고 있는 세계의 온도와 동네의 분위기는 아무도 몰라줘도 부지런히 변화하고 있었다는 것을 깨달았답니다. 저는 여전히 지지난 주에도 붙잡고 있던 일을 마무리하는 중인데 말이죠.∵ 평소 같았으면 무색무취의 이동 거리였겠지만 시각 외의 감각이 들어오자 색달라진 게 신기하네요.

갑자기 왜 마스크를 벗었냐고 물으신다면, 봄 선배님의 말씀으로부터 출발합니다. 지난 대화 중에 '뉴스를 보며 세상에 관심을 가지려는 것은 어른의 책임감'이라는 말이 인상이 깊었는데요. 괜히 인터넷을 켜서 기사들을 둘러보니, 가장 많은 뉴스가 '마스크 해제'와 관련된 거였어요. 세계 곳곳에서 왜 한국은 마스크가 해제되어도 벗지 않는가에 대해 분석하고 있더라고요. 온 뉴스가 마스크에 숨고 재택 근무에 절여진 '뉴노멀'에 대해 이야기하길래, 청개구리 같은 마음이 들어 오늘 하루는 마스크를 벗고 다녀 보기로 결심했답니다. ♫ 그러다가 (오늘도 어김없이) 마라탕 집에서 신나게 점심을 먹고 나오는데, 가게 아주머니께서 마스크를 두고 갔다며 챙겨 주시더라고요! 깜짝 놀라 마스크를 다시 소중히 챙겨 나오는 저를 보면서 어떤 생활에 익숙해진다는 것은 참 불가항력적이라는 생각을 했답니다.

'익숙함'. 반복되는 무언가에 익숙해져서, 감각은 무던해지고, 새로움은 두려워지는 때가 종종 오는데요. '어른'이라는 단어와 짝꿍처럼 함께 다니는 것 같아요.

나이가 들어도 어른이 되는 순간은 모두 다른 것 같다는 생각을 했는데요. 다들 어떤 순간에 어른이 되었음을 느낄지 너무 궁금해서, 어른을 노래하는 가사들을 살펴봤어요. 이래도 되나 싶을 정도로 모두들 고뇌에 빠져 회색빛 세상을 이야기하더라고요! 저번 주에 봄 선배님이 말씀하신 것처럼 나이가 들어도 그때만 느낄 수 있는 즐거운 것들이 많기에 무조건 젊은 시절을 부러워하지는 않는다는 것에 공감했는데요. 나이와 별개로 어른이라는 단어는 훨씬 더 무거운 짐을 짊어지고 있는 것 같아요. 어른이 된다는 것은 즐거움 그 너머의 것을 깨닫게 되는 걸까요? 사랑, 도전처럼 꿈틀거리고 뜨거운 단어는 겁부터 나고, 비슷한 옷에 같은 표정으로 진정한 나를 숨기며, 그저 하루를 참고 살아가는 '어른'. 제가 현실 감각에 익숙해져서 번뜩한 아이디어를 내지 못할까 봐 걱정하는 것처럼, 다들 반복되는 일상 속에 익숙해져 젊은 날의 꿈을 잃어버린 것을 슬퍼하고 있었네요. 과연 저는 많은 사람이 노래하는 어른과 다를 수 있을까를 생각해 보면 별반 다르지 않을 것 같아요.

어른이 되기 두려운 이유는 그만큼 '멋진 어른'이 너무너무 되고 싶었기 때문이 아닐까요? 자서전 속에 나오는 멋진 위인이 되지는 못할지라도, 어릴 적 꿈꿨던 것들이 하나씩 이뤄지고 노력한 만큼 인생의 결과물을 내놓을 수 있는 사람이 될 거라 기대했었으니까요. 하지만 꿈은 현실의 벽 앞에서 너무나 쉽게 녹아 버리고 노력은 성공보다는 배신이라는 단어와 훨씬 잘 어울린다는 것을 깨닫는 순간이 오게 되죠. 시련을 헤쳐갈 힘은 학교에서 배운 적이 없으니 온전히 나의 몫이겠고요. 아직 '멋진 어른'이라고 말할 준비가 되지 않았는데, 시간은 무자비하게 흘러 상대적으로 어른이라 불릴 나이가 되는 게 두려운 것 같아요. 심지어 제가 보기에 이미 멋진 어른인 사람들도 본인은 '아직 멋진 어른이 되기에는 멀었다'고 말을 하니, 어쩌면 아무도 이룰 수 없는 신기루 같은 것일지도 모르겠네요. 그만큼 기준이 높은 것 같기도 하고요.

익숙해져서 몰랐겠지만, 어느새 저도 조금은 어른이 되었을 수도 있겠다는 생각이 드네요. 정확히 말하면 제 안에 '어른력'을 조금씩 쌓아 가는 것 같아요. 나이와 시간이 주는 가장 큰 선물은 경험이라고 생각하는데요. 반복되는 일상을 포기하지 않고 살아가는 힘, 어릴 적 꿈을 잃어버려도 또 새로운 꿈을 찾아가는 힘, 사랑과 도전을 뒤늦게라도 시작해 보는 힘은 모두 나도 모르게 쌓였던 경험에서 오는 것 같아요. 아직 봄 선배님에 비해 경험이 많지 않아 작은 어른력을 가지고 미래를 뚫어 가고 있겠지만요.

한편 경험이 꼭 시간에 비례하는 것 같지는 않아요. 제게 늘 큰 힘을 주시는 선배 분께서 어느 날 제게 나이가 적다고 해서 꼭 경험이 적다고 할 수는 없다는 말씀을 해 주셨어요. 부끄럽고 자신 없던 신입에게 꼭 제가 겪어온 인생을 칭찬해 주시는 것 같아 그저 감동적이었는데, 돌아보니 그 시간을 경험으로 만드는 것도 제 몫이라는 생각이 드네요. 봄 선배님 말씀처럼 흘러간 시간 동안 배웠던 것들을 일기로 써 두는 것도 도움이 될 것 같아요. 요즘 들어 기억력이 참 안 좋아지는 것을 느꼈거든요.😌 물론 '그래도 좋은 경험이었다~'라는 순간들만 남지 않도록 주의하려고 해요. 어떤 아픔과 실패는 좋은 경험이라는 이름으로만 포장할 수 없는 교훈들이 있으니까요. 좋은 경험들이 거르고 걸러져 순수한 성장의 동력으로 쌓이면 그것이 모여 제 '어른력'을 구성하게 되는 것 같아요.

조금 더 어른이 되어 제가 노래를 쓴다면 어떤 가사를 쓰게 될까요? 지금보다는 나은 인생에 멋진 어른이 되어 반복되는 일상 속에서도 살아갈 용기를 찾는 법을 알려주는 따뜻한 어쿠스틱 노래였으면 좋겠어요. 물론 욕심일 수도요! 어쩌면 인생 왜 이리 힘드냐, 이게 어른이냐 투정하는 헤비메탈 노래가 될 수도 있겠네요.😎 그때가 되어 여전히 길을 헤매는 어른일지라도 시간의 경험을 많이 쌓아온 인생의 '선배'가 되고 싶어요. 저에게 좋은 팁을 나눠주시는 봄 선배님과 회사 선배님들처럼요!

선배는 먼저 인생을 살아 보기만 하면 저절로 되는 것이니까 어른보다는 조금 더 쉽잖아요.😄 어른으로서 하는 조언과 인생을 살아 본 선배로서 하는 조언은 다르니까요. 꼭 정답이 아니어도 한때의 경험을 보따리에서 주섬주섬 꺼내 주시면 저 같은 후배에게는 너무나 귀중한 힌트가 되거든요. 굳이 후배에게 귀감을 주는 선배가 아니더라도, 저 자신에게도 조언을 해 줄 수 있는 선배가 되고 싶네요. '내가 살아 봐서 아는데~ 이렇게 고된 일상에 지칠 땐 코인 노래방에 가서 빅마마 노래를 부르면 좀 낫더라~' 같은 경험치들로 저 자신에게도 익숙해진 일상을 살아갈 힘을 주고 싶어요. 그리고 앞으로 익숙해질 어른의 인생에 지지 않고 싶네요! 아시다시피 익숙함을 깨는 것은 마스크를 벗는 것만큼 정말 어렵지만 무척 쉬운 것이니까요. 벌써부터 단단히 마음을 챙기고 어른을 맞이할 준비를 해 봅니다.

봄
수정 후배님에게 ▼

지난 주 수정 후배님의 질문을 받고 일상을 지내는 짬짬이 '어른이 된다는 것'에 대한 것을 생각해 봤어요. 어떤 사람이 어른인가, 그리고 나는 과연 어른인가. 만약 그렇다면 언제부터 어른이 되었나. 스스로를 어른으로 생각하는 이유는 뭘까. 결혼을 하면, 아이를 낳으면 어른이 된다고 들으며 나이를 먹어온 것 같은데 생애주기에 따른 라이프 스타일이 이렇게나 달라진 시대에서는 그 기준은 더 이상 유효하진 않은 것 같아요. 겉으로 드러나는 물리적 기준으로 말해 보자면, 제 경우에는 그래도 30대까지는 스스로를 어른이라고 생각하진 못했던 것 같아요.

30대 중반을 넘어가면서는 적지 않은 나이라는 걸 체감했지만 그래도 여전히 스스로를 어른이라고 부르기엔 충분치 않은 것들이 많다고 느꼈었어요. 아마 수정 후배님의 말처럼 어른이라는 말 속에 제가 담아둔 기대치가 너무 높아서였는지도 모르겠어요. 그런데 40대가 되고 나니 스스로를 어른으로 생각하지 않는 것은 뭔가를 회피하는 것처럼 느껴지더라고요. 39살과 40살을 가르는 건 어쩌면 고작 24시간인데 말이에요. 그러니 '40대가 되면 어른이 된다'는 생각은 터무니없게 느껴지고 40대가 되면서 제가 체감하게 된 어떤 속성들이 스스로를 이제 어른이어야 한 다는 생각으로 이끈 것 같아요.

오늘의 레터를 쓰기 위해 제가 내린 결론은 '독립'과 '책임감'이에요. 여기에서 독립이란, 주변으로부터 경제적으로 독립하는 것을 말하고요. 독립한 상태가 되면 어쩔 수 없이 작게는 자신의 생계를, 크게는 스스로의 삶 그 자체를 책임져야 하니 저 두 요소는 필수불가분의 관계인 것 같기도 합니다. 다만 제가 말한 책임감은 스스로의 삶 그 이상에 대한 것이라서 이 두 가지 속성은 각각 확보되어야 하는 것 같아요.

많은 사람이 묘사하는, 어른으로서의 인생이 그토록 힘겨워 보이는 이유는 인생이란 대체로 고행이며, 세상이란 대체로 혹독하고, 그렇기 때문에 그 속의 개인이란 꽤 자주, 어쩌면 늘 고독하기 때문은 아닐까요. 사람마다 경험의 시기와 정도는 다르겠으나 부모님의 안온한 보호를 벗어나 내가 누리던 것들을 직접 구해야 할 때 마주하게 되는 현실의 벽은 정말이지 어마어마하죠. 생계를 유지하는 아주 기본적인 것들인 집값, 관리비, 식재료값, 그 밖의 세금들의 실체를 실감하지 못하고 지내왔으니까요. 집에선 분명 잠만 자고 나오는 것 같은데도 쾌적한 공간을 유지하기 위한 집안일은 정말 끝이 없고요. 그럭저럭 큰 불편 없이 어느 정도의 단정한 삶을 유지한다는 게 실은 얼마나 많은 비용과 노력을 요하는 것인지 알게 되면 별다른 변고가 없어도 삶의 무게가 한층 무거워지죠.

　　나의 세상을 채우던 비슷한 또래의 친구들 외에 다양한 나이대의 사람들과 함께 사회 속에서 살아가다 보면 각 인생의 드라마가 또 어찌나 많은지. 저는 원래도 눈물이 많은 사람이었지만 어른이 되면서 눈물 펑펑하게 되는 주제가 점점 더 많아지는 것 같아요. 한동안은 뉴스에서 그 맥락이 무엇이든 세월호라는 말만 들어도 자동 수도꼭지가 되었죠. 아마도 당분간은 10.29 참사가 제 눈물 버튼이 될 테고요. 이러한 변화들이 삶을 점차 무겁게 만들고, 그 무게를 버티며 지내다 보면 자연스레 (그런데 이제 뭔가 사연 있는 듯한😌) 어른이 되는 거죠. 누구의 삶도 결코 호락호락하지 않으니, 그리고 어른이 되어가며 그걸 체득하게 되니 주변을 더 둘러보려고 하는 것 같아요. 충분하지 않을지 모르겠지만 그래도 나의 쓰임이 작은 도움이나마 될 수 있기를 바라면서요. 그렇게 내 인생과 이 세상에 대한 책임감이 단단하게 쌓여 가면 비로소 스스로를 어른이라고 부르게 되나 봐요.

제가 주니어 때 정말 큰 실수를 한 적이 있어요. 몰라서 잘못한 게 아니었고 정말 하면 안 될 실수였는데 그걸 깨달은 순간 하늘이 무너지는 것 같았지요. 너무 바쁜 일정이 계속되다 보니 잠도 충분치 않고 마침 감기 기운도 있어서 하루 종일 멍한 상태였는데 제가 실수했다는 걸 알게 되자마자 온몸의 세포들이 뾰족해져서 저를 마구 찔러 대는 느낌이었죠. 따뜻한 담요 덮고 노곤해져 있는데 얼음물 한 사발을 뒤집어쓴 느낌이랄까.

당시 사수분이 엄청 무서우셨는데 말씀드리자마자 당연히 난리가 났죠. 그냥 그 선에서 해결될 일은 아니어서 당시 부서장님께도 당연히 보고가 되었는데 그 순간이 아직도 생생해요. 보고를 들은 부서장님은 잠깐 멈칫하시더니 그대로 1분가량 가만히 생각에 잠기시더라고요. 그리고는 바로 수습하기 위해서 해야 할 일들을 지시하시고, 그대로 끝이었어요. 클라이언트 사에 곧장 연락하셔서 양해를 구하시며 업무 타임라인을 조정하셨고요. 일단 실수를 수습한 후에 다시 한 번 죄송하다고 말씀드렸는데 아주 담백하게 다음부터 이런 실수 주의하라고 하신 게 다였거든요. 그때 '어른의 위엄'을 제대로 느꼈지요. 대체 어떻게 저렇게 할 수 있을까, 어른이 되면 화가 줄어드나, 아무리 내가 어른이 되어도 저렇게 침착한 사람이 되진 못할 텐데 정말 대단하시다. 그 놀라움이 지금까지도 생생한 걸 보면 어지간히 인상 깊은 사건이었나 봐요.😊

지금의 저도 같은 상황에서 그분과 대처 방법이 크게 다르지 않은데요. 하나 알게 된 것은 어른이 된다고 침착한 성격이 된다거나 엄청난 아량이 생기지는 않는다는 거지요. 그럼에도 불구하고 이렇게 행동할 수 있는 건 어떤 상황이 생겼을 때 이걸 가장 효율적으로 수습하는 방법을 지난 시간의 경험들을 통해 알게 되었기 때문이고요. 예상치 못한 상황이 되었을 때 주니어 때와 별반 다르지 않게 어른이 된 지금도 패닉 상태에 빠지게 되지만 후배들과 다른 점은 그런 상태가 오래가는 건 상황에 하등 도움이 되지 않는다는 걸 너무 잘 안다는 거겠죠. 이 상황에서 벗어나는 방법은 오로지 상황을 수습하는 것뿐이라는 것, 그리고 세상은 그렇게 쉽게 멸망하지 않는다는 것을 알 뿐이에요.

다만, 모든 어른이 이런 상황이 생겼을 때 이성적으로 처리하는 것은 아닌 것 같아요. 정말 끊임없이 화풀이

하거나, 관계도 없는 사람들에게까지 실수한 후배에 대한 험담을 늘어놓거나, 끝까지 본인이 책임지지 않으려고 하는 사람도 많이 봤어요. 제가 그러지 않는 건 좋은 어른을 만난 경험이 있기 때문이지요. 그리고 제가 책임짐으로써 이 실수를 저지른 꼬꼬마 후배가 나중에 저보다 더 멋진 어른이 되어 주기를 바라고 있고요.

'어른'이라는 단어와 함께 쓰이는 말이 '지혜', '현명한', '성숙한'과 같은 것들이잖아요. 이런 단어들과 잘 어울리는 사람을 나이 상관없이 '어른스럽다'고 하고요. 누구나 어느 시점엔 어른이 되는 것 같지만 단어의 함의에 걸맞은, '진정한 어른'이 되는 것은 아닌 것 같아요. 또 어른이라는 개념은 누구에게나 상대적이어서, 제가 '어른'의 노릇을 해야 할 때 주의 깊게 생각하는 것들과 제가 바라보는 저의 '어른'에게 기대하게 되는 것은 또 조금 다른 것 같고요. 저는 요새 누구에게나 정중하고 편견이 없는 선배들을 보면 참 존경스럽더라고요. 나이를 먹어 가면서 누구나, 누군가에게는 '어른'이 되잖아요. 우리 수정 후배님도 제가 보기엔 사랑스러운 병아리이지만, 새내기들이 보기엔 엄청 닮고 싶은 어른일 수 있듯이 말이에요. 오늘의 주제에 대해 얘기하다 보니 진정한 어른이 되고자 하는 길은 결국 좋은 사람이 되고자 하는 것과 다르지 않다는 걸 느끼게 되네요.

"반복되는 일상을 포기하지
않고 살아가는 힘, 어릴 적 꿈을
잃어버려도 또 새로운 꿈을
찾아가는 힘, 사랑과 도전을
뒤늦게라도 시작해 보는 힘은
모두 나도 모르게 쌓였던
경험에서 오는 것 같아요."

후배의 팁

(∩ ˘ ³˘) 한 번에 멋진 어른이 되기 어렵다면, 내 안의 '어른력'을 쌓아가 보세요.

(∩ ˘ ³˘) 시간이 쌓인다는 것은 무기! 시간을 나만의 경험으로 정립해 보세요.

(∩ ˘ ³˘) 무겁기만 한 어른의 무게, 생각보다 별것이 아닐지도요.

(∩ ˘ ³˘) 경험 그 자체보다 경험을 통해 얻는 깨달음을 남겨 보세요.

(∩ ˘ ³˘) 나의 경험은 나 자신의 인생 선배! 미래가 고민이 될 땐 쌓아 온 내 과거에 조언을 구해 보세요.

선배의 팁

(*´ᵕ`*)╱ '어른'이란 나이 든 꼰대가 아닌 사회의 균형을 맞추어 줄 수 있는 지혜를 가진 사람이에요.

(*´ᵕ`*)╱ '어른이 된다는 것' 혹은 '어른스럽다'는 것은 꼭 나이에 비례하지 않으며, 포용력과 뚜렷한 소신, 사람과 세상을 깊이 이해하는 태도가 필요해요.

(*´ᵕ`*)╱ 효과적으로 감정을 다스리고 자기 자신을 잘 컨트롤할 수 있어야 비로소 어른이 된다고 할 수 있어요. 감정의 균형을 통해 여러 가지 상황에서도 안정감을 유지할 수 있도록 스스로를 잘 살펴보아요.

(*´ᵕ`*)╱ 사람들의 존경을 한 몸에 받는 것이 어른이라고 생각하겠지만, 타인을 진정으로 존중할 때 비로소 진짜 어른이 될 수 있어요.

인생의 가치 중
돈이 차지하는
비중은 얼마나
될까요?

공무원의 정년이 60세에서 65세, 어쩌면 70세까지로 늘어날 수도 있는 시대입니다. 우리는 앞으로 더 오랜 시간을 일에 쏟아야 하는데요. 과연 내 일에 확신을 갖고 꾸준히 시간을 쏟을 수 있는 힘은 어디에서 오는 걸까요? 한 업계에서 몇십 년간 커리어를 이어 가는 전문가를 볼 때마다 경이로움이 느껴져요. 특히 시간이 지날수록 업계, 회사, 직무에 따라 쌓여 가는 연봉과 재산의 크기가 달라진다는 이야기들을 듣기도 하고요. 돈이 전부는 아니지만 무시할 수 없는 중요한 가치인 만큼 현재의 일의 지속 여부를 결정하는 데에 큰 영향을 미치기도 하는 것 같아요. 혹시 일을 이어 가면서 다른 업계에 대한 궁금함이 생기거나, 내 일에 대해 불안감을 느낀 경험이 있었나요? 온갖 물질적 정성적 가치들 속에서 나만의 중요한 가치를 정립하고, 내 일에 대한 자부심을 수호하며 살아갈 수 있는 방법이 궁금하네요. 세상의 많은 가치 중 인생에서 '돈'이 차지하는 비중은 과연 얼마나 될까요?

수정
봄 선배님에게 ▼

봄 선배님, 어느덧 마지막 일요일입니다. ☺

날이 따뜻해지니 보고 싶은 얼굴들이 하나둘 떠오르네요. 노랑색, 분홍색 꽃들이 터져 올라오는 것을 핑계로 괜히 친구들에게 연락을 보내 봅니다. 큰 창으로 봄을 내려다볼 수 있는 소란한 카페에 앉아 이야기를 나누다 보면 어느새 사는 얘기, 살았던 얘기에 웃음꽃이 피네요. 하지만 가느다란 빗방울 몇 번에 금세 져 버리는 한철 꽃처럼 꽤 심각한 표정과 함께 우리들의 얼굴에 근심이 퍼져나갑니다. 언제나처럼 재밌는 소재가 떨어진 후, '근데…'로 시작하는 인생 고민 상담 시간이 찾아왔기 때문입니다. 이번 이야기의 화두는 '어떻게 하면 돈을 많이 벌 수 있을까?'였습니다.

같은 학교, 바로 옆에서 함께 공부하고 놀기도 했던 친구들이지만 현재 모두 각자의 길을 걸으며 서로 다른 직업을 가지고 있어요. 공시를 준비하다가 그만두고 우연히 학원 강사의 길을 걷는 친구, 대학원에 들어가 교수가 되는 것을 목표로 하는 친구, 저와 같이 국문과를 나왔지만

열심히 공부한 끝에 개발자로 일을 시작하는 친구 등 정말
다양하답니다. 그중 몇몇은 이미 수천만 원 대의 월급을
받고 있거나, 억대 연봉을 목표로 공부하고 더 나은 길을
찾기 위해 시간을 투자하고 있습니다. 직업에 귀천은 없다
지만, 돈이 전부는 아니라고 하지만, 회사에서 그저 그런
월급을 받으며 살아가는 저는 묘한 불안감이 들었어요. 그
때 한 친구가 저에게 이런 말을 했습니다.

> "나는 네가 별로 큰 욕심이 없는 줄 알았어! 항상 뭐
> 든 다 좋다는 표정이어서 돈에 대한 야망 같은 것은
> 없는 줄 알았지."

뒤통수를 한 대 크게 맞은 것처럼 멍해졌어요. 그동
안 스스로를 독한 욕심쟁이라고 생각하며 치열하게 노력
해 왔다고 자부했었거든요. 들어오면서 봤던 설레는 봄꽃
의 색깔 따위는 지워 버리고, 오직 이 한 마디만 그날의 기
억에 박혔습니다. 그리고 그 노력의 진실성과 절대적 크기
와는 상관없이 사회에서는 결국 돈이라는 보상을 통해 내
가치를 증명하기도 한다는 사실을 깨달았습니다. 물론 가
까이에서 저를 지켜봐 왔던 사람들은 제 노력의 시간을 잘

알고 있겠지만, 바깥에서 보기엔 이유를 붙여 가며 설명하지 않아도 명확히 보이는 결과로 나를 평가할 수밖에 없다는 것을요. 결국, 내 존재를 증명하고 설득해야 하는 대상은 나를 전혀 모르는 타인일 테니까요.

더 신기한 것은 이 모든 것이, 특히 돈과 관련된 것이라면 모두 '상대적'이라는 법칙이 강하게 작용한다는 것입니다. 저는 서울에서 나고 자라지 않았는데요. 작고 평화로운 저의 고향 동네에 가면 무난히 이름 있는 회사에 들어가 월급을 또박또박 받는 인생이 얼마나 다행이라고 여겨지는지요. 복잡한 서울 땅에서 발을 딛고 꿋꿋이 살아갈 수 있는 것만으로도 이미 최고의 성공이라고들 해요. 고향 친구들에게 저는 꽤 치열하고 열심히 살아 온 아이로 기억되고 있습니다. 다만 더 넓은 세상을 만나고 높은 세계를 마주했을 때 우물 안의 개구리가 된 것만 같은 중압감이 컸어요.

혹시 내 꿈이 너무 작았던 것은 아닌지 고민이 들기도 했습니다. 어쩌면 태어날 때부터 꿈의 크기와 목표의 끝이 정해져 있다는 생각도 했어요. 최근 한국교육개발원(KEDI)이 발표한 교육 분야 양극화 추이 분석에 따르면 부모 소득 상위 20% 집단에 속한 자녀가 하위 20%보다 경제적 측면에서 더 나은 일자리로 이행해 오는 양극화 현상이 뚜렷해지고 있다고 해요. 부모의 경제력, 지역 간 격차 등이 이전 시대보다 훨씬 중요해진 것이죠. 앞으로는 공부만 열심히 해서는 쉽게 좋은 대학을 가고 소위 말하는 성공한 삶을 살기가 더 어려워질 것이라 예측하곤 합니다. 평생 좋은 대학에 가서 좋은 회사에 가는 것만이 제일 큰 성공이라고 생각했던 저와 달리, 어렸을 때부터 고소득, 전문직을 목표로 보고 자란 친구들은 그 길이 당연한 것이라고 생각한 것처럼요.

친구들과 이런 얘기들을 나누다 보면 결국 '이제 노력만으로는 살기 어려운 세상이다!'라는 결론으로 도달하곤 합니다. 그러고 싶진 않지만 막연하게 세상을 탓하다가 노력만 하면 어느 정도 안락한 집과 가정을 꾸리며 살아갈 수 있었던 부모님 세대와 비교하기도 해요. 세상이 얼마나 바뀐지도 모르고 '열심히'를 강조하는 게 야속해져 괜한 세

이정우 외, 교육 분야 양극화 추이 분석 연구(Ⅲ), 충청북도: 한국교육개발원, 2022

대 갈등의 이슈로 불씨가 번지기도 합니다. 결국엔 노력조차 하지 않는다면 달라질 방법이 없다는 것을 알면서도요. 괜스레 엄마에게 전화를 걸어 참 살기 쉽지 않은 세상이라고 한탄을 해 봐요. "엄마 때는 그래도 일을 하면 집도 사고 가정도 꾸리고 살 수는 있었잖아!"라고 투정을 부려보면, "우리 때도 다 똑같이 힘들었어."라는 대답이 돌아오죠. 그럼 또 "그런가…"하며 수긍하기도 합니다. 😊

결국엔 모든 게 다 상대적이라는 것! 그렇다면 내 일에 대한 나의 절대적인 생각이 제일 중요하다는 것이겠죠. 불만과 불안투성이지만 실제로 저는 제 일에 자부심을 느끼고 만족하고 있어요. 나름 좋아하는 일을 찾아 할 수 있는 일을 하고 내 노력으로 만들어 가는 결과들이 마음에 들어요. 아무리 억대 연봉을 받는 친구들의 이야기를 들어도, 당장 일을 그만두고 돈을 좇아 갈 생각은 들지 않습니다. 하지만 문제는 이따금 마음속 불안이 고개를 들어 일에 대한 확신을 흔들어 놓기도 한다는 것이에요.

"수정 님은 돈 많이 벌고 싶다고 생각한 적 없어요?"

일을 처음 시작했을 때 제 워너비셨던 팀의 한 선배

님께서 이런 질문을 하셨어요. 외근이 끝나고 둘이서 비싸고 맛있는 양식과 술 한 잔을 기울일 때였죠. 입사한 지 3개월도 안 되었을 때라, 그저 일이 재밌고 행복하기만 한 나날들을 보내고 있기도 했어요. 이렇게 즐거운데 굳이 돈이 중요한가? 싶어서 당당하게 딱히 신경 쓰지 않는다고 말했던 기억이 납니다. 흔히 생각하는 고연봉 직업을 갖기 위해 로스쿨 가서 변호사가 되는 일, 대학원에 가서 교수가 되는 일, 전과해서 개발자가 되는 일은 저에겐 정말 맞지 않고 재미없는 일이라고 생각을 했거든요. 무엇보다 돈보다 중요한 가치들이 훨씬 더 많다는 것을 굳게 믿고 있었습니다. 또한 그런 일이 아니어도 내 앞에서 비싼 밥을 사 주고 계신 선배님은 현재 콘텐츠 업계에서 자리 잡아 인맥도 넓고 퍼스널 브랜딩도 잘 된 성공적인 마케터의 삶을 살고 계셨으니까요. 선배 또한 이전에 컨설턴트 일을 하시며 훨씬 고소득의 직업을 가졌던 때가 있었는데요. 더 좋아하고 더 잘하는 일을 찾아 콘텐츠 업계에 오셨던 것이죠. 한창 눈을 반짝이고 있던 때에, 선배님은 이런 말씀을 하셨어요.

"자신이 좋아하는 일을 선택했다는 이유만으로 더 적

은 돈을 벌어야 한다는 게 참 이상하지 않아요?"

그때는 한 귀로 흘려 보냈던 이야기들이 이제는 조금씩 이해가 되는 것도 같습니다. 돈이 전부는 아니라지만, 앞으로 살아갈수록 꼬리표처럼 붙는 나의 가격이 되기도 하니까요. 그럴수록 요즘 다들 말하는 '사이드 프로젝트'에 대한 관심이 커지고, 이직에 대한 고민도 제쳐 둘 수만은 없는 것 같습니다. 이 세상을 살아가기 위해서는 믿을 건 오직 나뿐! 회사가 온전히 나를 책임져 줄 수 없다는 요즘 세대의 결론은 이런 배경에서 나오지 않았을까 싶습니다.

부자가 되고 싶은 수정 드림

PS.   마음의 부자가 되어야 할까요, 돈의 부자가 되어야 할까요?

봄

수정 후배님에게 ▼

수정 후배님😊

이대로 봄을 건너뛰고 바로 여름이 오는 건가 싶을 정도로 볕이 따가운 금요일이네요. 저는 오랜만에 휴가를 내고 온종일 그야말로 멍하게 지냈어요. 어제 퇴근하고 집에 오는 길에 잠깐 선루프를 열었는데, 그 위로 보이는 하늘과 빛의 온도가 그리고 그 순간 불어오는 공기의 질감이 묘하게 익숙해서 잠시 몇 해 전의 봄날을 유영했답니다.

수정 님의 질문을 받고 보니 재작년 가을 우리를 힘들게 했던 모 금융그룹의 프로젝트가 떠오르네요. 돈이라는 주제 앞에서는 누구나 어려워지고 다소간 조급해지는 것 같아요. 특히 끊임없이 타인과 저울질하며 사람들의 기준에서 뒤처짐 없이 살아가야 함을 체득하며 자라온 한국 사람들에게는 더욱 버거운 주제인지도요.

제게 돈이 얼마나 중요한지 묻는다면, 이 얘기를 하지 않을 수 없겠네요. 사업을 시작하고 저의 파트너 님과 눈이 마주치는 순간 제가 제일 많이 하는 말이 "우리 돈 많이 많이 벌어요!"라는 걸요. 자본주의 세상을 살아가는 근면 성실한 노동자로서 당연한 다짐이라고 생각해요. 흐흐.

돈은 많으면 많을수록 좋은 걸까요? 삶에서 어느 정도의 우선순위를 두어야 할까요? 돈 그 자체를 목적으로 하는 사람도 있겠지만 대부분의 사람은 행복 같은, 삶의 다른 중요한 가치를 실현하기 위한 수단으로 돈을 생각하겠지요. 돈이 많으면 과연 행복한 걸까요? 아, 이건 질문을 다시 해야겠어요. 돈만 많으면 과연 행복해질까요?

제가 모 은행 프로젝트를 할 때였는데, 담당자분이 본사 브랜드 담당으로 오시기 전에 PB센터에서 근무하셨다고 해요. 정말 많은 자산가를 만나 보았는데, 돈만큼 골칫거리가 되는 것도 없다고 하시더라고요. 그래서 본인은 "돈=행복"이라는 전제에 절대로 동의할 수 없다고 이야기하셨어요. 직접 겪어 보지 않았으니 확언할 수는 없겠지만 돈에서 야기되는 부차적인 문제들이 많을 수 있다는 건 예상할 수 있겠더라고요. 그리고 가끔 주객이 전도되는 상황도 목격하게 되고요. 행복하려고 돈을 버는데, 돈을 버는 과정이 너무 고되기만 한 그런 안타까운 상황. 그럼에도 불구하고 벗어나지 못하는 경우도 꽤 많고요. 대체 언제, 어떻게 행복해질 수 있는지 알 수 없는 그런 날들이 하염없이 이어지는 일상이라니.😱 잘 살기 위해서는 돈은 당연히 필요한데, 그렇다고 돈이 행복을 보장해 주는 것도 아니고, 돈을 버는 행위에 집중한 커리어는 고되기만 하니 돈에 대한 생각이 명확하기가 쉽지 않은 것 같아요.

저는 스스로 돈에 큰 욕심이 없는 타입이라고 생각하는데요. 일단 어떤 상황이든 간에 싫어하는 일을 묵묵히 참고 할 수 있는 타입이 아니라는 걸 알기 때문에 벌이에만 집중한 커리어를 포기했기 때문이기도 하고, 자취와 아르바이트로 다져진 20대를 보내고 나니, 내가 벌 수 있는 정도와 세상을 살아가는 데 드는 비용을 비교적 빨리 체감했기 때문이기도 한 것 같아요. 그렇다고 완전히 무소유를 지향하는 건 물론 아니고요.😏 커리어와 돈을 언제나 연결되어 있기 때문에 각각의 마지 노선을 정해 놓고 신중하게 조율하여 선택하는 거죠.

'이 정도 연봉이면 이 정도의 불편함은 감수할 수 있지.', '계속하고 싶던 일이었으니 페이가 조금 부족해도 괜찮을 것 같아.' 하면서요. '내가 하고 싶은 일을 하기 위해서 더 적은 돈을 벌어야만 한다.'는 늘 있음직한 상황이지만 그렇다고 해서 모두에게 해당하는 일은 아닐 거예요. 좋아하는 일을 하면서도 벌이 역시 아쉽지 않을 수도 있고, 내가 하고 싶은 일은 돈을 가장 빨리, 가장 많이 버는 일이라고 생각하는 사람도 있을 테니까요.

각자의 우선순위와 그에 맞는 각자의 선택이 있을 거예요. 그리고 자신의 판단과 선택이 분명하다면 나보다 더 고액 연봉자를 보고 내 연봉에 대한 의구심이 커진다거나, 투잡을 위해 구슬땀 흘리는 시간에 즐거운 시간을 보내는 친구를 보며 스스로의 삶이 마냥 비참하거나 하지 않겠죠. 그 길이 언제나 꽃길이 아닐지언정 물러서지 않을 수 있을 거예요.

수정 님이 말한 대로 역시 나의 절대적인 시각이 중요한 거겠죠. 커리어든, 돈이든, 성공에 대한 정의든. 결국 남이 아닌 나의 인생이니까요. 나의 기준이 분명해야 나와 다른 길을 가고 있는 누군가에 빗대어 나의 성공의 정도를 판단하는 실수를 범하지 않을 수 있어요. 내가 아무리 많이 벌어도 나보다 더 많은 것을 가진 사람은 분명히 있을 텐데 그때마다 위축될 필요도 없고, 내가 좋아하는 것들을 하기에 다소 부족한데 굳이 나보다 덜 가진 사람과 비교하며 나는 그래도 괜찮다고 자위하는 것도 좋지 않고요.

나이가 들어갈수록 현실적인 것들을 더욱 많이 알고, 보게 되기 때문에 점점 더 돈에 대해 신중해지기는 하는 것 같아요. 어릴 때보다 훨씬 많은 돈이 필요하기도 하거든요. 이제 옷의 무게를 느끼는 나이가 되어 가볍고 좋은 소재의 옷이 필요하기도 하고요. 동네 내과 말고 더 다양한 병원에 가게 되기도 해요. 순한 로션 하나로는 피부가 감당이 안 되는 것도 나이가 들면서 자연스러운 일이니까요. 라이프 사이클에 따라 나에게 필요한 돈의 정도가 달라지니, 그때그때 내 생활을 잘 들여다보는 게 중요하겠죠.

무조건 더 화려한 거, 무조건 더 비싼 거를 탐할 게 아니라 나라는 사람에게 충족감을 주는 것이 무엇인지를 잘 알고 그를 위한 돈을 벌고, 필요를 채울 정도가 되었다면 돈 그 자체에 더 욕심내기보다 채워진 것들을 충분히 즐기는 삶이면 좋겠어요. 이런 삶을 사는 사람은 남들이 가진 것, 남들이 가는 길 때문에 초조하거나 불안해하지 않으니 늘 여유로워 보여요. 누군가에게 내가 잘 살고 있음을 증명해야 한다면, 내가 가진 차나 가방이 아니라 굳이 드러내려고 하지 않아도 드러날 수밖에 없는 삶을 즐기는 모습을 통해 보여 주는 것이 더욱 분명할 거예요.

물론 더 많이 가질 수 있다면야 사양하진 않겠지만요. 저는 지금 제가 누리는 것들이 충분한 것 같아요. 그렇게 생각하고 나니까 돈을 더 벌기 위해 더 애써야 한다는 생각에서 자유롭고, 그렇기 때문에 저로서는 다소 무모한 도전이었을 수 있는, 사업도 과감하게 시작할 수 있었던 것 같아요. 충분하다는 의미가 원하는 대로 펑펑 쓸 수 있다는 의미는 아니지만요. 산자락 주택에 살아서 난방비가 더 많이 드는데, 이번 겨울은 엄청 아끼며 지냈거든요. 그래도 그런 생활이 불편하거나 고통스럽지 않으니까요.

'사회생활을 이쯤 했는데 사람들을 만날 때 더 좋은 가방을 들어야 하지 않을까?'하는 생각을 했던 적도 있었던 것 같아요. 그런데 가방으로 나를 평가하는 사람들의 시선에 큰 의미를 두지 않기로 하면서 오픈런을 해야 하는 수고도 덜었고, 제 손에 가장 편하고 비바람 쳐도 품속에 모시지 않고 거뜬히 들고 다닐 수 있는 가방을 들며 마음이 가벼워요. 내가 편하고 행복한 방식으로 삶을 꾸려 간다는 건 분명 멋진 일이에요!

원하는 것 대비 버는 돈이 충분치 못했던 시절이 있었지만, 내가 원하는 부의 정도란 허황한 꿈이 아니라 나의 생활을 더 단단하게 꾸리는 데 필요한 것이라는 걸 알게 된 후엔 일정 기간 돈을 벌고, 씀씀이를 조절하고, 약간의 재테크 노력까지 더한 나의 능력으로 충분히 도달할 수 있는 목표라고 생각했어요. 그리고 만족하는 지금이 있고요.😌 그러니까 파트너 님에게 하는 "돈 많이 벌어요."는

"우리 이번 주도 파이팅해요!"와 다르지 않은 말이에요.

저에게는 확실히 돈이 전부는 아니에요. 수정 님이 바라는 삶은 구체적으로 어떤 삶인가요? 그런 삶을 위해 어떤 경제 생활이 필요할까요? 누군가 더 많이 벌기 위해 노력하고 있으니까, 라는 이유는 빼고 오롯이 수정 님을 위해 돈은 얼마나 중요한가요? 그 답은 시간과 함께 늘 달라질 테니 스스로의 목소리에 귀를 잘 기울이면 좋겠어요!

수정
봄 선배님에게 ▼

봄 선배님, 이파리가 차오르는 일요일입니다.🍃

모처럼 휴가를 내고 쉬는 시간을 보내셨다니 듣던 중 반가운 소식입니다. 그동안 바쁜 시간이 조여 왔던 봄 선배님의 건강도 조금씩 회복되었길 바라요! 배턴을 이어받아 이번엔 제가 아주 바쁜 마지막 주를 보내고 돌아왔답니다.

그나저나 금융그룹 프로젝트가 벌써 재작년의 일이 되었다니요! 그때도 무엇이든 도움이 되었으면 좋겠다는 생각에 고사리손으로 설문 조사지를 정리하던 기억이 나네요.😄 '돈'에 대한 다양한 이야기를 나누다 보면 결국엔 삶과 인생에 대한 철학적 고민으로 귀결된다는 것이 참 신기했는데요. 누구나 돈이 중요한 물질적 가치임에 동의하지만 필요한 양과 사용하는 곳, 얻고자 하는 목적에 따라 돈의 절대적 가치에는 비동의를 표했죠. 200명이 넘는 사람들이 입을 모아 말하길, 돈은 각자 삶의 목적에 따라 그 가치가 상대적으로 정해진다는 것이었어요. 초록색, 노란색, 그저 숫자가 박힌 종이 쪼가리 주제에 그 안에 사랑과 신념과 가치와 철학이 담겨 있다니. '참, 돈이 뭐라고!' 하는 생각이 들면서도 결국 돈은 무한한 삶 앞에서 무릎을 꿇을 수밖에 없는 유한한 종이 쪼가리가 맞았다는 사실에 안심이 되기도 하네요. ☺

봄 선배님 말씀처럼 단순히 돈의 많고 적음보다는 궁극적으로 그 돈으로 어떤 삶을 살고 싶은가가 더 중요할 것 같아요. 누군가의 말처럼 파인다이닝 레스토랑에서 식사하고 몰래 빠져나와 끅끅 울다가, 한강이 내려다보이는 자취 아파트에서 명품 가방을 집어 던지고 슬프다며 엉엉 우는 삶은 어떨까요. 😂

가끔 한강 뷰 아파트를 지나가다 보면, 똑같은 인간으로 태어났는데 대부분의 사람은 살면서 한 번도 저곳에서 살아 보지 못하고 죽게 된다는 것이 새삼 이상하게 느껴진 적이 있어요. 저기에 사는 사람들은 어떤 사람들일까 궁금해지기도 했죠. 진짜 한강 뷰 아파트를 목표로 삼고 올라가면 한 번쯤 살아볼 수 있을까 싶기도 했고요. 다만, 봄 선배님이 들려주신 많은 자산가들의 삶처럼 아주 고되고 끝없는 노력이 필요할 수 있겠어요. 특히나 시간이요!

과연 나의 젊음과 청춘을 다 바쳐 한강 뷰 아파트라는 목표를 이뤄냈을 때 확실하게 보람이 있을까를 생각해 봤는데요. 확신할 수 없을 것 같아요. 역시나 내가 어떤 일을 이뤄냈는지, 어떤 시간을 보냈는지가 중요할 것 같달까요. 아무 걱정 없이 훌쩍 여행을 떠났던 시간은 며칠이었을지, 가끔 사랑하는 사람과 마주 보며 환하게 웃을 시간은 몇 시간이었을지, 내 신념을 지키기 위해 불합리함에 맞서 싸운 시간은 몇 분이었을지. 후에 인생을 돌아봤을 때 스스로 잘 살아왔다고 말할 수 있으려면 이런 가치 있는 시간이 기억에 많이 남아야 할 거예요. 그러기 위해선 아직 저에게 한강 뷰 아파트는 그 시간을 이뤄내기 위한 구체적인 목표가 되지는 못하고 있네요! 또 언젠가 이룰 수도 있는 부수적인 업적 중 하나가 될 수는 있겠지만요.

그렇다면 지금 떠오르는 삶의 목표를 구체적으로 나열해 볼까요. 만약 당장 돈이 주어진다면 제가 사고 싶은 것들은 생각보다 사소한 것들이에요. 눈부신 아침 햇살에 못 이겨 일어나 창문을 활짝 열어 환기를 시키고, 아늑하게 마련된 홈 오피스 공간에서 재택 근무를 시작하고 싶어요. 그러다 점심시간이 되면 잠시 창밖을 보며 멍하니 있다가 때로는 집 앞 공터에서 산책하다가 돌아오고요. 저녁엔 회사 노트북을 끄고 게이밍 의자에 앉아 제가 제일 좋아하는 게임을 하는 여유를 즐기고 싶답니다. 아무래도 집에서 하루를 시작해 집에서 끝나다 보니, 저에게 집이란 공간이 무엇보다도 큰 비중을 차지하는 것 같은데요. 별거 아닌 듯한 제 꿈의 일상을 이뤄내기 위해서는 그럴듯한 집이 필요하고, 꽤 많은 돈이 필요하다는 것을 깨달았답니다.

　지금 제가 살고 있는 작은 자취방은 햇빛이 잘 들지 않아서 불을 켜지 않으면 아침이 왔다는 사실을 알기가 쉽지 않아요. 바로 앞에 떡하니 서 있는 건물들이 시야를 가려서 환기는커녕 블라인드로 가리고 살기 바쁘죠. 대부분 재택 근무를 하는데, 일어나면 침대에서 손만 뻗으면 닿을 거리에 작은 책상이 있어요. 언젠가 꼭 일과 일상이 분리된 공간이 갖고 싶다는 생각이 간절하답니다. 꿉꿉하게 잘 마르지 않는 빨래도 햇빛에 바싹 말리고, 1.5층의 옆집 뷰에서 벗어나 탁 트인 높은 풍경을 가만히 바라보고, 땀 뻘뻘 흘리며 오르는 오르막길에서 벗어나 평지를 걷기만 하면 도착하는 편안한 집이기를!

　돈으로 살 수 있는 것은 생각보다 사소한 것들이에요. 반대로 말하면 사소한 것들을 이뤄내기에도 돈이 필요하다는 것이겠죠? 다만, 부와 명예와 같은 거대한 가치보다는 비교적 적은 돈이 필요할 거예요. 이럴 땐 숫자와 가치를 환산해 주는 돈이 참 유용한 역할을 해요. 1년에 얼마를 모아서 내가 원하는 목표를 이루겠다는 계산을 할 수 있거든요. 갖고 싶은 것에서 필요한 것을 똑똑하게 골라내고, 무지했던 재테크에도 관심을 가지게 하고요. 원하는 목표를 더 빠르게 이루기 위해서 끊임없는 자기계발의 욕구와 열심히 살아갈 힘을 주기도 해요. 그 속에서 쌓이는 것이 그저 돈만은 아니에요. 나의 커리어적 능력, 세상의 흐름을 읽는 능력, 발전하는 경제 관념 등을 하나씩 쌓아 가고 있답니다. 몇 년 뒤에 더 좋은 집을 사기 위한 돈 그 이상의 가치를 얻을 수 있겠죠?😎

물론 그 과정에서 많이 흔들리기도 할 거예요. 며칠 전에 친구 집에 놀러 갔다가 꿈에 그리던 햇빛이 잘 드는 꽤 넓은 집을 구경하고 왔는데요. 오랜만에 느끼는 서울의 밝은 모습에 기분 전환이 되었다가 다시 집에 돌아오니 왠지 모르게 서글퍼지는 날이었어요. 끝나지 않는 일에 치여 어김없이 야근을 하고 있는 모습에 수만 가지 감정이 오고 갔죠. 그때 저를 한강 뷰 아파트보다 훨씬 더 높은 하늘로 끌고 올라가게 해 준 것이 하나 있었는데요. 몇 달 동안 열심히 써냈던 게임 스토리였어요.

드디어 게임에 실려 사람들에게 공개됐고, 수많은 리

뷰와 평가들이 달렸어요. 물론 안 좋은 이야기들도 있었지만 스토리가 너무 재미있고 얼른 다음 시즌을 써 달라는 리뷰들이 많았답니다! 원작 스토리의 세계관을 이어서 새로운 스핀오프를 쓴 것이었기에, 원작 작가 분들께도 미리 보내 드렸어요. 평소에 정말 존경하고 모두에게 전설로 불리시는 거장 작가님께서 "흠잡을 곳이 없네요."라고 메일 답장을 보내 주셔서, 날아갈 듯이 기뻤답니다. 그 어느 것으로도 살 수 없는 나만의 성취이기에 더욱 가치가 있었어요. 앞으로 살아갈 때마다 작은 방구석에서 이뤄낸 제 안의 성취들이 단단한 뿌리가 되어 줄 것을 확신했답니다.

봄
수정 후배님에게 ▼

　지난 주제인 돈과 관련된 재미있는(!) 에피소드가 있어 다음 주제로 넘어가기 전에 덧붙여 보려고요. 제가 큰 욕심이 없는 편이라고 말했는데 이 말의 함의는 '제 주제를 잘 안다'는 거예요. 이렇게 주제를 잘 아는 사람이 되게 된 결정적인 계기가 있었는데요. 아마 제가 수정 님 연차쯤 되었을 때였던 것 같아요. 우리나라에 주상복합이라는 개념이 막 생겨나던 때였어서 관련된 프로젝트가 있었어요. 그쯤 막 독립하기도 했고, 한창 궁금한 거 많을 나이라 현장도 둘러보고, 쇼룸도 보면서 '나도 나중에 성공한(?) 어른이 되면 이런 데 살겠지.' 하며 저도 모를 희망에 부풀었는데요. 그게 제 표정에 티가 났던지 그때 저희 실장님이 물으셨어요. 좋아 보이냐고, 이런 데 살고 싶냐고요. 그러면서 이런 데 살 수 있을 것 같냐고 덧붙여 물으셨는데 열심히 돈 벌어서 한 10년 후쯤엔 살 수 있지 않을까요, 하고 답했거든요.

　그랬더니 실장님이 제가 10년 동안 버는 돈을 한 푼도 안 쓰고 모아도 어림없다는 거예요. 계산에 느린 문과지만 지금의 연봉과 인상률을 고려한 앞으로의 연봉에 얼추 곱하기 몇을 했더니 저희가 둘러본 주상복합의 매매가의 근처에도 못 가더라고요.😃 제가 숨만 쉬고 모은 돈의 몇 배 가량이 있어야 이런 곳에 살 수 있다는 거고, 물가 상승률을 고려하지 않았으니 또다시 10년을 숨도 안 쉬고 모은다고 해도 막상 그때 가면 또 어림없을 것 같더라고요. 어린 마음에 해맑은 저의 희망이 참 민망하고도 부끄러웠는데요.

'열심히, 성실하게'만으로는 어림없는 세상이라는 걸, 절절히 실감했답니다. 그땐 연봉만큼 벌 수 있는 또 다른 경제 파이프라인이 있을 수 있다는 건 상상하기 어려웠고요. 저의 실망이 또 얼굴에 고스란히 드러났던지 실장님은 제가 이 집을 가질 수 있는 세 가지 방법을 알려 주셨어요.

1. 로또에 당첨된다(요새는 로또로도 안 될 거예요)
2. 저 집을 살 수 있는 남자랑 결혼한다(우우우! 그 당시에도 반발심이 들었던 조건)
3. (만약 가능하다면) 부모님께 사 달라고 한다(쳇)

그날 제가 얻은 교훈은 어처구니없는 희망은 버리는

게 맞다는 거였어요. 다만 저 집에 살지 못한다고 해서 내 삶이 의미 없다고 생각하지는 않기로 했죠. 그 일이 있고 얼마 안 돼서 으리으리한 주상복합과 비교조차 되지 않지만 커다란 창이 있는, 거실과 방이 분리되는 곳으로 이사할 수 있었고, 내 취향에 더 들어맞는 아기자기한 소품들을 살 수 있었고, 집에 들어서자마자 행복해지는 디퓨저를 둘 수 있었어요. 조금씩 조금씩 더 나은 곳으로 이사 가면서 그만큼의 경험치와 그만큼의 행복을 누렸으니 남부러울 것 없다고 생각했답니다.

당시에는 솔직히 조금 상처였던 것 같은데, 지금 생각해 보면 실장님의 말씀은 틀린 구석이 하나 없고 자본주의 세상의 레이어에서 내가 맨 꼭대기에 있지 못하다고 해서 불행한 것은 아니니 어렸던 생각이 트이는 계기가 아니었나 싶어요.😊 지나고 보니 그 시절의 매일은 배움이었나 봐요.

"역시 나의 절대적인 시각이 중요한 거겠죠. 커리어든, 돈이든, 성공에 대한 정의든. 결국 남이 아닌 나의 인생이니까요. 나의 기준이 분명해야 나와 다른 길을 가고 있는 누군가에 빗대어 나의 성공의 정도를 판단하는 실수를 범하지 않을 수 있어요."

후배의 팁

(∩ ˘ ³˘) 돈을 통해 이루고 싶은 구체적인 목표를 나열해 보면 궁극적으로 어떤 가치를 이루고 싶은지를 파악할 수 있을 거예요.

(∩ ˘ ³˘) 부정적인 단어처럼 느껴지기도 하지만 돈이 삶의 긍정적인 원동력이 되기도 한답니다.

(∩ ˘ ³˘) 이루고 싶은 목표를 위해 돈이 필요할 때 무작정 좌절하기보단 구체적으로 달성하기 위한 목표를 세워 보세요. 명확한 숫자의 장점은 앞으로 필요한 돈, 내가 달성할 수 있는 정도, 달성하기까지 걸리는 시간을 파악할 수 있다는 점이랍니다.

(∩ ˘ ³˘) 돈의 상대성에 홀려 남들과의 비교 속에서 행복을 찾지 마세요. 돈은 행복과 성공의 절대적 기준이 될 수 없어요.

(선배의 팁)

(*´ᵕ`*)/ 돈에 대한 의미를 부여하기 전에 나의 경제력을 분명히 이해하는 시간을 가져 보세요.

(*´ᵕ`*)/ 살아가는 데 돈은 꼭 필요하지만, 전부일 수는 없고 행복한 나를 위해서도 중요하지만 돈 그 자체가 행복인 것은 아니에요.

(*´ᵕ`*)/ 나의 경제력이 나라는 사람을 설명하는 바로미터가 되는 것은 아니에요. 성공의 여부를 경제력으로 판단한다면 너무 협소한 잣대에 자신을 가두는 것과 같아요.

(*´ᵕ`*)/ 나의 목표치와 이상적인 라이프 스타일을 그려 보고, 그에 도달하기 위해 현실적이고 똑똑한 경제 관념과 전략을 가지는 것이 필요해요.

우리를 쓰러뜨린
강력한 업무 펀치!
어떻게
회복해야 하죠?

일하다 보면 당연히 힘든 순간들이 찾아오는데요. 보통 오뚜기처럼 다시 일어나 일상은 흘러가고 업무는 반복되지만, 어떤 일은 특히나 큰 펀치를 날려서 꽤 오랜 시간 일어나지 못하는 경우가 있는 것 같아요. 우리를 쓰러뜨린 강력한 펀치는 무엇이었을까요? 그리고 그 시련을 어떻게 극복했는지 이야기해 보고 싶어요. 일의 곡선을 그려 보면 위아래로 요동치는 포물선의 연속일 것 같은데요. 어쩌면 오랜 시간이 흘러 곡선의 패턴을 완벽히 파악했거나, 곡선 자체의 변화 폭이 점차 줄어들 수도 있을 것 같아요. 각자 시련을 극복하고 정상으로 회복하는 방법에 대한 노하우를 전수해 보아요.

봄
수정 후배님에게 ▼

일을 하는 상황이라는 게 정말 일 그 자체만으로 구성되지는 않잖아요. 그 안에 사람도, 관계도, 뭐라고 정의해야 좋을지 모를 미묘한 상황적 맥락과 환경이 마구마구 뒤섞여 있어서 지금의 힘듦이 그중 어떤 것 때문인지 정확하게 파악하는 게 어려울 때가 많은 것 같아요. 수정 후배님의 '위아래로 요동치는 포물선의 연속'이라는 표현이 정말 딱 맞는데, 저의 경우는 그런 포물선을 그리는 것은 궁극적으로 저의 감정 상태라고 생각돼요. 출근길 아침 공기의 질감 같은 아주 사소하고 맥락 없는 것에도 포물선의 위아래가 반전되기도 하고요. 우리가 지난번에 이야기했던 성취, 나를 힘들게 하는 사람처럼 위와 아래를 분명하게 가리키는 이슈가 있기도 하고요.

막상 일을 기능적으로, 퍼포먼스로, 스킬로 본다고 했을 때의 그래프는 계단식 그래프가 맞는 것 같아요. 사람들은 흔히 우리의 능력이 완만한 우상향 곡선의 그래프로 표현될 수 있다고 믿는데, 직장인으로서 저는 예상할 수 없는 어떤 계기로 크게 성장하고 일정 기간동안 그 정도의 스킬을 대체로 항상성 있게 지속하는 시간이 길더라고요. 직장인인 내가 어제의 나보다 조금씩 더 성장한다는 건 저에겐 좀 믿기 어려운 얘기인 것 같아요.😜 어느 나라도, 어느 인종도 마찬가지로 직장을 다닌다는 건 성장과 보람의 가치도 있지만 대부분의 시간은 특별한 의미 없이 반복되는 일상의 시간이 아닐까요? 대체로 반듯하게 뻗어 가는 직선과 같은, 비슷한 퀄리티의 퍼포먼스를 내면서 매일의 상황에 따라 감정의 포물선이 반복되는 그런 시간. 그래서 일터에서 회복 탄력성을 가진다는 건, 감정의 포물선의 폭이 너무 넓어지지 않도록 잘 살피는 일이라고 생각돼요.

요즘 그런 종류의 자기계발서가 자주 눈에 띄더라고요. 감정이 태도가 되어서는 안 된다는. 감정대로 행동할 수 있는 직장인이 얼마나 될까 싶기도 하지만 어쨌든 감정을 완벽하게 통제하려는 건 너무 무리한 도전 같아요. 도서관에서 물론 큰 소리를 내면 안 되겠지만 재채기를 하면 벌금을 물린다거나 출입 금지해 버린다는 규칙 같은 느낌이에요. 재채기는 참기 힘들다는 걸 모두 아니까 우리가 서로 눈감아 주는 거잖아요. 감정이라는 것도 내가 알아차리지 못하는 새에 생겨나는 것이기 때문에 그 자체를 억제

하려고 하기 보다는 그 감정을 사회구성원으로서 어떻게 해소할 것인가에 집중해야 한다고 생각해요.

그래서 저는 '회복 탄력성'을 찾기 위해서 가장 선행되어야 하는 일은 어쩌면 자기 자신을 잘 들여다보는 것인 것 같아요. 감정적인 상태는 마음에서만 일어나는 것 같지만 실은 신체적인 문제에서도 발생하더라고요. 몸이 피곤하고 아픈 상태에서 하염없이 즐거울 수 있는 사람은 하나도 없을 테니까요. 내 마음이 시들시들한 것이 스트레스를 받아서인지, 몸의 컨디션이 저조해서인지를 잘 살펴보아야 해요. 제가 찾은 가장 좋은 방법은 일기를 쓰는 거예요. 꼭 일기가 아니더라도 자신의 상태를 글로 옮겨 보는 것은 언제나 큰 도움이 돼요. 지금의 나를 한 발 떨어져서 객관적으로 보게 되거든요. 감정에 정당성을 말하는 것이 어떨지 모르지만 어떤 감정은 상황에 비해 너무 비약된 감이 없지 않더라고요.

어떤 특별한 해결책을 찾지 않더라도 감정의 이유를 알고 감정의 종류를 들여다보는 것만으로 괜찮아지는 경우가 대부분인 것 같아요. 예를 들어 내가 지금 일에 너무 집중도 안 되고 평소라면 쉽게 할 법한 일들도 자꾸 막히는 느낌이 드는 날, 그냥 최근 있었던 일 중에 기억에 남아 있는 일들을 조곤조곤 적어 보는 거예요. 그러다 보면 누군가가 나에게 일을 떠넘겼던 상황, 예상보다 타임라인이 줄어든 상황 같은 것들이 보이고 최근에 해 왔던 업무들이 모두 아이디어를 떠올려야 하는, 창작의 영역에 있다는 것도 알게 돼요. 통제할 수 없는 상황에 짜증이 났고 그래서 일이 손에 안 잡혔던 거죠. 그럴 수 있는 일이고요. 그다음엔 일을 떠맡게 된 상황을 복기하며 또 비슷한 상황이 생기면 이번에 어떻게 대처하겠다며 다짐하고, 타임라인이 줄어든 건 내가 어떻게 할 수 없는 일이니 체념하며 받아들여요. 더해서 창의력을 요하는 일들을 조금 뒤로 미루고 특별히 고민하지 않아도 관습적으로 할 수 있는 행정적인 일을 먼저 끝내면서 스스로의 기분을 환기해요.

여기에서 가장 중요한 것 하나는, 상황도 다 알겠고 해결책이 있을 것도 없을 것도 같은데 기분은 나아지지 않을 수 있다는 거예요. 이럴 때는 어떤 상황에서든 먹히는 나만의 치트키가 필요해요. 저에게도 몇 가지 치트키가 있어요. 시간이 없을 때는 따뜻하고 달콤한 음료를 마시고, 좋아하는 음악을 들어요. 시간이 좀 더 있을 땐 20분 이상 산책을 하고요. 그보다 더 시간이 있을 땐 빵을 구워요. 이건 전수 받은 비법인데 아침에 출근해서 일이 너무 하기 싫으면 남자 아이돌의 무대 영상을 하나 봐요. 뭔가 긴 하루가 예상되는 날이 오면 전날 퇴근하면서 바탕화면을 우리 고양이 사진으로 바꿔놓고요. ♥

치트키 역시도 스스로를 잘 알아야만 만들 수 있어요. 어떤 걸 하면 내 기분이 0.1초 만에 좋아지는지 곰곰이, 아주 정성스럽게 알아내야 해요. 저에게 탄력 회복성이란 자신을 아껴 주는 방법과 다르지 않아요. 영어에서 헤어질 때 하는 인사, "take care."가 정말 좋고, 우리말 인사인 "안녕", 즉 몸이 건강하고 마음이 편안한 상태를 뜻하는 말도 저에게는 의미심장하죠. 일을 하며 하루에도 몇 번씩 안녕하냐는 인사를 주고받잖아요. 그냥 넘길 것이 아니라 그 순간마다 스스로가 안녕한지를 살피면 좋을 것 같아요.

저를 쓰러뜨린 강력한 펀치를 물으셨는데, 딱 수정 후배님이랑 같이 일했던 그즈음이었던 것 같아요. 강력한 한방이 왔던 하나의 사건이 있었던 것이 아니고, 아주 약한 가랑비처럼 그 당시에는 크게 신경 쓰지 못했던 것들이 결국엔 저를 쓰러뜨리더라고요. 당장의 급한 일들에 미뤄 둔 저의 안녕이 결국에는 번아웃이라는 이름으로 저를 무너뜨렸어요. 원래 일이 많은 회사에 다니고 있기도 했고, 자타공인 손이 빠른 사람이기도 해서 이 정도는 괜찮을 거라고 생각했어요. 이번 주에 급한 것만 끝나면, 이번 달만 지나면 곧 괜찮아질 거라고 스스로에게도, 가까운 주변 사람들에게도 그렇게 말했어요.

그런데 이번 달이 지나고, 다음 달이 지나고, 그다음 달이 지나도 너무, 계속 바쁘더라고요. 어쩌면 괜찮지 않을 수도 있겠다 생각해서 업무를 조정하고자 했는데 회사에서는 이해하지만 어쩔 수 없다는 답변만 들었어요. 그 와중에도 일은 쏟아졌고, 거기에 지금까지 한 번도 해 보지 못했던 새로운 영역의 프로젝트까지 하게 되자 쌓였던 피로감에 부담감, 해내야 한다는 책임감까지 똘똘 뭉쳐 어마어마한 한 방이 되더라고요. 1분 1초가 아쉬운 상황에서 일하다 보면 시간 개념도, 장소 개념도 없어지는데 그런 상황에서 어떤 감정을 느끼기는 쉽지 않아요. 감정을 느낄 새가 없다는 표현이 더 맞겠네요. 그래서 잘 알아차리지 못한 채 스스로에게 버거운 시간을 너무 오래 지속하게 되었어요.

결국엔 신체의 변화로 문제를 감지하게 되었고요. 두통이 사라지지 않았고, 잠을 자려고 해도 일 생각이 끊이질 않아 잠을 잘 수 없었어요. 어느 날 한밤중에 온, 그간 평범하게 받아 왔던 업무 요청 메일을 보는데 숨이 잘 쉬어지지 않았고 갑자기 눈물이 쏟아지더라고요. 그때 무섭게 깨달았어요. 내가 지금 망가지고 있다는 걸요. 일단 그날은 뭔가를 더 할 수가 없었어요. 다 미뤄 두고 제일 좋아하는 카페에서, 달달한 음료를 사서 30분간 걸었어요. 감정에 사로잡혀 멍하기만 하더라고요. 집에 와서 샤워하고 수면유도제를 먹고 10시부터 잠자리에 들었어요. 9시 반에 있던 글로벌 팀과의 화상회의는 땡땡이쳤고요.🌑

　푹 자고 일어났더니 머리도 개운하고 감정도 많이 가라앉아 있었어요. 그날의 업무를 하고, 자기 전에 일기를 썼는데 최근의 제가 너무 무리했다는 걸 그때서야 알게 되었어요. 매일 야근을 하면서, '아, 요새 야근이 너무 잦은데… 피곤한데…' 같은 생각을 하긴 했지만 스스로의 한계에 부닥쳤다는 것까지는 인지하지 못했던 거예요. 내가 극한의 한계까지 내몰린 상황을 찬찬히 들여다봤고, 그 상황 속에서 내가 해내야만 했던 일들을 떠올려 봤어요. 그러면서 생각했던 것 같아요. 견딜 가치가 있는 상황이었는지, 나에게 의미가 있었는지. 그리고는 깨달았어요. 반드시 벗어나야 할, 반복해서는 안 될 상황이라는 걸요.

　나에게 아무리 좋은 스무 가지의 치트키가 있다고 하더라도, 절대 나아질 수 없을 것 같은 일들이 있어요. 나

의 호의와 노력과 열정과 책임감과 같은, 나의 모든 좋은
점을 동원해야 할 이유가 없는 그런 일들, 그리고 그런 상
황. 어떤 회복은 물리적이고 직접적인 변화에서만 시작되
기도 한답니다. 노력과 희생은 전혀 다른 개념이니까요. 의
미가 있는 무엇을 위해서 노력하는 것과 그 의미를 위해
스스로를 희생해야만 하는 건 전혀 다른 얘기예요. 희생을
요구하는 일들이 진정으로 나에게도 가치 있는 것인지 반
드시 생각해야 해요. 저는 회복되기 위해서는 계속되는 희
생의 고리를 끊어야 한다고 생각했고, 그렇게 행동했어요.
어마어마한 용기를 필요로 했지만, 어떤 상처는 큰 대가를
치러야만 나을 수 있다는 걸 알고 있으니까요. 내가 나의
안녕을 위해서 용기 낼 수 있다는 사실은 궁극적으로 나의
회복 탄력성을 훨씬 더 강하게 만들어 주는 것 같아요. 탄
력이라는 것은 결국 어떤 대상에 대해 '대항하는 힘'이니까
요.😚

　엔딩을 말하기엔 이른 감이 있지만, 그 선택 후 1년
여가 지난 지금, 다시 되돌아보아도 결국 스스로를 위해서
했던 선택이었기 때문에 후회는 없어요. 어떤 경우에도 나
자신을 살필 거라는 걸 알기 때문에, 다시 말해 저의 튼튼
한 회복 탄력성을 믿기 때문에 아래로 떨어지는 포물선도

크게 두렵지 않고요. 그러니 어쩌면 그때의 선택은 해피엔딩이라고 말할 수도 있겠죠?

수정
봄 선배님에게 ▼

　특히 몸이 아프면 눈앞의 일을 챙기기는커녕 일상 자체가 멈추니 삶에 많은 영향을 끼치는 것 같아요. 심지어 저는 입사 첫 주에 담낭에 돌이 발견되어 갑작스레 입원을 당해 일주일간 병가를 내야 했던 웃픈 사연이 있는데요.😂 갓 입사해서 적응해야 할 시기에 건강이 따라 주지 않으니 얼마나 서럽던지요. 하필 그토록 기다리던 벚꽃이 활짝 핀 4월의 둘째 주였어서, 바람에 우수수 떨어지는 꽃잎을 보며 한없이 억울함을 느꼈답니다. 대학생 때는 시험 기간이라서 못 즐겼던 벚꽃을 직장인이 되어 모처럼 기쁜 마음으로 맞이할 준비가 되어 있었는데 말이죠!

　무엇보다도 팀원들에게 제대로 인사조차 못 했던 신입사원은 뒤처질까 봐 불안해하며 건강 걱정보다 '얼른 회사에 가야 하는데!'하는 걱정이 더 컸어요. 겨우 회복하고 그토록 바라던 대로 입사해서 적응해 가고 있는데, 쏟아지는 일에 무리하다 보니 어느 순간 몸까지 아파지는 고비가 왔는데요. 그때는 아이러니하게도 '아~ 회사 가기 싫다~'하며 마음도 몸도 잔뜩 늘어지더라고요. 아무리 일어서려

해봐도 기운이 안 차려지고 생산성은 뚝뚝 떨어져만 가서 이러다가 다시 못 일어나면 어쩌나 두렵기도 했어요. '정신이 몸을 지배하는가, 몸이 정신을 지배하는가'의 난제를 고민하면서 제 정신력이 약한지 들여다보기도 했답니다.

어떨 때 이런 순간이 찾아오는지, 곰곰이 생각해 봤는데요. 나 자신이 소모된다는 느낌이 들 때 주로 인생의 생산 곡선과 흥미 곡선이 바닥을 치는 것 같아요. 아이디어를 내고 새로운 것을 기획해야 하는 일이 많은 저에게는 그만큼 생각의 기반이 되는 것들을 일상 속에서 채워 두는 것이 중요한데요. 계속 새로운 생각을 해내는 일이 반복되면 어느 순간 내가 가진 것들이 바닥이 나고 더 이상 참신한 것들이 나오지 않게 되는 순간이 오게 돼요. 점점 자가 복제를 하게 되고, 그런 결과물이 마음에 들지 않으니 스트레스는 더 쌓이면서 비생산의 쳇바퀴를 돌게 되는 거죠.

그럴 때마다 항상 밑 빠진 독에 물 붓기가 아니라 이미 꽉 찬 독에 물을 콸콸 쏟아 낭비해 버리는 기분이 들어요. 내가 감당할 수 있는 수준을 넘어서서 이제 어떤 일이 주어져도 그저 흘려보낼 수밖에 없는 상황이 된 거죠. 겨우 쥐어짜면서 일을 이어가 보지만 나를 갉아먹는 것뿐이라는 결론에 도달하면, 제 삶의 공장도 전부 멈추는 시기가 와요. 예전에는 이런 순간이 찾아올 때마다 혼자 밖으로 나가서 옷을 진짜 많이 샀던 것 같아요. 친구들 사이에서 옷 부자로 유명할 만큼 갖가지 옷이 정말 많았고 365일의 매일매일을 다른 옷을 입고 다닐 수 있을 만큼 꾸미기 체력도 많았죠.

그런데 한 해, 적게는 한 시즌만 지나도 더 이상 입지 못하는 질 나쁜 옷들이 많았어요. 사기만 하고 몇 번 입지도 않아 버리게 되는 옷도 많았고요. 사도 사도 채워지지 않는 공허함이 이상해서 옷장 앞에 가만히 서서 생각해 보니 옷을 산다는 것이 그냥 그 순간의 나쁜 기분을 모면하기 위한 일시적인 해결책이었음을 깨달았어요. 또다시 나를 무너뜨리는 순간이 왔을 때, 다시 일어나서 삶을 굴릴 수 있게 해 주는 근본적인 지지대가 부족했던 거죠. 물론 봄 선배님이 말씀하신 것처럼 기분과 감정을 관리하는 것도 중요하다는 것에 무척 공감 했는데요. 돌아보면 쇼핑도 저에겐 값비싼 기분 전환 수단으로 제 감정 곡선의 회복 탄력성을 책임지지 않았나 싶습니다.

다만, 기분이 좋아져도 해야 할 일 앞에 서면 다시 두려워지고 눈물만 날 때를 위하여! 무너졌을 때 다시 일어날 수 있도록 용기를 줄 수 있는 제 삶의 지지대들을 많이 만들어 나가고자 해요. 뻔할 수 있겠지만, 나를 정말로 사랑해 주고 믿어 주는 사람들 곁에서 "잘하고 있다"는 말 한마디를 듣는 것이 제일 도움이 되었던 것 같네요. 친구, 애인, 가족과 함께 이야기를 나누다 보면 그동안 내가 힘들었던 것이 잘하려고 애쓰고 있는 과정이었음을 알게 되고 '일'이라는 공간 밖에서 나를 좀 더 거시적으로 바라볼 수 있는 것 같아요.

　　반대로 일 바깥의 나를 구성하는 것들에 대해서 생각해 보게 돼요. 나는 원래 초콜릿을 좋아하고, SF 영화를 보고 망상하는 것을 즐기며, 귀여운 것을 보면 사족을 못 쓰는 소소한 일상을 즐기는 사람이라는 것을 새삼스럽게 깨닫죠. 일하는 나에 몰두한 나머지, 일 밖의 나를 잊는 경우가 참 많은데요. 일에 지쳐 회복할 때에 일 밖의 나를 탄탄하게 만들어 두는 것만큼 효과적인 것이 없는 것 같아요. '회사에서 멋지게 일하는 나'도 있겠지만, '하루종일 넷플릭스 정주행하는 것을 즐기는 나', '카페에서 초콜릿 시럽을 왕창 뿌린 프라페를 즐기는 나', '필름 카메라를 들고 초점 나가 버린 사진을 찍는 나', '일요일마다 카페에 가서 메일을 주고받는 나'와 같이 여러 버전의 자아가 있거든요. 가끔 '회사에서 멋지게 일하는 나'가 무너져도 또 다른 나의 삶을 즐기다 보면 일하는 나의 체력이 회복할 수 있는 시간을 줄 수 있는 듯해요. 일이 무너져도 내 삶 전체가 무너지지 않도록 회사 몰래 즐겁고 행복한 일들을 제 삶에 쟁여놓으려 하고 있어요. 일 밖의 나를 많이 만들어 놓을수록 일에 들어가는 생각들도 더 풍부해지고, 나 자신에 대한 소모감도 줄어드는 것 같아요.

써 놓고 보니, 자기계발서에 나오는 꽤나 뻔한 이야기인 것 같다는 생각도 드네요. 이번 주제에서는 봄 선배님의 주옥같은 말씀들이 제게 큰 도움이 된 것 같아요! 저처럼 계단식 그래프의 첫발을 내딛는 주니어들이 꾸준히 길을 그려 갈 수 있는 큰 용기가 되어 줄 것 같다는 생각을 해 봅니다.

봄
수정 후배님에게 ▼

이 주제를 지나 다음 주제로 넘어가기 전에 수정 후배님에게 더하고 싶은 당부가 있어 다시 메일을 써요.

얘기하고 싶은 건 두 가지 포인트인데요. 먼저 스스로가 창의성을 바탕으로 일하는 직군에 있다고 생각된다면 벗어날 수 없는 그것, 바로 '슬럼프'에 대한 것이고요. 또 다른 하나, 반드시 한 번쯤 생각해 봐야 하는 것은 일하는 나와 그렇지 않은 순간의 나에 대한 것이에요.

창의성을 바탕으로 일하는 사람은 그렇지 않은 사람보다 업무의 벽을 높게 느끼는 순간이 잦을 수밖에 없다고 생각해요. 단순히 일의 양이 많거나 전에 하지 않았던 새로운 일을 맡는 것에서 오는 어려움과는 그 성격이 현저하게 다르니까요. 많은 제너럴리스트들이 겪는, 앞서 나열한 것들에 추가로 더해지는 어려움인 데다가, 언제, 무엇 때문에 창의력이 바닥나는지 알 길이 없으니 언제 터질지 모르는 시한폭탄을 안고 지내는 것과 별반 다르지 않아요. 게다가 역량에 영향을 받는 문제도 아니니까 미칠 노릇이죠. 누구보다 창의적이고, 아이디어 뱅크라고 불릴 만큼 그 한계가 없는 것처럼 느껴졌던 사람도 별다른 이슈 없이 문득, 그렇게 아무 생각이 나지 않는, 창의력 슬럼프에 빠지게 된답니다.

그래서 저는 후배들에게 꼭 당부해요. 누구나 슬럼프에 빠지는 순간이 다르고 극복의 방법도 다를 수 있어서 본인을 크리에이터라고 생각한다면 슬럼프에 맞는 본인만의 방법을 꼭 알고 있어야 한다고요. 누군가는 책상을 벗어나 다른 장소에서 기분을 환기하는 것이 답이 될 수 있고 누군가는 하루 푹 쉬는 게 도움이 될 수 있고요. 각자의 방법은 존중받아야 한다고 생각해요.

수정 후배님이 본인만의 방법을 찾는 데 힌트가 될 수 있기를 바라며 저의 방법을 살짝 공유하려고요. 직장인이 모두 순수 예술을 하는 사람은 아니기 때문에 정해진 일정 안에서 요구되는 수준의 크리에이티브를 내놓아야만 하는데요. 내가 늘상 해 왔던 방식대로 다소 기계적으로 이번 업무를 처리하게 되더라도, 설령 그게 자기 복제처럼 느껴지더라도 요구되는 타임라인을 문제없이 넘길 수 있다면 지나친 자기비판은 하지 않는 것이 좋아요. 다만 문제는 자기 복제고 뭐고, 완전히 길이 막혀 버렸을 때 어떻게 해결할 수 있냐는 거죠. 우선 누구든, 언제고 이 문제를 겪을 수 있다는 걸 알아야 해요.

자신의 역량이 부족했다거나, 뭔가 평소에 창의력을 채우려는 노력을 등한시했기 때문에 발생한 일이라는 생각을 하면서 자신을 벌주는 건 생산적이지 않죠. 만약 지금 당장 막혔다는 생각이 들고, 답을 낼 방법이 전혀 없다고 생각될 땐 생각을 멈추고 도움을 청하는 게 좋아요. 혼자만의 땅굴을 파는 것보다는, 누군가와 대화로 새로운 실마리를 찾는 게 슬럼프의 늪에서 훨씬 빨리 나올 수 있는 방법이에요. 그리고 더 중요한 것은, 스스로를 채울 시간을 정해서 여가 시간에 억지로 책을 보거나 전시를 보는 '노력'을 기울일 것이 아니라 순간을 포착하고, 그걸 남겨 두는 습관을 들이는 거예요. 좋은 생각은 꼭 특별한 환경에서만 떠오르는 것이 아닌 데다가, 생각의 속성상 몇 초 만에 휘발될 가능성이 높지요. 출퇴근길에, 멍하니 있다가, 화장실에서, 누군가의 표정을 보고 뭔가 떠오르는 것이 있다면 그게 어떤 주제로 연결되든 간에 일단 모아 두는 거예요.

'생각의 주제 없이 아이디어가 떠오를 수 있나?'라고 생각할 수 있는데 그냥 순간적으로 어떤 감정이 시작되거나 생겨나는 걸 포착한다고 생각하면 돼요. 우리가 하는 일의 모든 근간은 사람이기 때문에 사람의 생활 속에서 떠오른 생각들은 언제나 강력한 힘이 있어요.

생각을 쉬지 말라는 뜻이 절대 아니에요. 일상에서 어떤 감정이 드는 순간을 놓치지 말라는 거예요. 제 노트에는 느긋하게 계단을 내려갔는데 딱 맞춰 들어오는 지하철을 발견했을 때의 기분, 오랜만에 만난 친구가 회사에서 마음고생했던 얘기를 하며 짓던 애틋한 표정, 어떤 예능 프로그램을 보면서 인상 깊었던 말, 피곤한 하루 끝 침대에 누웠을 때 느껴지는 구름 같은 감촉, 펑펑 울고 밖으로 나갔을 때 내 마음처럼 무겁게 내리던 눈송이 같은 것들이 적혀 있어요. 감정을 느끼는 당시의 기분으로 적었기 때문에 책상 앞에서 고심하며 적을 때의 언어와는 판이하게 생생한 표현들이 담겨 있고요. 딱 길이 막혔을 때 이걸 보는 것만으로도 작은 실마리가 보일 때가 많이 있답니다.

웹툰 작가들이 컨디션 좋을 때 세이브 원고를 쟁여놓는 것처럼 우리에게도 물리적인 저장고가 필요해요. 창의력을 위해 억지로, 너무 힘들여 노력하는 것은 궁극적으로는 이 일과 멀어지는 결과로 이어지는 것 같아요. 너무 힘들이지 않고 유연하게 극복할 수 있는 슬기로움이 필요해요.

이제 두 번째로 넘어가서 일하는 나와 그렇지 않은 순간의 나에 대해서 얘기해 볼게요. 일과 휴식은 반드시 분리되어야 하고, 일하는 시간만큼 건강한 휴식 시간을 갖는 것은 너무 중요한 것 같아요. 거기다 수정 후배님이 말한 것처럼 일할 때의 나를 넘어 거시적으로 나라는 사람을 구성하는 여러 가치에 대해 잊지 않는 것도요.

그런데 한 가지. 이건 노파심에서 하는 말인데요. 일에서 만족스럽지 못했던 감정을 휴식으로 해소하려고 하거나, 반대로 평상시 나의 아쉬운 점을 일하는 나로 메꾸려고 하는 것은 좋지 않은 것 같아요. 의외로 그런 상황은 주변에서 자주 목격되기도 하고요. 프로젝트 결과가 안 좋았을 때 취미생활에 몰두하며 나의 쓸모를 재확인한다거나, 연인과 헤어져 외로운 마음을 일로 푼다거나. 모든 열쇠 구멍엔 그에 맞는 모양의 키가 각각 있듯 대부분의 문제는 그에 맞는 방식으로만 해결될 수 있어요.

어떤 대안을 통해서 해소하려는 시도는 짧게는 가능할 수 있어도 결국 같은 문제를 반복해서 마주하는 더 큰 어려움을 겪게 하는 것 같아요. 그렇기 때문에 어떤 문제든 그걸 직시하려는 용기와 객관화할 수 있는 지혜와, 그에 맞는 방법을 찾으려는 노력은 언제나 필요해요. 프로젝

트 결과는 좋으면 좋겠지만 안 좋을 수도 있어요. 그건 누
군가의 잘못이라기보다 복합적인 결과이고, 심지어 어떨
땐 그저 운이 안 좋아서이기 때문에 다른 걸 하면서 나의
쓸모를 찾으려고 애쓸 필요가 없어요. 연인과 헤어져 외로
운 마음은 시간을 들여 차차 달래야 할 수밖엔 없는 문제
라서 일로 무리하면서 괴로운 나를 더 힘들게 할 이유가
없고요. 정말 극단적으로 일에 서투른 나지만, 다른 장점이
이렇~게나 많으니까 괜찮아, 라고 생각하기보다 일에 서투
르다고 스스로를 인식하게 된 이유를 찾아서 보완하는 쪽
이 더 나은 방법이라고 저는 생각해요.

수정
봄 선배님에게 ▼

이렇게나 애정 어린 답장이라니! 설날 세뱃돈 받은 기분이네요. 좋은 말씀 너무너무 감사해요. 그리고 정말 공감되는 말들이네요.

사실 이번 연휴에도 해야 할 일이 남아있는 처지라 마냥 걱정 없이 즐겁게 보낼 수는 없는 상황에 우울해하고 있었는데요. 최근에 크리에이티브를 한껏 발휘해서 긴 스토리를 하나하나 완성하는 작업을 하고 있어요. 일주일 내내 같은 글들을 들여다보고 있으니 작업 속도도 느려지고 생각은 멈춰서 신물이 나던 참이었어요.🫠 그러다 보니 이번 일요일이 곡선의 바닥과 같은 날이었는데, 봄 선배님의 조언을 들으니 많은 생각이 드네요.

인턴을 했을 때는 길어도 6개월만 지나면 일의 끝이 보여서 그때까지만 힘내자 같은 목표가 있었는데요. 오래오래 일하게 될 진짜 신입사원으로서 슬럼프를 겪으니 온전히 일을 감당하고 또 다음 일상을 준비해야 하는 입장이 되었네요. 어떻게 보면 일에서 처음으로 하향 곡선을 극복해야 하는 시점이라 아직은 어떻게 극복해야 할지에 대한 답을 명확히 내리지 못한 것 같아요.

봄 선배님 말씀처럼 저도 모르게 일로부터 도망치려 했던 것 같기도 해요. 계속 일 생각이 머릿속을 맴도니 우울해지다가, 조금만 눈을 돌리면 일 생각 없이 신나게 놀아 줄 가족들과 친구들이 옆에 있으니 위안이 되기도 했거든요. 저도 휴학 한 번 없이 25년을 공부와 일을 하면서 달려온 한 '일 중독'하는 사람이라.😄 말씀하신 그대로 애인과 헤어지면 일로 극복하고, 슬럼프가 오면 오히려 새로운 일을 찾아 떠나는 '일 만능주의'가 심한 사람이었거든요! 요즘 들어 일 외에도 내 삶의 중심이 될 수 있는 것들이 있겠구나, 하는 생각이 들던 차라 제 일의 자아를 제대로 직시하지 못했던 것 같아요. 1학년에서 4학년으로, 인턴에서 신입사원으로 가는 계단은 가파르고 오르기만 하면 되는 눈에 잘 보이는 성장 구간이었는데, 지금부터 올라가야 할 계단은 언제 얼마큼 올라갈지 온전히 나에게 달려 있으니 어디서부터 시작해야 할지 막막하기도 했어요. 제 일의 성장이 점점 느려지는 것 같아 두려워서 다른 곳에서 '나의 쓸모'를 찾으려고 했나 봐요.

내일은 또 집에서 끄적끄적 일을 하다가 풀리지 않는 결말에 자책하며 잠에 들겠지 라는 기대감 없는 생각에 잠겨 연휴를 흘려보낼 걱정만 하고 있었는데요. 봄 선배님 말씀처럼 좀 더 '일' 슬럼프의 해결 방안에 초점을 맞춰서 여러 해결 방법을 시도해 볼까 해요. 내일은 무려 일의 작업 환경을 바꿔 주는 '카페에 가서 일하기'를 도전해 볼까 합니다. ☺ 요즘 인기 아이돌 '(여자)아이들'의 리더인 전소연 씨가 그러더라고요. "일 때문에 스트레스받을 때 해결하는 방법은 그 일을 끝내는 것"이라고요. 물론 내일 다 끝내지는 못하겠지만, 다치지 않을 만큼 일을 하다가 재미있게 놀러 가야겠어요.

말씀해 주신 일상 속에서 영감을 찾는 법도 크리에이터로 일하시는 모든 분이 꾸준히 해 주시는 말씀이어서 그 중요성을 다시 한번 깨닫고 가네요. 저도 항상 지나가는 생각과 어제 본 영화의 대사, 웹툰 속 참신한 콘셉트 같은 것들을 메모해 두려고 하는데요. 이상하게 일이 바빠지면 시야가 좁아지고 걸을 때도 핸드폰만 봐서 일상을 제대로 느끼지 못하는 것 같아요. 오늘 남은 하루는 좀 더 편안한 마음으로 먼 곳을 보고, 제 우울한 마음도 찬찬히 관찰해야겠어요! 어설프게 남겼던 제 생각들을 잘 정리하고 덧붙여 주셔서 감사해요. 이런 좋은 조언을 공짜로 들어도 되는 건지 황송하네요. 언제나 감사합니다. ☺

"모든 열쇠 구멍엔 그에 맞는
모양의 키가 각각 있듯 대부분의
문제는 그에 맞는 방식으로만
해결될 수 있어요."

후배의 팁

(ɦ ˘ ³˘) 내 감정의 상태를 정확하게 파악하는 것부터 시작해 보세요.

(ɦ ˘ ³˘) 주로 나를 무너뜨리는 상황을 복기해 보고, 비슷한 상황이 올 때 나를 침범하지 않도록 각별히 살펴봐 주세요.

(ɦ ˘ ³˘) 바닥을 뚫은 감정 곡선이 언젠가 꼭 회복하리라는 것을 굳게 믿으면 도움이 돼요.

(ɦ ˘ ³˘) 나아가지 못하는 기분이 오래도록 지속되어도 조급해하지 마세요. 오늘 할 수 있는 딱 한 가지 행동만 나를 위해 해 보세요.

(ɦ ˘ ³˘) 우연히 만난 것들로부터 이유 없이 찾아 온 우울함을 이겨낼 용기를 얻기도 해요.

선배의 팁

(*´ᵕ`*)∕ 나만의 기분 전환 꿀팁을 잘 챙겨 두었다가 기분 전환이 필요할 때 사용해 보세요.

(*´ᵕ`*)∕ 부정적인 기분에 사로잡혀 있을 때에는 상황을 제대로 보지 못하는 경우가 많아요. 글로 쓰며 상황을 정리해 보면 객관화하기 쉬워지고 마음을 진정시키는 데 도움이 된답니다.

(*´ᵕ`*)∕ 크고 작은 슬럼프가 찾아왔을 땐 쉽게 해결할 수 있는 일들부터 처리해 보세요. 이때만큼은 스스로 다그치기보다 친한 친구를 위로하듯이 나 자신을 다정하게 달래 주세요.

(*´ᵕ`*)∕ 내가 처한 어려움에서 벗어나기 위해 적극적으로 고민하고 행동하는 것이 회복 탄력성을 보다 튼튼하게 만들어 줘요.

질 좋은 휴식,
온전한 생산성이란
무엇일까요?

또 새로운 한 주를 코앞에 둔 일요일 오후네요. 바쁜 한 주를 보냈으니 주말은 오롯이 좋아하는 것들과 시간을 보내기를 바라 봅니다. 문득 시답지 않은 궁금증이 생기네요. 주말은 한 주의 끝일까요, 시작일까요? 캘린더 앱을 설정할 때 일요일부터 한 주를 시작할지, 월요일부터 한 주를 시작할지 묻잖아요. 토요일, 일요일을 뜻하는 주말이라는 단어는 末(끝말) 자가 사용되었으니 한 주의 끝을 칭하는 것 같긴 한데요. 주 5일제의 이점을 십분 활용해서 토요일을 한 주의 끝으로 하고, 일요일을 한 주의 시작으로 해도 괜찮을 것 같네요. 그렇게 생각하고 나니 여태까지 늘어져 있던 게 조금 찔리는데요. 남은 오후라도 한 주의 시작답게, 생산성 있게 보내 봐야겠어요. 아니, 이틀의 휴식 후 회사에 다시 출근하는 날이 한 주의 시작이 되는 게 맞는지도 몰라요. 아직은 달콤한 휴식을 즐길 시간인지도요. 우리의 주말을 풍요롭게 만들 질 좋은 휴식, 그리고 업무의 효율과 직결되는 훌륭한 생산성은 어떻게 만들 수 있을까요?

수정
봄 선배님에게 ▼

봄 선배님, 날벌레를 단 번의 주먹에 잡은 엄청난 행운의 일요일입니다! 날씨가 따뜻해지면서 벌레들도 슬그머니 고개를 내미네요. 손에 피를 묻히고 싶지는 않았는데…. 기어이 눈앞을 얼쩡대더니 주먹을 휘두르게 만드는군요! 벌레 잡기 하위 티어 인간인 제 손에 잡혀 버리다니 참 안타까운 날벌레입니다. 무시무시하지만 손바닥에 붙은 시체를 털어내고 다시 노트북 자판을 두들겨 봅니다.

그러고 보면, 어제도 그저께도 용건은 달랐지만 같은 키보드 자판을 두드렸고, 똑같은 24시간을 보냈고, 흔한 7일 중 하나의 요일이 지나갔고, 365일 중 하루가 채워졌는데요. 이렇게 연속적인 시간 속에서 어떤 이름을 붙이고 약속하느냐에 따라 하루와 일주일이 구분되는 게 참 신기하네요. 평일과 주말을 처음으로 나눈 사람은 어떤 의미로 시간에 이름을 붙였을까요? 봄 선배님이 말씀하신 것처럼 새로운 주가 시작되고, 평일이 다가오면 무언가 생산성 있는 시간을 보내야 하는 무언의 약속이 있는 것 같아요.

일평생 노동에서 멀어질 수 없는 인간들에게 놀 생각 말고 5일은 집중해서 일하라는 감시일까요, 적어도 2일은 쉬어야 한다는 선조들의 지혜일까요.

도대체 왜 주말은 왜 이렇게 짧은가에 대해 궁금해하다가 실제 평일과 주말의 유래를 찾아 보았는데요. 아주 오래전 19세기에 노동자들의 요구로 토요일과 일요일의 휴식이 성립되었다고 해요. 원래는 일주일 중 일요일만 쉬는 날이었지만, 종교적인 이유를 들며 '성 월요일(Saint Monday)'을 비공식적인 휴일로 즐기는 게 19세기 중반까지 영국에서 인기 있는 제도였다고 하네요. 종교 단체와 노동조합이 노동계급의 '정신적 도덕적 문화'의 향상을 위해 토요일을 공식적인 휴일로 인정해 줄 것을 요구했대요. 19세기 말에 와서야 48시간 휴식이 효율성 향상에 도움이 된다는 것이 인정되어 토요일, 일요일 휴일이라는 규칙이 받아들여진 것이죠.

그 옛날에도 역시 쉬고 싶어 하는 것은 똑같았다는 것에 동질감이 느껴지네요. 하지만 결국 휴일이 받아들여진 것도 주중의 효율성을 높이는 데에 필요하다는 것이 입증됐기 때문이라는 것이 씁쓸하기도 합니다. 인간의 생체 리듬과 거대한 세계의 흐름을 결정짓는 것이 결국 일의 효율성과 생산성이었다니요! 한 시골 마을에서 토요일마다 꼭 고양이와 놀아야 하는 관습에서 유래했다든지, 일요일에는 꼭 마당에 난 풀을 정리하는 시간이 필요해서 자연스럽게 쉬게 되었다는 뜬금없지만, 낭만적인 이유를 기대했는데 말입니다. 결국 생산과 효율에 의해 세상이 굴러간다는 비밀이 밝혀지고 말았네요!

이런 오래된 역사 이야기를 꺼내 든 이유는 제 소중한 일요일에 효율과 생산이라는 단어가 끼어들 틈을 주지 않겠다는 다짐이기도 해요. ☺ 봄 선배님이 일요일을 한 주의 시작으로 정하여 생산성 있는 시간을 보낼 방법을 고민하신다는 이야기를 듣고, 저 또한 마음이 불안해지더라고요. 겨우 저녁이 되어서야 침대에서 기어 나온 제 주말이 너무 나태하고 비효율적인 시간이었나 싶어 조급한 경쟁심이 들기도 했어요. 그렇지만 합법적으로 온전한 휴식을 인정해 준 일요일마저 효율성에 갇혀 있기엔 너무 불합리하지 않을까요?!

오늘 우연히 들어온 카페 벽면에 잔뜩 붙여진 영화 포스터들이 무척 마음에 들어서, 흘러나오는 노래 플레이리스트가 모두 다 내 취향에 꼭 맞아서 모처럼 나른한 일요일이 행복하다는 기분에 취해 있는데요. 결국, 제게 온전한 휴식이란 생산성에 대한 불안이 침범하지 않는 시간인 것 같아요. 물론 휴식 시간에 행한 독서, 음악 듣기, 먹기 같은 일들이 결국 내 일의 영감으로 이어져 생산성을 발휘하는 순간이 오기도 하는데요. 의도적으로 생산성을 목표하는 일을 위한 휴식, 휴식을 위한 일은 경계하는 편입니다. 그래서 오늘만큼은 주말 전도사가 되어 온전한 휴식을 취할 것을 외치는 운동가가 되어야겠어요. 게으름뱅이의 자기 합리화일 수 있겠지만, 내 전담 변호사는 언제나 나 자신이 되어야 하니까요. 그러므로 달콤한 주말에 끼어든 효율과 생산과 경쟁은 모두 현장에서 체포하도록 하겠습니다. 묵비권을 행사할 권리가 있고, 변호사를 선임할 권리도 있으니 알아 두도록 하라지요!

또 한 가지 반항해 보자면, 저는 한 주의 시작이 항상 씩씩하고 생산성 있어야 한다는 것에 반대입니다. ; 일요일과 월요일 중 한 주의 시작에 가까운 시간을 고르자면 월요일 쪽이긴 한데요. 평일에 적응하기 위한 시간이 필요한 편입니다. 비몽사몽 몰려오는 일을 쳐내다 보면 어느새 저도 모르게 하루가 끝나 있을 때가 많아요. 화요일, 수요일쯤엔 그나마 일의 효율성이 높아지는 편인데, 그렇지 못할 때도 있지요. 목요일은 금요일을 기다리느라, 금요일은 토요일을 기다리느라 들떠 있는 편입니다. 그래서 따지고 보면 일반적인 주말과 평일로 구분하기에는 애매한 면이 많은 것 같네요. 효율성이 극대화되는 시간을 평일이라고 한다면, 7개의 요일 중 매번 다른 시간대에 평일과 주말이 간헐적으로 번갈아 가면서 분포할 것 같아요. 그러다 보면 7일 중 2일보다는 조금 더 많은 시간이 주말이 될 수도 있겠네요. 그렇다면 '주말은 왜 2일인 걸까'에 대한 질문은 자체적으로 해결입니다!

봄
수정 후배님에게 ▼

← :

수정 후배님!

요 몇 주 사이에 가장 즐거운 월요일을 맞고 있어요. 내가 하는 일은 그저 그런 (단순히 먹고 살기 위한) "노동"이 아니야, 라고 스스로에게 부르짖던 사람 어디 갔나요. 노동자여서 마냥 행복한 오늘입니다. 우리나라 헌법에는 노동자는 없고 근로자만 있다던데, 심적으로 근로자라는 단어는 충분치 않은 것 같은 이 기분은 뭘까요?😌 근로자라는 말을 꾸밀 형용사가 무엇이든 간에, 저의 근로의 맥락이 무엇이든 간에, 저는 오늘, 완벽한 근로자예요. 근로자의 날이라는 달콤한 휴일은 마땅히 저의 몫이고요.😎

크리에이터에게 생산성 높은 하루란, 아이디어가 마르지 않는 샘처럼 퐁퐁 솟아 나와 멈추지 않고 두두두두, 키보드를 두드린 즐거운 하루를 뜻하는 게 아닐까요? 생산성 높은 크리에이터가 되기 위한 준비는 사람마다 다를 것 같은데, 대부분의 훌륭한 크리에이터 분들이 지향하는 영감과 자극을 받기 위한 지적인 활동은 저에게는 좀… 맞지 않는달까요.😊 저의 생산성은 게으름을 덕지덕지 바른 나른한 휴식에서 (가까스로) 생겨난답니다. 그러니 새로운 주의 생산성을 고려한 주말의 모습이란 고양이들과 함께 흐느적거리는 것뿐이지요. 몸을 움직이지 않아도 생각은 할 수 있으니, 굳이 찾아본다면 무해한 상상력을 무한 발휘하는 것 정도가 그 와중의 지적인 활동이려나요. 수정 후배님의 발끈함은 동질감으로 바뀌어야 할 것 같아요.

이 지점에서 계속 지속했던 고민을 털어 놓자면, 의외로 점점 질 좋은 휴식이라는 게 참 쉽지 않더라는 것이에요. 너무 많이 자도 머리가 무겁고, 하염없이 웹툰을 보거나 게임을 하면 즐겁긴 한데 또 그게 엄청 피로하거든요. MBTI에서 I와 E의 비율이 49:51인 E인지라 사람이 많고 번잡한 곳은 너무 싫고, 무개념 운전자들이 너무 많은 도로 위에선 '드라이브'라는 낭만적인 단어는 힘을 잃어요. 주말에도 일해야 하는 경우가 종종 있으니, 정말 꽉꽉 채워야 일주일에 고작 이틀인데… 잘 쉬기가 참 쉽지 않네요.

이래서 매번 저의 생산성엔 문제가 많은가 봐요.💦 무슨 일 앞에서든 '어우 피곤해'라는 말을 입에 달고 사는 저 같은 사람도, 뭘 끊임없이 하면서도 '아… 심심해.'라는 말을 주문처럼 외우는 제 반대 성향의 사람도 스스로에게 더 나은 방식으로 즐겁고자 하는 건 매한가지인 것 같기도 하고, 인간이란 원래 만족을 모르는 족속인가 싶기도 하고. 어김없이 쓸데없는 생각들이 뭉게뭉게 피어나는, 네, 즐거운 휴일이네요. ☌

어려서는 짬만 나면 운동을 하러 떠나는 부지런쟁이들을 보며 몰래 혀를 차곤 했는데요. 나이를 먹으며 그래도 사는 것답게 살아야겠다 싶으니 나름대로 아주 아주 가늘고 간헐적이긴 했지만, 꽤 오래 정기적으로 운동을 하고 있어요. 여러 가지 운동을 전전하다가 필라테스로 정착한 지 벌써 5년째네요. 너무 피곤해서 몸을 일으켜 세울 힘조차 없을 때 이를 악물고 벅찬 운동을 하고 나면 에너지가 샘솟는 놀라운 경험을 하고 있지요. 물론 기운차게 시작해서 팔다리가 후들후들, 갈 지 자로 걸어 집에 오는 날도 많지만요. 자고로 휴식이란 최대한 편한 자세로 숨만 쉬는 것이라고 생각했었는데 억지로라도 몸을 움직여 주는 게 더 나은 휴식이 될 수 있다는 걸 깨닫고 나서는 뭔가 마음이 더 복잡해졌죠. 😊

움직여야 기운이 난다는 걸 알지만 정말 손 하나 까딱하기 싫은 마음. 하고 나면 분명 기분이 좋아질 걸 아는데도 시작하기 전 마음은 어찌나 게으르기만 한지. 왜 상쾌해지기 위해선 근육과 살을 불태워야만 하는 걸까요. 왜 건강에 좋은 초록 친구들은 하나같이 맛이 다 그 모양인가요. 건강에 좋지 않은 치킨은 왜 그다지도 달기만 한 걸까요. 휴식이라는 주제로 얘기하다가 금세 치킨으로 흘러드는 걸 보면 인생의 번뇌(!)란 꼬리에 꼬리를 물고 한순간에 끝도 없이 이어지는 건가 봐요. 이럴 땐 그냥 심플한 게 답이죠. 이런저런 생각하지 말고, 무거운 몸뚱이를 쓱 일으켜 척척 운동하러 가면 그만이고, 운동 후 보상처럼 주어지는 달콤한 나른함을 원 없이 즐기면 장땡이고요.

나의 생산성은 늘 왜 이 모양인가, 징징거리지 않기로 했어요. 생산성을 높이려면 뭘 더 해야 하지 고민하지 않기로 했답니다. 일단 움직이고 시작하면 그 이후는 알아서 흘러갈 테니까요.

아아아. 아직은 주말이에요. 손 툭툭 털고 스쾃을 하러 가야겠어요. 그런 다음 남은 주말 동안은 소파와 한 몸되어 숨만 쉴 거예요! 월요일의 생산성이든, 그걸 위한 일요일의 작은 준비든 닥쳐서 생각해 볼래요. 이게 저의 해답이에요!

"제게 온전한 휴식이란
생산성에 대한 불안이
침범하지 않는 시간인 것
같아요. 물론 휴식 시간에
행한 독서, 음악 듣기, 먹기
같은 일들이 결국 내 일의
영감으로 이어져 생산성을
발휘하는 순간이 오기도
하는데요. 의도적으로
생산성을 목표하는 일을
위한 휴식, 휴식을 위한
일은 경계하는 편입니다."

후배의 팁

(∩˘ ³˘) 몸의 휴식을 넘어 마음의 휴식을 가져오는 나만의 루틴을 만들어 보세요.

(∩˘ ³˘) 내일을 위한 고민은 필요하지만 내일에 대한 불안이 휴식을 침범하게 두지는 마세요.

(∩˘ ³˘) 게을러지고 싶을 땐 작정하고 게으른 하루를 보내 보세요.

(∩˘ ³˘) 잡생각이 흘러넘쳐 휴식을 방해할 땐 오히려 몸을 움직여 해결 방안을 빠르게 찾는 게 도움이 될 수 있어요.

(선배의 팁)

(*´ᵕ`*)／ 뭐든 시작하면 돼요. 시작 후엔 곧 집중하게 될 거고, 그러면 생산성은 따로 고민할 필요 없지요.

(*´ᵕ`*)／ 나의 집중력 유지 시간이 쇼츠 하나를 보는 시간 정도에 불과하다면 물리적인 규칙을 만들어 보세요. 골라 놓은 노동요 플레이리스트가 끝날 때까지, 50분 후로 맞춰둔 알람이 울릴 때까지, 톨 사이즈 커피 한 잔을 다 마실 때까지와 같은 것들로요. 내가 행복해질 보상을 준비한다면 더없이 훌륭한 집중력 향상 프로그램이 될 거예요.

(*´ᵕ`*)／ 도파민 중독을 피할 길 없는 요즘 세상이지만 재미를 추구하는 것만으론 몸과 마음에 완벽한 휴식이 되긴 어려워요. 몸과 마음이 한없이 이완되는, 진정한 휴식을 놓치지 마세요.

(*´ᵕ`*)／ 한 주에 적어도 두어 번, 정말 다른 목적은 하나 없이 오로지 쉬기만 하는 시간을 가져야만 더 나은 생산성을 기대할 수 있어요.

〈 꿈꾸는 내일을 향한 체크리스트 〉

① 내가 일하는 이유, 그 궁극적인 지향점은 무엇인가요?

② 지금까지의 경력과 나의 가능성, 상황 등을 차치하고 커리어를 일구는 데 있어서 포기할 수 없는 단 한 가지는 무엇인가요? 연봉, 문화 같은 어떤 조건일 수도 있고, 특정 직무, 역할, 타이틀 등에 대한 것일 수도 있어요. 자유롭게 답해 봅시다.

③ 지금의 커리어에서 보완되었으면 하는 것이 있다면 무엇일까요? 외부적인 것, 나 자신이 할 수 있는 내부적인 것을 나누어 적어 봅시다.

④ 궁극적인 지향점으로 향하기 위한 나의 강점과 약점은 무엇일까요?

⑤ 나의 워크 라이프 밸런스는 어떤가요?

⑥ 한쪽으로 치우쳐 있다면 어떤 식으로 밸런스를 찾을 수 있을까요?

⑦ 커리어 경험 중에 나를 행복하게 했던 경험은 무엇인가요?

⑧ 커리어 경험 중에 정말 견디기 힘들었던 것들이 있다면 무엇인가요?

⑨ 나의 커리어 지향점에 도달하기 위해 어떤 노력이 필요할까요? 단기, 중기, 장기로 나누어 적어 봅시다.

⑩ 행복한 커리어를 위해 나 자신에게 주고 싶은 것이나 약속하고 싶은 것이 있다면 적어 주세요.

⑪ 5년 전의 나를 떠올려 보고, 5년 후의 나에게 남기는 짧은 편지를 써 봅시다.

모두에게 다정한 응원을 전하며

각 조직마다 문화와 성격이 다를 텐데, 그 안의 사람들에게 대체로 비슷한 고민이 있다는 게 참 놀랍습니다. 시대가 변하고 역할이 바뀌어도 늘 세대 차이는 분명하게 드러나요. 후배일 때도, 선배가 된 지금도 세대 차이는 늘 어려운 주제네요. 얼마 전 이런 글로 시작하는 신문 기사를 봤어요.

"이들은 무서울 정도로 내 일과 남의 일을 나눈다. (…) 상사가 술 먹으러 가자고 해도 선약이 있다고 거부하고, 상사보다 먼저 퇴근하는 일 등은 이제 더 이상

얘깃거리가 아니다."

MZ세대 특징을 나열한 것 같은 이 내용은 사실 1997년 1월 17일 〈매일경제〉에 실린 "엑스세대 '나'만 있고 '우리'는 없다"라는 제목의 기사 일부랍니다.

이제는 라테가 되어버린 X세대도, '요즘 애들'로 불리던 그 시절에는 기성세대에게는 그저 못마땅한 젊은이들이었던 거죠. 나이가 많은 사람과 적은 사람이 아무런 갈등 없이 어울리기란 애초에 꿈같은 이야기인 것을요. 그리고 그 잠재적 갈등은 한 개인을 하나의 집단으로 묶어버릴 때 더 커지는 것 같아요. X세대 중에도, 밀레니얼 중에도, 그리고 Z세대 중에도 이상한 사람은 있기 마련인데, 누군가 마음에 들지 않을 때 가장 하기 쉽고 마음이 편한 세대 탓을 해버리는 거죠.

너무 일반화된 잣대를 들이대는 것은 그 사람에 대해 제대로 이해하려는 의지가 없다는 의미라서 종종 아쉽

손지민, [슬기로운 기자생활] 2000년생이 온다고?, 한겨레, 2024.01.05, https://www.hani.co.kr/arti/opinion/column/1123055.html 기사 내용 참고

습니다. 하나부터 열까지 다 다른 게 사람인데 말이에요. 어떤 사람인지, 무슨 상황이었는지, 또 어떤 생각을 한 건지 조금 더 마음을 열고 들여다보면 또 이해 못할 것 하나 없는 게 세상살이 아니겠어요? K-직장인 라이프는 물론 너무나도 바쁘고 고되지만, 그래도 내 옆에 함께 하는 사람들을 조금 더 살펴볼 정도의 여유는 꼭 잃지 않았으면 합니다.

제 경력은 브랜딩이라는 하나의 주제를 따라 서너 곳의 에이전시들로 이어져 왔습니다. 프로젝트 베이스로 업무를 했기 때문에 우리 회사의 절대 인원은 많지 않을지언정 정말 많고 다양한 국내외 기업들의 팀과 사람을 만나 일해 왔지요. 당연히 좋은 사람도 있었고, 너무 별로였던 사람도 있었습니다. 정말 사람이 좋아서 좋은 사람도 있었지만 같은 목표를 공유하고 그 목표를 위해 같이 애쓴다는 것만으로도 좋은 기억으로 남아 있는 분들이 아주 많네요.

일하는 환경에서의 좋은 사람이란 그런 것 같아요. 그리고 그 좋다는 감상이 단순히 긍정적인 기억으로만 남는 것이 아니라 깊은 고마움과 든든함으로 간직되어, 더 열심히 일할 수 있는 원동력이 되어 주곤 했습니다. 이 책을 쓰면서 20여 년간의 커리어를 다시 한번, 생생하게 반추해 볼 수 있었어요. 그 과정에서 얼마나 많은 좋은 사람들이 나에게 영향을 끼쳤는가를 또다시 절감할 수 있었답니다. 이 책을 만나신 독자님들께서 이 책을 통해 나이와 포지션에 상관없이 좋은 사람들을 알아갈 수 있는 방법을 찾으셨으면 해요. 결국엔 서로를 이해하려는 마음가짐이거든요. 이해하고자 한다면 관심과 애정이 필요할 거고, 이 두 가지를 바탕으로 일하게 되면 우리의 커리어도, 일상도 훨씬 더 나은 방향으로 발전해 갈 거라고 믿어요. 관심과 애정의 대상에 나 자신도 꼭 빼먹지 않으셨으면 합니다.

이제 이 책을 마무리하며 자신의 생각과 이야기를 가감 없이 들려 준, 저의 멋진 후배 수정 님에게 가장 먼저 감사 인사를 전하고 싶습니다. 그녀의 진지한 고민과 진취적인 모습은 늘 저에게 놀라움이었고, 값진 배움이었습니다(세상 사람들! 이렇게 반짝반짝한 친구가 우리 아기새예요!). 더불어 부족한 저를 견뎌(?) 가며 매일을 함께 일하고 있는 권병욱 대표님 고맙습니다. (안 믿으시겠지만) 덕분에 늘 행복하게 일하고 있어요. 각자의 자리에서 자신만의 가치를 만들어 가고 계신 동료, 선후배, 파트너 분들께도 깊은 존경과 애정을 듬뿍 담은 응원을 보냅니다. 제 주변 훌륭한 분들의 좋은 점을 하나씩 마음에 담으며 더 나은 사람이 되려는 다짐을 매일 새롭게 다잡을 수 있는 것 같아요.

　마지막으로 부족한 점이 많았을 초고를 귀하게 여겨 주신 포르체 출판사의 박영미 대표님과 김다예 대리님 감사합니다. 이렇게 고마운 분들 덕분에 저는 오늘도 어김없이 새로운 내일을 꿈꾸며 조금씩 앞으로 나아가고 있습니다. 작고 느린 걸음이지만 이 길은 곧 저 자신이기에 저에게는 충분히 특별한 의미가 있는 것 같습니다. 저희 이야기를 들어 주신 독자님들의 길에도 여러분만의 충만한 의미가 가득하길 응원하겠습니다.

봄 드림

　회사 생활이 제 일상의 대부분을 차지한 지 어언 2년이 다 되어 가네요. 아직도 취업 문턱을 넘어 일을 시작한 순간 느꼈던 기쁨과 안도감이 생생합니다. 여러 기업에 면접을 보러 다닐 무렵, 마지막 관문이었던 임원 면접 단계에서 꼭 등장했던 단골 질문이 하나 있었어요.

"회사 내 세대 간 갈등이 만연한데 어떻게 해결할 수 있다고 생각하나요?"

좋게 말하면 세대 갈등이고 직설적으로 말하면 MZ세대의 태도에 대한 질문이었습니다. 그때마다 제 대답은 "MZ세대는 자신이 MZ세대로 불리는 것을 싫어합니다."였어요. 분명 선배와 후배는 각자 다른 시대를 살았고 서로 해 줄 수 있는 이야기가 다를 텐데, 경청하려는 자세만 있다면 더 풍부한 가치를 발견할 수 있지 않겠냐는 생각과 함께요.

그로부터 2년이란 시간이 지나 어엿한 직장인이 된 지금, 어쩌면 MZ세대여서 다행이라는 생각이 듭니다. 우선 MZ라는 단어만 봐도 신물이 나지만, 이제는 인정할 때가 된 것 같습니다. 우리는 분명 다른 시대를 살아왔고, 다른 문화를 겪어 왔다는 사실을 말이죠. 하다못해 같은 집에서 같은 밥을 먹고 자라난 형제와도 성격이 다른데, 이렇게 빠르게 변하는 세상에서 각자의 문화를 체득하며 자란 사람들은 얼마나 다를까요. 어쩌면 같은 회사에 모이게 되었다는 것 말고는 공통점이 하나도 없을지도 모릅니다.

문화는 언제나 유동적이어서 매 순간 변화하지만, 그

변화를 체감하기까지는 꽤 많은 시간이 걸리는 것 같습니다. 1년만 지나도 전에 없던 기술이 세상을 지배하는 시대에 5년, 10년 차이가 나는 사람들은 더더욱 색다른 문화를 배우고 새로운 가치관을 가지게 되겠죠. 'MZ'라는 새로운 알파벳 세대가 나오게 된 것은 이제 그 문화의 다름을 체감할 수 있는 주기가 돌아온 것이라는 생각이 듭니다. 덕분에 우리 세대가 어떤 생각을 가지고 있는지, 어떤 행동을 하는지 신문물을 대하듯 분석 당하고 있는데요.

표면적인 오해와 미움을 걷어내 보면, 결국엔 새로운 문화를 이해하려는 마음일 거라 생각합니다. 이 친구들은 이런 시대를 살아왔고, 이런 가치관을 가지고 있구나를 어떻게 해서든 이유를 찾아 보려는 것이죠. 마치 새로운 유행어가 나왔을 때 그 유래를 찾아 보며 뜻을 이해하려 노력하는 것처럼요. 결국 MZ세대에 대한 관심 덕분에 문화가 변했음을 인지하는 계기가 되었고, 견고했던 일터의 문화도 변화할 수 있는 기회가 더 많아지지 않았나 생각해 봅니다. 어쩌면 개인의 문제로 치부됐을 문화적 차이가 전 세계적으로 모든 세대가 함께 고민을 하게 된 것이죠!

그런 의미에서 논의의 장을 열어준 알파벳 'MZ'에게 감사와 영광을 돌립니다. 물론 세대처럼 광범위한 집단의 시대 문화는 개인의 특성을 대표할 수 없기에 간혹 '성급한 일반화의 오류'를 범하곤 하는데요. 단편적인 행동 특성을 잣대로 옆자리 선후배의 사랑스러운 면모들을 가려버린다면 실로 비극적인 일이 아닐 수 없습니다. 나와 함께 일하는 동료가 궁금하다면 인터넷 창에 물어보기보다는, 꼭 다정한 말 한마디를 건네는 것부터 시작하기를 바라 봅니다.

앞으로 세상은 더 빠르게 변할 테고 새로운 알파벳 세대가 나오는 주기도 점점 짧아질 것입니다. 솔직히 고백하자면 다가오는 또 다른 세대, '알파세대(Generation Alpha)'를 마주하게 되는 날이 두렵기도 합니다. 벌써 '젊은 꼰대'가 된 것이냐 욕하실 수도 있을 것 같은데요. 처음엔 '우리 세대가 뭐가 그렇게 이상한데!'라는 반항심과 함께 불편함을 토로하는 선배들이 잘 이해가 가지 않기도 했어요. 하지만 막상 내겐 당연했던 일들이 오히려 '꼰대'라는 단어로 (몇 년 후에는 또 다른 신조어가 생길지도요) 불리게 된다면 똑같이 어찌할 바를 모를 것 같아요.

몇십 년 후에 어떤 일을 하게 될지 모르겠지만 면접관으로 앉아 있다면, 제가 받았던 질문을 똑같이 던질 수도 있겠습니다. 그럼에도 우리는 모두 다르기 때문에 더 흥미로운 이야기를 주고 받을 수 있다는 생각은 변함이 없습니다. 이 책은 각자의 우주를 품은 두 사람이 만났기에 다채로워질 수 있었거든요. 나이도, 직업도, 취향도 모두 다르지만 다른 한 사람의 생애를 이해하려는 노력 덕분에 더 깊은 생각을 담아낼 수 있었답니다.

물론 타인의 삶에 애정을 가지고 이해하려 노력한다는 것이 얼마나 큰 에너지를 필요로 하는지 잘 알고 있습니다. 내 앞가림하기조차 바쁜 현대 사회에서는 더더욱 힘들다는 것도요. 하지만 돌이켜보면 이 책에 적힌 저의 생각과 가치관은 온전히 저만의 것으로부터 탄생하지는 않았어요. 스쳐 지나간 모든 좋고 나쁜 인연들과 부딪힌 경험, 함께 일하는 동료들과 나눈 이야기로부터 시작된 생각들이 참 많답니다. 용감히 다른 세상을 궁금해할 결심을 한다면 나의 세상이 끝없이 넓어지는 신기한 경험을 할 수 있을 거예요. 독자님들께서도 이 놀라운 경험을 꼭 해 보셨으면 좋겠습니다.

마지막으로 저의 정돈되지 못한 질문에도 애정을 담아 함께 해답을 찾아가 주신 저의 멘토이자 롤모델이자 선배이신 봄 선배님께 큰 감사의 말씀을 드리고 싶습니다! 처음 사회생활을 시작하는 저를 언제나 따뜻하게 응원해 주셨기에 지금까지 용기를 잃지 않고 직장인의 삶을 이어 오고 있어요. 그 따뜻함을 닮기 위해 노력하며 언젠가 받은 배움과 마음을 꼭 또 다른 후배에게 전해 주고 싶다는 생각을 해 봅니다. 그리고 아직 많이 부족한 저의 성장을 곁에서 지켜봐 주시는 팀원들과 동료분들께 깊은 감사의 마음을 보내 봅니다.

운이 좋게도 제게는 인생에서 만난 든든하고 멋진 선배이자, 스승인 분들이 많이 계신데요. 인생의 갈림길에 서 있을 때마다 따뜻한 밥 한 끼 사 주시며 응원을 아끼지 않으시는 선배님들 덕분에 길을 잃지 않을 수 있었습니다. 바쁘다는 핑계로 인사 한번 드리기가 참 어려운 요즘인데요. 이 자리를 빌려 모든 소중한 인연에게 닿지 못한 진심을 전해 봅니다. 온 진심으로 존경하고 감사드립니다. 끝으로 이 책이 세상에 탄생할 수 있도록 귀한 마음과 시간을 함께해 주신 포르체 출판사의 박영미 대표님과 김다예 대리님에게 감사의 마음을 전합니다.

앞으로 어떤 길을 걸어가게 될지는 아직도 모르겠고, 또 두렵기도 합니다. 그때마다 고맙다는 말로는 다 표현하기 어려울 정도로 주위 인연에게 많은 애정과 가르침을 받아 왔어요. 나눠 주신 애정이 헛되지 않도록 더 다정한 사

람으로 성장하겠다는 마음을 잃지 않고 싶습니다. 무엇보
다 선배와 후배에 대한 관심을 끝까지 잃지 않고 이 책을
읽어 주신 독자님들이 다정함을 무기 삼아 내일의 두려움
을 헤쳐나가실 수 있기를 바라 봅니다. 오늘도 거친 세상
을 용감히 살아 내는 모든 선배와 후배에게 존경을 보내
며, 각자 마음 깊이 간직한 소중한 가치들을 잃지 않도록
응원하겠습니다.

수정 드림

고민도 경력이 되나요?

초판 1쇄 발행 2024년 5월 1일

지은이 김수정 양봄내음
펴낸이 박영미
펴낸곳 포르체

책임편집 김다예
마케팅 정은주
디자인 황규성

출판신고 2020년 7월 20일 제2020-000103호
전화 02-6083-0128 | 팩스 02-6008-0126
이메일 porchetogo@gmail.com
포스트 https://m.post.naver.com/porche_book
인스타그램 www.instagram.com/porche_book

ⓒ 김수정 양봄내음(저작권자와 맺은 특약에 따라 검인을 생략합니다.)
ISBN 979-11-93584-37-8 (03190)

여러분의 소중한 원고를 보내주세요.
porchetogo@gmail.com